物流设备管理与维修系列教材

工业企业自动导引车（AGV）应用与维护

兑幸福　张建勋　李明　主编

汕头大学出版社

图书在版编目（CIP）数据

工业企业自动导引车（AGV）应用与维护 / 兑幸福，张建勋，李明主编 . —汕头：汕头大学出版社，2023.7
ISBN 978-7-5658-5081-3

Ⅰ . ①工… Ⅱ . ①兑… ②张… ③李… Ⅲ . ①物流—系统工程—研究 Ⅳ . ① F252

中国国家版本馆 CIP 数据核字（2023）第 132314 号

工业企业自动导引车（AGV）应用与维护
GONGYE QIYE ZIDONG DAOYINCHE（AGV）YINGYONG YU WEIHU

主　　编：	兑幸福　张建勋　李　明
责任编辑：	郭　炜
责任技编：	黄东生
封面设计：	刘戈宁
出版发行：	汕头大学出版社
	广东省汕头市大学路 243 号汕头大学校园内　邮政编码：515063
电　　话：	0754-82904613
印　　刷：	廊坊市海涛印刷有限公司
开　　本：	787mm×1092mm　1/16
印　　张：	20.75
字　　数：	350 千字
版　　次：	2023 年 7 月第 1 版
印　　次：	2024 年 7 月第 1 次印刷
定　　价：	88.00 元

ISBN 978-7-5658-5081-3

版权所有，翻版必究
如发现印装质量问题，请与承印厂联系退换

编写委员会

主 任 郑国兴 王 晖

副 主 任 张宏敏 张宏杰 张洪升 张永红

主 编 兑幸福 张建勋 李 明

副 主 编 闫俊清 刘 季 周政伟

编 写 兑幸福 张建勋 李 明 闫俊清
     刘 季 周政伟 常文明 王淑英
     闫黎明 刘 靖 燕新亮 李鑫群
     王宜江 李四新 王振楠 张献利
     廖 伟 李秀芳 李欣妍 孟祥洲

序 言

随着现代工业的快速发展，自动化生产已成为制造业发展的重要趋势。在制造企业中，物流运输系统的高效运作对于提高生产效率、降低成本、提升产品质量和满足客户需求至关重要。自动导引车（AGV）作为一种重要的物流运输设备，已经在许多制造企业中得到广泛应用。

本书旨在介绍AGV的定义、机械传动及原理、电气结构及原理、导航原理、控制系统、项目建设与升级、故障与维护、安全技术管理等方面，同时还提供了实际应用案例和维护经验，以帮助读者更好地了解和应用AGV技术。

本书的作者是一群在AGV领域有着丰富经验的技术专家和工程师。他们通过多年的实践和研究，积累了丰富的知识和经验，希望能够将这些宝贵的经验分享给更多的读者。

在写作过程中，作者力求准确、简洁、通俗易懂地阐述AGV技术的各个方面，以期能够为广大读者提供有价值的参考和指导。同时，作者也希望通过本书的出版，促进AGV技术的进一步发展和应用，推动制造业的现代化进程。

最后，感谢所有为本书的编撰和出版提供帮助和支持的人员，特别感谢各位专家和作者对本书的付出和贡献。希望本书能够对广大读者有所帮助，成为一本值得推荐的好书！

编 者

2023年5月于郑州

目 录

第一章　自动导引车（AGV）概述 01
　　第一节　AGV 的定义 01
　　第二节　AGV 的作用 02
　　第三节　AGV 的分类 03
　　第四节　AGV 的发展趋势 07

第二章　AGV 机械传动及原理 11
　　第一节　机械传动 11
　　第二节　液压传动 27

第三章　AGV 电气结构及原理 33
　　第一节　AGV 电气常用器件 33
　　第二节　AGV 控制器 35
　　第三节　AGV 总线系统 41
　　第四节　AGV 电池及充电系统 59
　　第五节　AGV 激光导引系统 61
　　第六节　AGV 操作器 62

第四章　AGV 导航原理 68
　　第一节　AGV 导航概念 68
　　第二节　AGV 导航模式 72

第三节 激光导航工作原理 82

第五章　AGV 控制系统 112
 第一节　图形监控系统（CWay） 112
 第二节　管理控制系统（NT8000） 126
 第三节　无线网络系统 146

第六章　AGV 项目建设与升级 155
 第一节　建立反光板系统 155
 第二节　Layout 软件使用 183
 第三节　NDC8 软件使用 192
 第四节　AGV 系统升级 202

第七章　AGV 故障与维修 206
 第一节　通过 IE 浏览器诊断方法 206
 第二节　VAD 软件诊断方法 217
 第三节　VD 软件诊断方法 241
 第四节　AGV 常见故障处理方法 254
 第五节　维保标准及流程 281

第八章　AGV 安全技术管理 298
 第一节　S3000 安全模块 298
 第二节　AGV 安全操作规程 312

第一章　自动导引车（AGV）概述

> **学习要点**
>
> 1. 什么是AGV
> 2. AGV应用的场合
> 3. 按照导引原理的不同AGV是如何分类的
> 4. 导引的基本原理

自动导引车的英文全称是Automatic Guided Vehicle，缩写是AGV。AGV是集光、机、电于一体的高科技产品，随着电子器件和控制技术的发展，AGV的技术水平也不断提高，而且许多新技术都应用到AGV上。

20世纪50年代，第一台AGV由Barrett电子公司在美国开发成功。但在60年代与70年代AGV技术主要在欧洲得到发展。80年代，发展中心又转移到美国。目前在国内AGV的应用逐渐广泛。从应用的行业分析，分布面非常广阔，有汽车工业、飞机制造业、家用电器行业、烟草行业、机械加工、仓库、邮电部门等。这说明AGV在我国有广阔市场空间。随着社会科技的发展与市场需求水平的提高，AGV技术也有其自身的发展方向。

第一节　AGV的定义

仓储业是AGV最早应用的场所。1954年世界上首台AGV在美国的南卡罗来纳州的Mercury Motor Freight公司的仓库内投入运营，用于实现出入库货物的自动搬运。根据美国物流协会定义，AGV是指装备有电磁或光学导引装置，能够按照规定的导引路线行驶，具有运行和停车装置、安全保护装置以及具有各种移栽功能的运输小车。

我国国家标准《物流术语》中，对AGV的定义为：装有自动导引装置，能够沿规定的路径行驶，在车体上具有编程和停车选择装置、安全保护装置以及各种物料移栽功能的搬运车辆。多台AGV在控制系统的统一指挥下，组成一个柔性化的自动搬运系统，称为自动导引车系统，简称AGVS。

第二节　AGV的作用

AGV通常以电池为动力，装有非接触导航定位装置，可实现无人驾驶的运输作业。它的主要功能表现为在程序设定下，按路径规划和作业要求，精确地行走并停靠到指定地点，完成一系列作业功能。AGV以轮式移动为特征，较其他非轮式的移动机器人具有行动快捷、工作效率高、结构简单、可控性强、安全性好等优势。与物料输送中常用的其他设备相比，AGV的活动区域无须铺设轨道、支座架等固定装置，不受场地、道路和空间的限制，因此，在自动化物流系统中，最能充分地体现出自动性和柔性，实现高效、经济、灵活的无人化生产，在具体的应用中有以下作用。

一、节省人力

传统的物流业主要依靠人工、半人工的方式来实现运输，不但转运和运输的效率低下，而且人工成本也在逐渐上升。在物流行业AGV主要用于完成搬运作业，采用人力或自动移栽装置将货物装载到AGV上，AGV行走到指定地点后，再由人力或自动移栽装置将货物卸下，从而完成搬运任务。

具有自动移栽装置的AGV在控制系统的指挥下能够自动地完成货物的取、放以及水平运行的全过程，而没有移栽装置的AGV只能实现水平方向的自动运行，货物的取放作业需要依靠人力或借助于其他装卸设备来完成。物流企业运用AGV这类设备参与运输，免去人工，可以很好地提升效率，甚至可以实现7天×24小时的搬运。

由此可知，AGV是柔性生产线和立体库等现代化仓储体系的关键设备之一，具有自动化程度高、灵敏、安全等特点，所以在汽车制造、家电、重工等自动化生产和仓储体系得到广泛应用。在柔性生产线系统中的立体仓库单元，AGV主要完成物料搬运输送工作及入库、出库等操作，能24小时实现自动出入装卸站、工作台和货架等，充分适应工作时间长、搬运量大、搬运线路复杂、柔性高等要求，实现节省人力的作用。

二、安全搬运

AGV系统有专门的软件模块控制整个系统的交通，再加上各台AGV上安装的防碰撞机构，能够保证车辆之间以及车辆与环境物体之间的安全。由于物料是放置于专门的托盘上由AGV进行运送的，所以能够保证物料在运送期间的安全，避免因为运输时的碰撞而造成损失。由于AGV系统的运行过程不需要人工干预，因此不仅可以节省劳动力，还能够避免人为因素对生产的影响。

物流企业采用AGV来进行搬运，可以平稳地移动货物，因此避免了因为人工搬运而出现的磕碰，货物安全性提升。自动引导车还可以替代人工在一些特殊环境中工作，比如高温环境，狭窄空间等来实现搬运，人员安全问题因此可以完全避免。

三、支持柔性生产

AGV进行运送时，物料是放置于专门的托盘上，只要设计相应的托盘，AGV就可以用于运送不同的物料。对涉及到的物料种类较多的生产过程，AGV系统有很强的适应性。

AGV不仅能独立工作，而且更可与其他生产系统、调度系统、控制管理系统等紧密结合，具有突出的兼容性与良好的适应性。AGV与计算机控制的全自动化生产装配系统有机地连接，可降低制造成本，提高作业安全性，提高劳动生产效率，并且节约能源保护环境。

四、可用于不适宜人工作的场合

AGV作为无人驾驶的自动车辆，具有较完善的安全防护能力，具有智能化的交通管理、安全避碰、多级警示、紧急制动、故障报告等功能，能够在许多不适宜人类工作的场合发挥独特作用，如运输核材料、危险品（农药、有毒物品、腐蚀性物品、生化物品、易燃易爆物品）等。

第三节　AGV的分类

AGV由以下各部分组成：车体、蓄电池、车上充电装置、控制系统、驱动装置、转向装置、精确定位装置、移栽机构、通信单元和导引系统。

一、按导引方式分类

按照导引原理的不同，AGV分为固定路径导引和自由路径导引两大类型。

（一）固定路径导引

在事先规划好的运行路线上设置导向的信息媒介，如导线、光带等，通过AGV上的导向探测器检测到导向信息（如频率、磁场强度、光强度等），对信息实时处理后，用以控制车辆沿规定的运行线路行走的导引方式。

按导引原理又可分为电磁导引、磁带导引、激光导引、视觉导引等。

1. 电磁导引

电磁导引方式是使用最早也是最多的一种，它在地面下的地槽中埋设电线，由交流频率发生器输入一低压、低频电流，该交流电信号沿电线周围产生磁场，AGV上装有两个感应线圈，可以检测磁场强弱，从而引导AGV按规定的线路运行。

2. 磁带导引

磁带导引和电磁导引的原理很类似，磁带导引用贴磁带替代了电磁导引埋设的金属线。和电磁导引比较起来，灵活性比较好，改变或扩充导引路径比较容易，但是比电磁导引更容易受周围金属物的干扰，所以这种导引方式的AGV对应用环境要求比较高。

3. 激光导引

这种导引方式是在AGV行驶路径的周围安装位置精确的激光反射板，AGV通过发射激光束，同时采集由反射板反射的激光束，来确定其当前的位置和方向，并通过连续的三角几何运算来实现AGV的导引。它的优点是定位精确，且地面无须其他定位设施，导引路径灵活多变，能够适应多种现场环境，是目前许多国外AGV生产厂家优先采用的先进的导引方式。

4. 视觉导引

视觉导引有两种方法，一种是利用摄像头实时采集行驶路径周围环境的图像信息，并与已建立的运行路径周围环境图像数据库中的信息进行比较，实现对AGV的控制。另一种是基于导引线的图像识别方法，利用摄像头实时采集导引线图像，并计算出导引线与AGV之间的偏差，从而控制AGV沿着预定规划好的线路行驶。

（二）自由路径导引

事先没有设置固定的运行路径，AGVS根据搬运任务要求的起讫点位置，计算机管理系统优化运算得出最优路径后，由控制系统控制各个AGV按照指定的路径运行，完成搬运任务。

二、按转向方式分类

（一）铰轴转向式三轮车型

车体的前部为一个铰轴转向车轮，同时也是驱动轮。转向和驱动分别由两个不同的电动机带动，车体后部为两个自由轮，由前轮控制转向实现单方向向前行驶。其结构简单、成本低，但定位精度较低。

（二）差速转向式四轮车型

AGV运用这种转向方式具有结构简单，定位精度较高的优点。车体的中部有两个驱动轮，由两个电机分别驱动。前后部各有一个转向轮（自由轮）。通过控制中部两个轮的速度比可实现车体的转向，并实现前后双向行驶和转向。

（三）全轮转向式四轮车型

车体的前后部分各有两个驱动和转向一体化车轮，每个车轮分别由各自的电动机驱动，可实现沿纵向、横向、斜向和回转方向任意路线行走，控制较复杂。

三、按移栽方式分类

AGV用移栽装置来装卸货物，即接受和卸下载荷。常见的AGV装卸方式可分为被动装卸和主动装卸两种。

（一）被动装卸车型

被动装卸方式的AGV自己不具有完整的装卸功能，而是采用助卸方式，即配合装卸站或接收物料方的装卸装置自动装卸。常见的助卸装置有滚柱式台面和升降式台面两种。采用滚柱式台面的环境要求是站台必须带有动力传动辊道，AGV停靠在站台边，AGV上的辊道和站台上的辊道对接之后同步动作，实现货物移送。升降式台面的升降台下设有液压升降机构，高度可以自由调节。为了顺利移栽，AGV必须精确停车才能与站台自动交换。

1. **牵引式 AGV**

类似于电动拖车，AGV只提供牵引力，通过拖挂带轮的箱体或容器完成对物料的运送。特点：能耗小，结构简单轻巧，但物料车限位困难，全自动作业容易导致失误。

2. 背负式 AGV

背负式AGV是在AGV车体上放置托盘、料架、料箱等货物进行搬运，由磁条导引AGV通过识别地标选择目的地。背负牵引式AGVAGV运行稳定，最小转弯半径300mm，停止精度±10mm，该车适用于运输频繁、物料供应周期长的生产体系。

（二）主动装卸车型

主动装卸方式是指自动AGV自己具有装卸功能。常见的主动装卸方式有滚筒式、叉车式、托盘式和顶升式等四种。

1. 滚筒式 AGV

站台是带动力传动的辊道，AGV停靠在站台侧边，车上和站台上的辊道对接之后同步传动，故要求托盘标准，传递高度统一，传递速度吻合。可左、右双向装卸托盘货物，作业效率高，AGV安全性好。特点是：移栽机构与原理简单，可靠性好，但站台需要有连锁信号和动力传动。适合于站台数少，车间或库区入、出口RS/AS之间往返作业。

2. 叉车式 AGV

类似于电动叉车，有正向和侧向多种作业形式，能够从地面到较高范围实现多种场合的装卸作业。适合有高低不同站台或货架要求的物料装卸，特别是对驶入式巷道、多层货架（牛腿式）的密集型存储搬运独具优势。特点：适用性广，可在巷道及有多层货位的库房中装卸；缺点是倒车过程安全性有局限。

3. 托盘式 AGV

托盘式AGV，车体工作台上主要运载托盘。托盘与车体移栽装置不同，有辊道、链条、推挽、升降架和主动形式。适合于整个物料搬运系统处于地同一高度时，从A点送到B点。AGV的任务只限于取货、卸货，完成即返回待机地点，AGV车上可载1~2个托盘。

4. 顶升式 AGV

顶升式AGV搬运AGV采用双向差速轮驱动，先潜伏行驶至物料车/台车下方，顶端搭载的牵引销自动牵引物料车的牵引机构，自动运行配送产线物料车，效率好实现车间物料车的周转，提高企业生产效率；配置多传感器融合导航，安全可靠、柔性高，无须人工干预实现全自动化，自动搬运降低人工劳动强度，智能调度无缝对接MES/WMS/ERP系统、提升物流效率，快速灵活地适应不同复杂场景，快速完成物流的自动运输工作。

四、按驱动方式分类

（一）单轮驱动AGV

车体的前部是一个转向车轮，同时也是驱动轮.转向和驱动分别由两个不同的电机带动，车体后部为两个自由轮，由前轮控制转向实现单方向向前行驶。该方式结构简单成本低，单定位精度较低。

（二）双轮驱动AGV

车体的中部有两个驱动轮，由两个电机分别驱动，前后部各有一个转向轮（自由轮）。通过控制中部两个轮的速度比可实现车体的转向，并可实现前后双向行驶和转向。这种方式结构简单，定位精度较高。

（三）多轮驱动AGV

车体的前后部各有两个驱动和转向一体化车轮，每个车轮分别由各自的电机驱动，可实现沿纵向、横向、斜向和回转方向任意路线行走，控制比较复杂。

（四）差速驱动AGV

常见有三轮和四轮两种车型：两个固定驱动轮（分布在车体轴线的两边），一个（三轮车型）或两个（四轮车型）从动自由轮，转弯靠两个驱动轮之间的速度差实现。这种车型可以前进、后退、左右转弯（转角大于90°）、原地自旋，转弯的适应性比单驱动强。若是三轮车型，对地表面的适用性和单驱动类似。若是四轮车型，因容易造成其中某一个轮悬空而影响导航，故对地表面平整度要求苛刻，适用范围受到一定限制。

第四节　AGV的发展趋势

一、AGV的现状

AGV的市场正向二极化方向发展，一个是向自动化程度高的高档市场发展；另一个是向流通领域、办公室等大多数以人为据点的低档市场发展。

AGV正向多导向方式、智能化发展。要实现预定的搬运计划、发挥无人搬运车的优势,关键取决于导向系统。电磁导向方式是最先开发的AGV导向方式,目前应用的范围最为广泛。但由于电磁导向方式的缺点,相继出现了光学导向方式、磁石导向方式、激光导向、标记追踪导向及图像传感器导向方式等。多种导向方式充分展示了无人搬运系统高柔性、高效率、高可靠性、低成本的发展特点,并正向智能化方向发展,使AGV技术达到新水平。

二、AGV的应用领域

(一)仓储业

仓储业是AGV最早应用的场所。1954年世界上首台AGV在美国的South Carolina州的Mercury Motor Freight公司的仓库内投入运营,用于实现出入库货物的自动搬运。目前世界上约有2万台各种各样AGV运行在2100座大大小小仓库中。海尔集团于2000年投产运行的开发区立体仓库中,9台AGV组成了一个柔性的库内自动搬运系统,成功地完成了每天23400吨的出入库货物和零部件的搬运任务。

(二)制造业

AGV在制造业的生产线中大显身手,高效、准确、灵活地完成物料的搬运任务。并且可由多台AGV组成柔性的物流搬运系统,搬运路线可以随着生产工艺流程的调整而及时调整,使一条生产线上能够制造出十几种产品,大大提高了生产的柔性和企业的竞争力。1974年瑞典的Volvo Kalmar轿车装配厂为了提高运输系统的灵活性,采用以AGV为载运工具的自动轿车装配线,该装配线由多台可装载轿车车体的AGV组成,采用该装配线后,装配时间减少了20%,装配故障减少39%,投资回收时间减少57%,劳动力减少了5%。目前,AGV在世界的主要汽车厂,如通用、丰田、克莱斯勒、大众等汽车厂的制造和装配线上得到了普遍应用。

近年来,作为CIMS的基础搬运工具,AGV的应用深入到机械加工、家电生产、微电子制造、卷烟等多个行业,生产加工领域成为AGV应用最广泛的领域。

(三)邮局、图书馆、港口码头和机场

在邮局、图书馆、码头和机场等场合,物品的运送存在着作业量变化大,动态性强,作业流程经常调整,以及搬运作业过程单一等特点,AGV的并行作业、自动化、智能化和柔性化的特性能够很好地满足上式场合的搬运要求。瑞典于1983年在大斯得哥尔摩邮局、日本

于1988年在东京多摩邮局、中国在1990年于上海邮政枢纽开始使用AGV，完成邮品的搬运工作。在荷兰鹿特丹港口，50辆称为"yard tractors"的AGV承担着集装箱从船边运送到几百码以外的仓库这一重复性工作。

（四）烟草、医药、食品、化工

在对于搬运作业有清洁、安全、无排放污染等特殊要求的烟草、医药、食品、化工等行业中，AGV的应用也受到重视。在国内的许多卷烟企业，如青岛颐中集团、玉溪红塔集团、红河卷烟厂、淮阴卷烟厂都应用了激光引导式AGV完成托盘货物的搬运工作。

（五）危险场所和特种行业

在军事上，以AGV的自动驾驶为基础集成其他探测和拆卸设备，可用于战场排雷和阵地侦察，英国军方正在研制的MINDER Recce是一辆侦察车，具有地雷探测、销毁及航路验证能力的自动型侦察车。在钢铁厂，AGV用于炉料运送，减轻了工人的劳动强度。在核电站和利用核辐射进行保鲜储存的场所，AGV用于物品的运送，避免了危险的辐射。在胶卷和胶片仓库，AGV可以在黑暗的环境中，准确可靠地运送物料和半成品。备管理是根据企业发展战略和物流作业要求，以组织实物流通所必需的集装单元器具、仓储设备、装卸搬运设备、运输设备、包装设备、通信设备和流通加工设备等物流设备为研究对象，以提高物流设备综合能力为目标，通过采取一系列的技术、经济和组织措施，对物流设备物质运动形态和价值运动形态的科学管理。

三、AGV的发展趋势

AGV集光、机、电、计算机于一体，综合了当今科技领域先进的理论与应用技术。导引能力强，定位精度高，自动驾驶作业性能好。能够很快捷地与各类RS/AS入/出口、生产线、装配线、输送线、站台、货架、作业点等有机结合。能够根据不同的需求，以不同的组合，实现各种不同的功能。能最大限度地缩短物流周转周期，降低物料的周转消耗，实现来料与加工、物流与生产、成品与销售等的柔性衔接，最大限度地提高生产系统的工作效率。

在AGV系统的工作过程中，每一步都是一系列数据与信息的通信交换过程，后台有强大的数据库支持，消除了人为因素，充分地保证AGV作业过程的可靠性、完成任务的及时性、数据信息的准确性。AGV能自成系统，在没有其他系统支持条件下，作为一个独立单元完成特定任务。AGV不仅能独立工作，而且更善于与其他生产系统、调度系统、控制管理系统等紧密结合，具有突出的兼容性与良好的适应性。

AGV作为无人驾驶的自动车辆，具有较完善的安全防护能力。有智能化的交通管理、安全避碰、多级警示、紧急制动、故障报告等。能够在许多不适宜人类工作的场合发挥独特作用。AGV更能代表先进的生产力，是企业技术进步的象征。能促进人员素质、管理水平的提高。AGV还能促进企业标准化、规范化、信息化的基础建设。

AGV将朝向模块化设计研究发展，由于不同的AGV之间有许多的模块的功能是相同的，因此为了能够适应不同的使用要求与缩短新产品的开发周期，最好是采用模块化的设计方法，将AGV的各功能模块设计成不同的系列，再根据具体的使用要求进行组合。

AGV系统控制结构将愈来愈多地具有跟踪物料与储存信息的功能，以支持"准时制"生产，以便允许与AGV间或任何其他控制器进行通信。把AGV与移动机器人的能够进行灵活操作的优点结合起来，使之具有更高的科技含量与取得更前沿的应用。AGV在工业领域中的应用将继续增长，并进入生活服务行业，其中包括办公室、医院、宾馆、邮政部门、超级市场与高尔夫球场等。

第二章　AGV机械传动及原理

学习要点

1. AGV齿轮传动结构及工作原理
2. AGV皮带传动结构及工作原理
3. AGV链条传动结构及工作原理
4. AGV液压传动构成及工作原理

第一节　机械传动

机械传动在机械工程中应用非常广泛，主要是指利用机械方式传递动力和运动的传动。分为两类：一是靠机件间的摩擦力传递动力的摩擦传动，二是靠主动件与从动件啮合或借助中间件啮合传递动力的啮合传动。AGV之所以能够行走运行，离不开机械传动，而且具有多种机械传动的综合运用。为了能够正确地使用AGV，以及能够对AGV进行合理的维护，需要了解一些相关的基本机械传动原理。

一、齿轮和齿轮传动

（一）齿轮传动结构及工作原理

齿轮是指轮缘上有齿轮连续啮合传递运动和动力的机械元件。齿轮传动是指由齿轮副传递运动和动力的装置，它是现代各种设备中应用最广泛的一种机械传动方式。如图2.1.1所示。其特点如下：

图2.1.1　齿轮传动

（1）传动精度高。现代常用的渐开线齿轮的传动比，在理论上是准确、恒定不变的。这不但是精密机械与仪器的关键性能，也是高速重载下减轻动载荷、实现平稳传动的重要条件。

（2）适用范围宽。齿轮传动传递的功率范围极宽，可以从0.001W到60000kW；圆周速度可以很低，也可高达150m/s，这点是带传动和链传动难以比拟的。

（3）可以实现平行轴、相交轴、交错轴等空间任意两轴间的传动，这也是带传动、链传动做不到的。

（4）工作可靠，使用寿命长。

（5）传动效率较高，一般为0.94～0.99。

（6）制造和安装要求较高，因而成本也较高。

（7）对环境条件要求较严，除少数低速、低精度的情况以外，一般需要安置在箱罩中以防尘防垢，还需要重视润滑。

（8）不适用于相距较远的两轴间的传动。

（9）减振性和抗冲击性不如带传动等柔性传动好。

（二）齿轮传动的类型

齿轮传动的类型很多，按照不同的分类方法可分为不同的类型。

1. 按传动比

根据一对齿轮的传动比是否恒定来分，可分为定传动比和变传动比齿轮传动。变传动比齿轮传动机构中齿轮一般是非圆形的，所以又称为非圆齿轮传动，它主要用于一些具有特殊要求的机械中。而定传动比齿轮传动机构中的齿轮都是圆形的，所以又称为圆形齿轮传动。

定传动比齿轮传动的类型很多，根据其主、从动轮回转轴线是否平行，又可将它分为两类，即平面齿轮传动和空间齿轮传动。

2. 按齿廓形状

按齿廓曲线的形状不同，可分为渐开线齿轮传动、摆线齿轮传动、圆弧齿轮传动和抛物线齿轮传动等。其中渐开线齿轮传动应用最为广泛。

3. 按工作条件

按齿轮传动的工作条件不同，可分为闭式齿轮传动、开式齿轮传动和半开式齿轮传动。开式齿轮传动中轮齿外露，灰尘易于落在齿面；闭式齿轮传动中轮齿封闭在箱体内，可保证良好的工作条件，因此应用广泛；半开式齿轮传动比开式齿轮传动工作条件要好，大齿轮部分浸入油池内并有简单的防护罩，但仍有外物侵入。

4. 按齿面硬度

根据齿面硬度不同分为软齿面齿轮传动和硬齿面齿轮传动。当两轮（或其中有一轮）齿面硬度≤350HBW时，称为软齿面传动；当两轮的齿面硬度均>350HBW时，称为硬齿面传动。软齿面齿轮传动常用于对精度要求不太高的中、低速齿轮传动，硬齿面齿轮传动常用于要求承载能力强、结构紧凑的齿轮传动。

齿轮传动的类型虽然很多，但渐开线直齿圆柱齿轮传动是其中最简单、最基本的类型。

（三）齿轮的失效形式

齿轮传动是靠齿与齿的啮合进行工作的，轮齿是齿轮直接参与工作的部分，所以齿轮的失效主要发生在轮齿上。

主要的失效形式有轮齿折断、齿面点蚀、齿面磨损、齿面胶合以及塑性变形等。

1. 轮齿折断

轮齿折断通常有两种情况：一种是由于多次重复的弯曲应力和应力集中造成的疲劳折断；另一种是由于突然产生严重过载或冲击载荷作用引起的过载折断。尤其是脆性材料（铸铁、淬火钢等）制成的齿轮更容易发生轮齿折断。两种折断均起始于轮齿受拉应力的一侧。增大齿根过渡圆角半径、改善材料的力学性能、降低表面粗糙度以减小应力集中，以及对齿根处进行强化处理（如喷丸、滚挤压）等，均可提高轮齿的抗折断能力。

2. 齿面点蚀

轮齿工作时，前面啮合处在交变接触应力的多次反复作用下，在靠近节线的齿面上会产生若干小裂纹。随着裂纹的扩展，将导致小块金属剥落，这种现象称为齿面点蚀。齿面点蚀的继续扩展会影响传动的平稳性，并产生振动和噪声，导致齿轮不能正常工作。点蚀是润滑良好的闭式齿轮传动常见的失效形式。提高齿面硬度和降低表面粗糙度值，均可提高齿面的抗点蚀能力。开式齿轮传动，由于齿面磨损较快，不出现点蚀。

3. 齿面磨损

轮齿啮合时，由于相对滑动，特别是外界硬质微粒进入啮合工作面之间时，会导致轮齿表面磨损。齿面逐渐磨损后，齿面将失去正确的齿形，严重时导致轮齿过薄而折断，齿面磨损是开式齿轮传动的主要失效形式。为了减少磨损，重要的齿轮传动应采用闭式传动，并注意润滑。

4. 齿面胶合

在高速重载的齿轮传动中，齿面间的压力大、温升高、润滑效果差，当瞬时温度过高时，将使两齿面局部熔融、金属相互粘连，当两齿面做相对运动时，粘住的地方被撕破，从而在齿面上沿着滑动方向形成带状或大面积的伤痕，低速重载的传动不易形成油膜，摩擦发热虽不大，但也可能因重载而出现冷胶合。采用黏度较大或抗胶合性能好的润滑油，降低表面粗糙度以形成良好的润滑条件；提高齿面硬度等均可增强齿面的抗胶合能力。

5. 齿面塑性变形

硬度较低的软齿面齿轮，在低速重载时，由于齿面压力过大，在摩擦力作用下，齿面金属产生塑性流动而失去原来的齿形。提高齿面硬度和采用黏度较高的润滑油，均有助于防止或减轻齿面塑性变形。

（四）齿轮的设计准则

齿轮传动的不同失效形式在一对齿轮上面不大可能同时发生，但却是互相影响的。例如齿面的点蚀会加剧齿面的磨损，而严重的磨损又会导致轮齿折断。在一定条件下，由于轮齿折断、齿面点蚀失效形式是主要的。因此，设计齿轮传动时，应根据实际工作条件分析其可能发生的主要失效形式，以确定相应的设计准则：

对于闭式软齿面（硬度≤350HBW）齿轮传动，润滑条件良好，齿面点蚀将是主要的失效形式，在设计时通常按齿面接触疲劳强度设计，再按齿根弯曲疲劳强度校核；

对于闭式硬齿面（硬度>350HBW）齿轮传动，抗点蚀能力较强，轮齿折断的可能性大，在设计计算时，通常按齿根弯曲疲劳强度设计，再按齿面接触疲劳强度校核；

渐开式齿轮传动，主要失效形式是齿面磨损。但由于磨损的机理比较复杂，尚无成熟的设计计算方法，故只能按齿根弯曲疲劳强度计算，设计时用增大模数10%～20%的办法加大齿厚，使它有较长的使用寿命，以此来考虑磨损的影响。

（五）齿轮的润滑方式

齿轮传动在现代设备中应用广泛，在经济发展中起着巨大作用。了解齿轮的润滑对齿轮传动有着重要的意义。齿轮传动的润滑方式，主要取决于齿轮圆周速度的大小。

1. 对于开式齿轮及低速（v<0.8~2m/s）、轻载、不是很重要的闭式齿轮传动，可定期人工加润滑油或润滑脂。

2. 对于v=2~12m/s的闭式齿轮传动，采用浸油润滑。大齿轮浸入油池，借助齿轮传动将油带入啮合表面。对于圆柱齿轮，浸油深度以1~2个齿高为宜，最大浸油深度不超过大齿轮分度圆半径的1/3。油池中的油量与传递功率大小有关，单级传动为0.35~0.7L/kW，多级传动按级数成倍增加。当多级传动中低速级齿轮浸油深度合适，而高速级大齿轮未能浸入油中时，可采用带油轮给高速级大齿轮供油。油池深度一般不应小于30~50mm，以防止齿轮转动时将油池底部的杂质搅起，造成润滑油不洁，加剧齿面磨损。油池中应有充足的油量，以保证散热。

3. 对于v>12m/s的闭式齿轮传动，宜采用喷油润滑，将一定压力的润滑油喷射到轮齿啮合面。当w≤25m/s时，喷嘴位于轮齿啮入或啮出边均可；当v≥25m/s时，喷嘴应位于啮出一边，及时冷却刚啮合后的轮齿，并进行润滑。喷油润滑供油充分、连续，宜用于高速、重载的重要齿轮传动。

二、同步齿形带及传动

同步齿形带简称同步带，也称正时带，它与常见的V带、平带等带传动方式相似，是一种挠性传动形式。同步齿形带是以钢丝绳或玻璃纤维绳为强力层，外面复以聚氨酯或氯丁橡胶，带的内周制成齿形，使其与齿形带轮啮合。

由于强力层承载后变形小，能保持齿形带的周节不变，故带与带轮间没有相对滑动，从而保证了同步传动，传动比的恒定，如图2.1.2和图2.1.3。

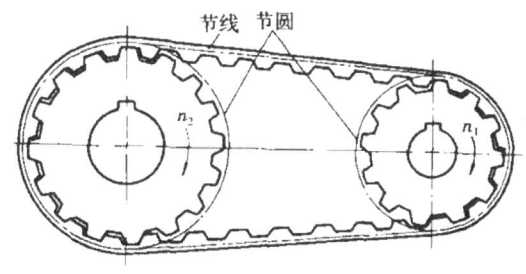
图2.1.2 带轮与齿形带

图2.1.3 同步齿形带

（一）同步齿形带结构

同步带带体由强力层、带齿层、包布层和胶层组成。

强力层为抗拉强度很高的芯绳，通常是表面处理过的玻璃纤维、聚芳酰胺纤维或钢丝绳，该层主要承受负载的拉力。

带齿层是同步带与带轮接触的部分，其齿根线大致处于节线的位置，保证弯曲时无周节变化。其齿形必须准确、不易变形，才能精确地传递运动。

包布层包裹在整个带齿层上，起到保护、防开裂的作用。

胶层也称带背，它的主要功能是将强力层的抗拉材料粘在带的节线位置，并保护抗拉材料。

（二）同步齿形带规格

同步齿形带的工作面及带轮的轮缘表面均做成相应的齿形，且带与其啮合的带传动。一般采用细钢丝绳作强力层，外面包覆聚氨酯或氯丁橡胶。强力层的中线被定为带的节线，节线周长为公称长度。

同步齿形带的模数、宽度和齿数系列及规格宽度系列（单位：mm）：8、10、12、16、20、25、32、40、50、60、80、100、120。

齿数系列：32、35、40、45、50、55、60、65、70、75、80、85、90、95、100、110、120、140、160、180、200。

模数m系列（单位：mm）：1.5、2、2.5、3、4、5、7、10。

宽度：b8~32、10~50、12~60、16~80、20~80、25~100、40~120。

齿数Z：32~200、35~200、40~200、45~200、50~200。

标记示例：

模数m=4mm、宽度b=60mm、齿数Z=100的聚氨酯同步带，标记为：聚氨酯同步带$4 \times 60 \times 100$。

同步齿形带以强力层的中心线为节线，节线周长度Lp为公称长度，相邻两齿沿节线对应点间的距离称为周节p，模数$m=p/\pi$。国产同步齿形带采用模数制。

带的标记为：模数（mm）×宽度（mm）×齿数，即$m \times b \times z$。

（三）同步齿形带特点

同步齿形带与普通带传动相比：

（1）钢丝绳制成的强力层受载后变形极小，齿形带的周节基本不变，带与带轮间无相对滑动，传动比恒定、准确；

（2）齿形带薄且轻，可用于速度较高的场合，传动时线速度可达50 m/s，传动比可达10：1，传动效率可达99.5%；

（3）结构紧凑，耐磨性好；

（4）由于预拉力小，轴承受力也较小；

（5）制造和安装精度要求甚高，且要求有严格的中心距。

（四）同步齿形带应用发展

由于同步带主要依赖齿面正压力传递力，故其带轮尺寸、中心距相对V带、平带而言较小，减速比最大只有1∶10。其传动效率可达99.5%，带速可达50 m/s，传动功率可达数百千瓦，定位精度可达0.05 mm/300 mm，并有耐油、耐潮、不需要润滑等特点。

因此，同步带不仅可以用来传递运动、功率，还可以用于运动控制系统，进行机构的定位。早期的同步带齿形都为梯形。20世纪80年代之后，圆弧齿同步带得到了发展，它比梯形齿同步带应力分布更合理，承受载荷更大。

三、链条与链传动

由于AGV的起重单元使用了曳引链，有必要了解链条使用的相关知识，链条一般为金属的链环或环形物，多用作机械传动、牵引。见图2.1.4。

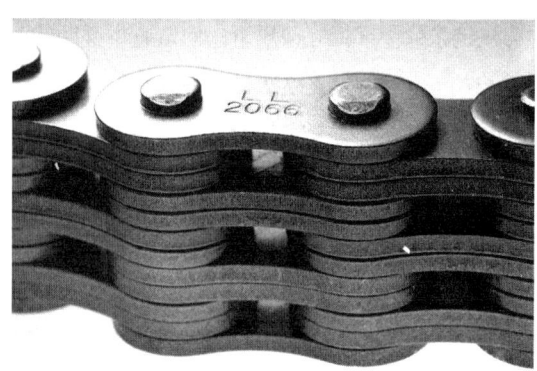

图2.1.4 链条

（一）链条基本类别

链条按不同的用途和功能区分为传动链、输送链、曳引链和专用特种链四种。

（1）传动链：主要用于传递动力的链条；

（2）输送链：主要用于输送物料的链条；

（3）引链：主要用于拉曳和起重的链条；

（4）专用特种链：主要用于专用机械装置上的、具有特殊功能和结构的链条。

(二)链条的结构

链条由内链节和外链节组成。同时它又由内链板,外链板,销轴,套筒,滚柱五个小部件组成。

链条的优劣主要取决于销轴和套筒。在同类产品中,按组成链条的基本结构,即根据元件形状、同链条啮合的零件和部位,零件间尺寸比例等方面划分所属链条产品系列。其他类型的链条只是将链板根据不同的需求做了不同的改动,有的在链板上装上刮板,有的在链板上装上导向轴承,还有的在链板上装了滚轮等等,但这些都是为了应用在不同的应用场合进行的改装。

(三)链条保养方法步骤

(1)链轮装在轴上应没有歪斜和摆动。在同一传动组件中两个链轮的断面应位于同一平面内,链轮中心距在0.5米以下时,允许偏差1毫米;链轮中心距在0.5米以上的时,允许偏差2毫米。但不允许有摩擦链轮齿侧面现象,如果两轮偏移过大容易产生脱链和加速磨损。在更换链轮时必须注意检查和调整偏移量。

(2)链条的松紧度应适宜,太紧增加功率消耗,轴承易磨损;太松链条易跳动和脱链。链条的松紧程度为:从链条的中部提起或压下,两链轮中心距约为2~3厘米。

(3)新链条过长或经使用后伸长,难以调整,可视情况拆去链节,但必须为偶数。链节应从链条背面穿过,锁片插在外面,锁紧片的开口应朝转动的相反方向。

(4)链轮磨损严重后,应同时更换新链轮和新链条,以保证良好的啮合。不能只单独更换新链条或新链轮。否则会造成啮合不好加速新链条或新链轮的磨损。链轮齿面磨损到一定程度后应及时翻面使用(指可调面使用的链轮)。以延长使用时间。

(5)旧链条上不能与部分新链条混合使用,否则容易在传动中产生冲击,拉断链条。

(6)链条在工作中应及时加注润滑油。润滑油必须进入滚子和内套的配合间隙,以改善工作条件,减少磨损。

(7)机器长期存放时,链条应拆下用煤油或柴油清洗干净,然后涂上机油或黄油存放在干燥处,以防锈蚀。

(8)链条的外观检查:

内/外链片是否变形,裂缝,锈蚀;

销子是否变形或转动,锈蚀;

滚子是否裂缝、破坏、过度磨损;

接头是否松脱变形;

运转时有无异音或不正常的振动，链条润滑状况是否良好。

（9）链条的润滑

在每次清洁、擦拭或用溶剂清洗链条后，务必要加上润滑油，且加润滑油之前要保证链条是干燥的。

首先将润滑油渗透链条轴承部位，然后待之变黏稠或干燥。这样可以确实润滑链条容易磨耗的部位（链条两侧的关节）。好的润滑油，刚开始感觉起来像水，容易渗透，但过些时间则会变黏稠或变干燥，能起到持久润滑的作用。

上好润滑油后，使用干布擦拭链条上多余的油，可避免脏污与灰尘的附着。在重新装上链条前，记得清洁链条相互连接处，确保没有脏污残留。链条清洁后，再组装魔术扣前，亦须在接轴内外上些润滑油。

（四）链条维护注意事项

由后拨的车打链之前把链条拨到最小轮对最小轮的状态，这样链条比较松，容易操作，截断以后也不容易"弹"。

链条清洗加油以后，慢慢地倒转牙盘，从后拨里面出来的链节都应该能够被拉直，如果有的链节还保持着一定的角度，说明它动作不顺畅，属于死结，应该加以调整。发现有受到损伤的链节一定要及时更换，维护链条建议严格区分三种销轴并且使用连接销轴。

使用打链器要注意平正，这样不容易把顶针弄歪。工具小心使用，既能保护好工具，又能取得很好的效果，不然的话工具容易受损伤，受了损伤的工具就更容易损伤零件，那是个恶性循环。

四、机械传动在AGV上的应用

（一）AGV行走机械驱动系统

（1）AGV行走机械驱动系统如图2.1.5所示。

（2）主电机的主轴通过键16连接齿轮2、通过齿轮传动将动力传递给齿轮6，进行第一次减速，齿轮6与斜齿轮5.1共同连接一个轴，斜齿轮5.1通过齿轮传动将动力传递到斜齿轮5.2，进行第二次减速，斜齿轮5.2连接动力输出轮轴4，驱动轮轴4的转动。轮轴4上面通过其五个销钉螺丝8固定主动轮，进行动力轮的行走运动。具体见图2.1.6和图2.1.7。

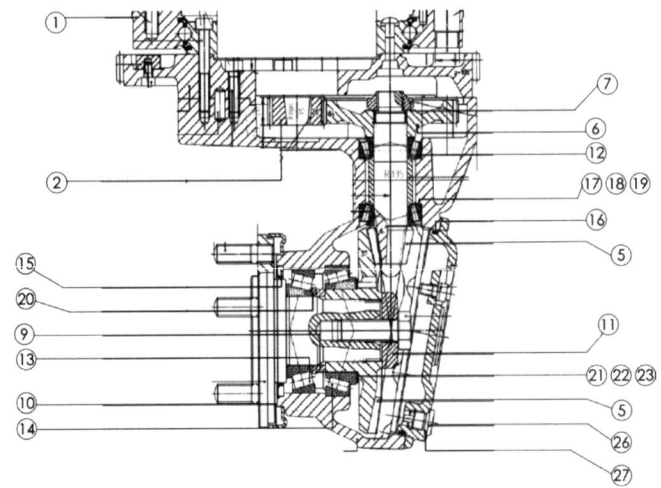

图2.1.5 变速箱剖面图

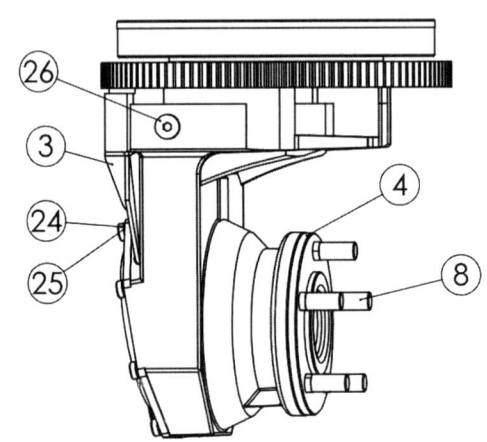

图2.1.6 变速箱

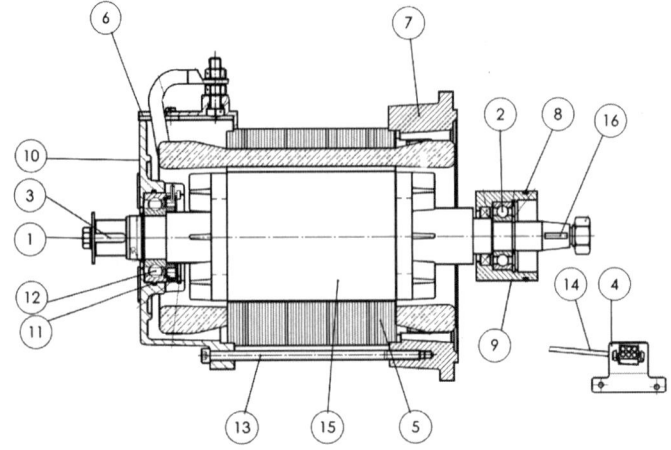

图2.1.7 主电机

（3）保养与润滑：AGV动力采用齿轮传动，其润滑也跳不出齿轮传动的润滑规律，润滑周期跟所采用齿轮的加工精度和使用的润滑油规格息息相关，一般为1~3年的更换周期不等。另外，现在为了车身的稳定性，减少车身震动的目的，动力轮一般采用的都是钢质外包耐磨橡胶的复合轮，其维护周期与选择的耐磨橡胶硬化周期有关，在橡胶层磨损严重、有硬化裂纹，或者表面有碰撞破损而影响正常运行的，就需要进行更换维护。

（4）行走轮的行走控制：主电机的另一端安装齿形带轮，通过图2.1.8同步齿形带9同时驱动两个齿形带轮，分别安装有两个编码器以检测转动速度，编码器分别将测速信息传输给主驱动伺服和控制电路上的sk3000，以进行检测更精确的速度信息和测速信息比对，达到更为准确的控速效果。其中：调节张紧轮3的位置可以调节同步齿形带的张紧，结合同步齿形带传动规律，紧张调节既不能太松也不能太紧，太松会造成同步带跳齿，或者动态性瞬间同步失灵现象，太紧会增大转动轴承压力，降低齿形带以及轴承的使用寿命，拉力甚至会使编码器轴变形，影响编码器的测速准确性，甚至致使AGV无法正常运行。常规调节其松紧程度以手指按压齿形带中部，齿形带位移3~5mm为最佳。

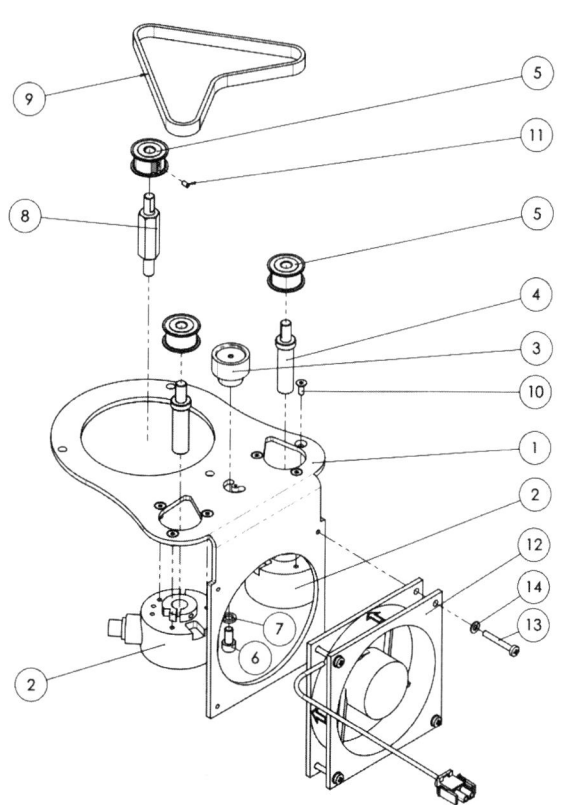

图2.1.8　行走轮控制部件

（二）AGV转向机械驱动系统

（1）AGV行走轮系统不仅能够驱动地行走，而且其设计安装下，也能围绕主电机轴进行一定角度的转动，外部设计有图2.1.9被动大齿轮13.2，同转动电机驱动的小齿轮13.1组合成齿轮副的减速齿轮传动系统，转向电机不同的正反转，驱动齿轮13.1正反方向转动，驱动其齿轮副中的大齿轮13.2进行不同方向的转动，也带动行走轮的不同方向的转向行走。

（2）保养与润滑：AGV转向动力也采用齿轮传动，其润滑也跳不出齿轮传动的润滑规律，但是其齿轮副转动没有变速箱体，裸露在电极外，其润滑势必不能采用润滑油润滑，以3~6个月涂抹一次锂基脂为宜。

（3）行走轮的转向控制：主电机的头部安装有齿形带轮，通过图2.1.10同步齿形带驱动齿形带轮6，齿形带轮6驱动编码器轴以检测转动方向和速度，达到更为准确的控制转向效果。其中：调节支架1的摆动角度就可以调节两个齿形带轮的中心距，也自然调节同步齿形带的张紧，紧张调节既不能太松也不能太紧，太松会造成同步带跳齿，或者动态性瞬间同步失灵现象，太紧会增大转动轴承压力，降低齿形带以及轴承的使用寿命，拉力甚至会使编码器轴变形，影响编码器测转向的准确性，甚至致使AGV无法正常运行。常规调节其松紧程度以手指按压齿形带中部，齿形带位移3~5mm为最佳。

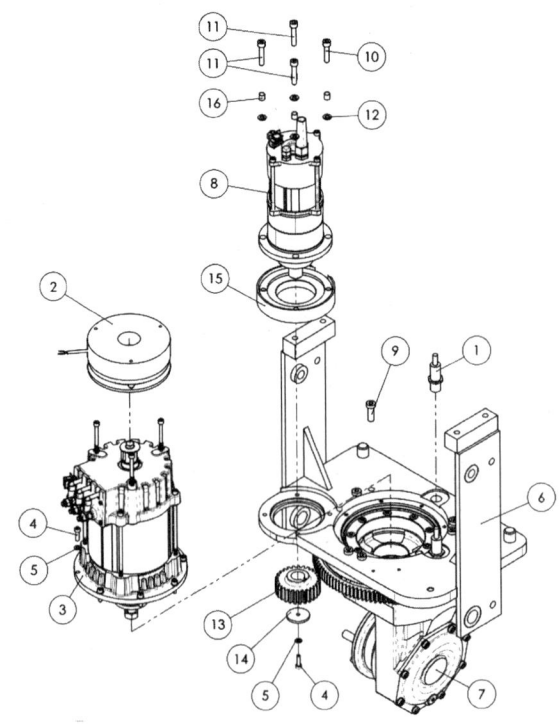

图2.1.9　行走与转向驱动部分装配图

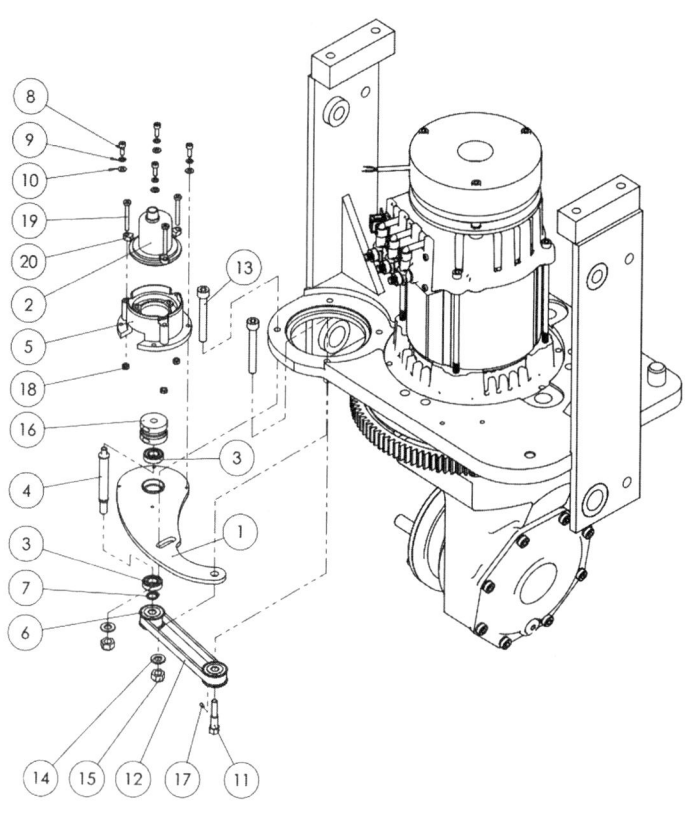

图2.1.10 转向部件装配图

(三)AGV车身稳定支撑系统

(1) AGV作为一个自动化的智能运行设备,其车身的防震设计和行走通过性都是重要的性能指标,其货叉下面的承重轮是由两对钢体外包耐磨橡胶的复合轮组成,充分体现了吸能减震的稳定车身设计准则,另外:图2.1.11机构中的中心轴3通过复合轮1的轴承中心,两端连接到两个摆杆2上,摆杆2分别放入货叉底座的支撑部,用沉头螺钉固定中心轴3的两端即可,如图2.1.12。这样如果行走中碰到小体异物,按照杠杆原理,承重轮抬起1厘米,其摆杆的中心就会只抬起0.5厘米,也就是部分车身顶起0.5厘米,相当于这种机构能把车身遇到异物时产生的震动减少一半。

(2) 辅助支撑轮:在主动行走轮的两旁,AGV又设计了两个辅助支撑轮,该对辅助支撑轮同样采用钢体外包耐磨橡胶的复合轮,设计为既能提供向上的支撑力,也能够绕车身水平方向进行360°的无限旋转。这样设计,既能起到动力轮的辅助支撑作用,分担动力轮承担的重力,从而提高主动力轮使用寿命的目的,也不影响主动力轮的转向,随时能够进行水平方向的360°无限制转向。如图2.1.13。

（3）维护：钢质外包耐磨橡胶的复合轮，其维护周期与选择的耐磨橡胶硬化周期有关，在橡胶层磨损严重、有硬化裂纹或者表面有碰撞破损而影响正常运行的，就需要进行更换维护。

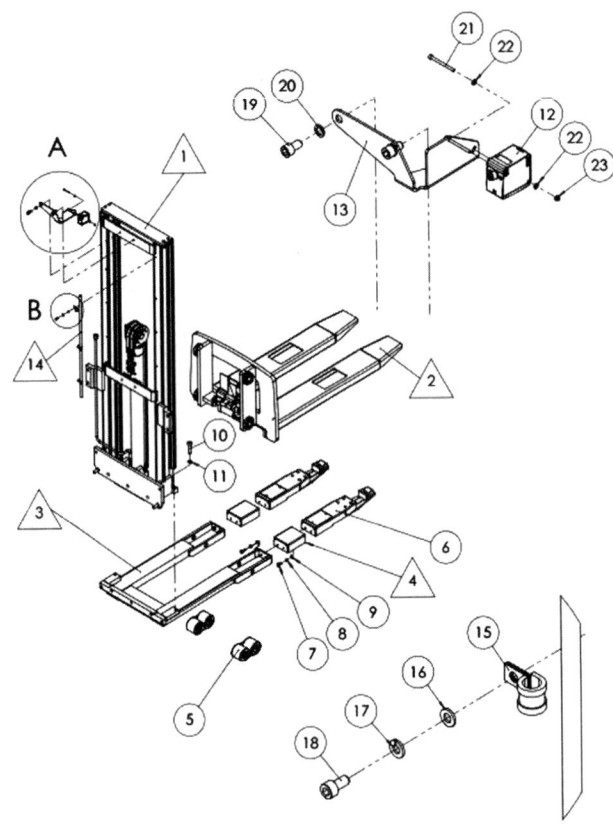

图2.1.11　车架装配图

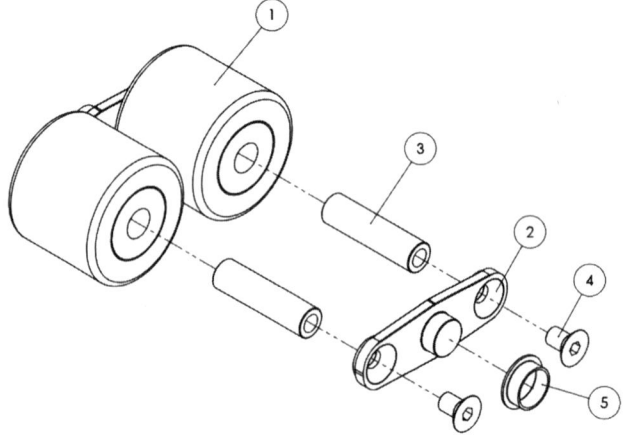

图2.1.12　车身承重轮装配图

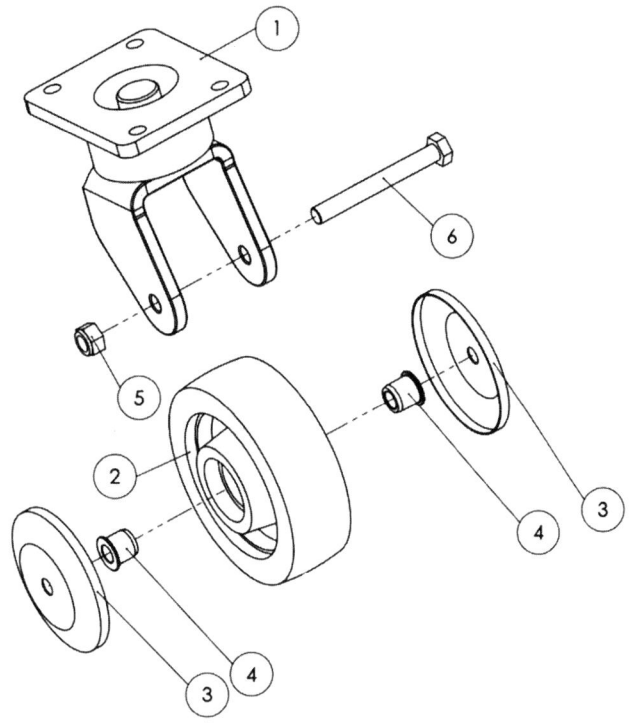

图2.1.13 转向辅助轮装配图

（四）AGV机械提升系统

AGV机械提升系统图2.1.14由液压缸2、组合动滑轮4、两条曳引链3和货叉等组成。液压缸的顶部装有组合动滑轮，两条曳引链一端通过调节螺杆固定在车身上，另一端连接货叉，根据动滑轮的传动原理，当液压缸升降10厘米的距离时，就会驱动曳引链末端连接的货叉升降20厘米，这样设计，能够有效减少液压缸的工作行程，减小液压缸的长度，也能更好地做到AGV外形美观设计。

（五）维护

AGV由于采用的是链式传动，如图2.1.15，且裸露于设备外边，其链条与组合动滑轮的润滑宜采用快速黏度化链条油喷剂。调节螺栓可以调节链条拉货叉的长度，调节的要点是：液压缸下降到最低处时，货叉下降既能够轻触承重轮架，同时链条又不至处于松弛状态。见图2.1.16。

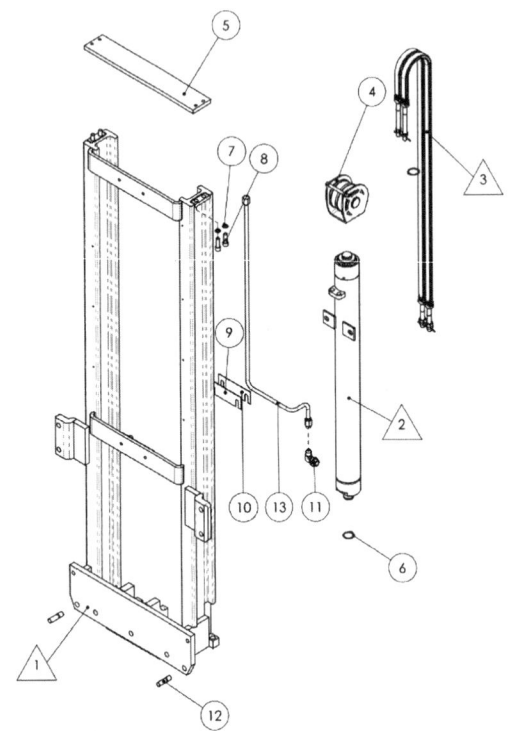

图2.1.14 提升链条装配图

图2.1.15 提升链条

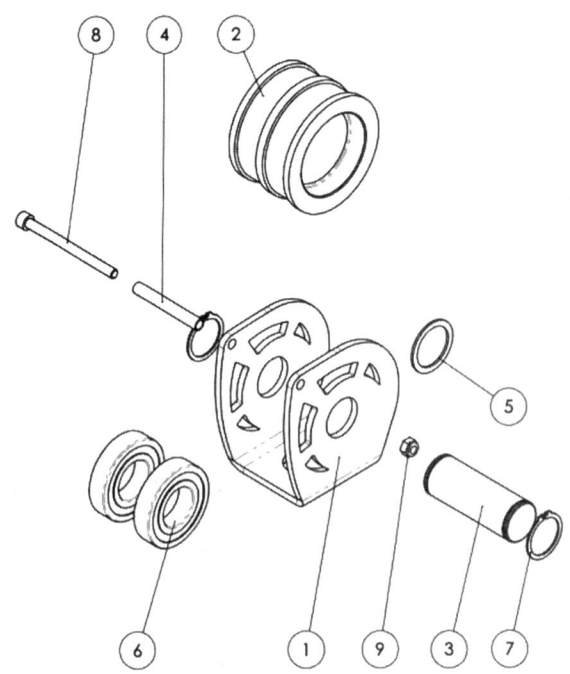

图2.1.16 提升链轮装配图

第二节 液压传动

一、液压传动系统构成和种类

（一）液压泵

液压泵是液压系统的动力元件，是靠发动机或电动机驱动，从液压油箱中吸入油液，形成压力油排出，送到执行元件的一种元件。液压泵按结构分为齿轮泵、柱塞泵、叶片泵和螺杆泵。

液压泵的工作原理是运动带来泵腔容积的变化，从而压缩流体使流体具有压力能。

影响液压泵的使用寿命因素很多，除了泵自身设计、制造因素外和一些与泵使用相关元件（如联轴器、滤油器等）的选用、试车运行过程中的操作等也有关系。

（1）常用液压泵的种类：

①按流量是否可调节可分为：变量泵和定量泵。输出流量可以根据需要来调节的称为变量泵，流量不能调节的称为定量泵。

②按液压系统中常用的泵结构分为：齿轮泵、叶片泵和柱塞泵3种。

其中：齿轮泵：体积较小，结构较简单，对油的清洁度要求不严，价格较便宜；但泵轴受不平衡力，磨损严重，泄漏较大。

叶片泵：分为双作用叶片泵和单作用叶片泵。这种泵流量均匀、运转平稳、噪音小、载压力和容积效率比齿轮泵高、结构比齿轮泵复杂。

柱塞泵：容积效率高、泄漏小、可在高压下工作、大多用于大功率液压系统；但结构复杂，材料和加工精度要求高、价格贵、对油的清洁度要求高。一般在齿轮泵和叶片泵不能满足要求时才用柱塞泵。

还有一些其他形式的液压泵，如螺杆泵等，但应用不如上述3种普遍。

（2）AGV油泵采用的是齿轮泵，其故障现象或原因及排除方法如下：

①油泵主动齿轮油封损坏，空气进入液压系统。

排除方法：更换老化的或损坏的油封、O形密封圈

②油泵内漏，密封圈老化。

排除方法：更换密封圈

③油泵端面或主、从动齿轮轴套端面磨损或刮伤，两轴套端面不平度超差。

排除方法：更换磨损齿轮油泵或油泵轴套，磨损轻微时平板上将端面磨平整。其不平度允许误差0.03mm；上轴套端面低于泵体，上平面（正常值低于2.5~2.6mm），如超差时应下轴套加0.1~0.2mm铜片来补偿，安装时则应套后轴套上装入。

④液压油过脏。

排除方法：清洗系统，更换液压油。

⑤泵的过滤器被污物阻塞不能起滤油作用。

排除方法：用干净的清洗油将过滤器去除污物。

⑥油位不足，吸油位置太高，吸油管露出油面。

排除方法：加油到油标位，降低吸油位置。

⑦泵轴的油封骨架脱落，泵体不密封。

排除方法：更换合格泵轴油封。

（二）液压阀

液压阀是一种用压力油操作的自动化元件，它受配压阀压力油的控制，通常与电磁配压阀组合使用，可用于远距离控制水电站油、气、水管路系统的通断。常用于夹紧、控制、润滑等油路。有制动型与先导型之分，多用先导型。

液压传动中用来控制液体压力、流量和方向的元件。其中控制压力的称为压力控制阀，控制流量的称为流量控制阀，控制通、断和流向的称为方向控制阀。

液压阀按功能分类为：流量阀（节流阀、调速阀，分流集流阀）、压力阀（溢流阀，减压阀，顺序阀，卸荷阀）、方向阀（电磁换向阀、手动换向阀、单向阀、液控单向阀）。

1. 方向控制

按用途分为单向阀和换向阀。单向阀：只允许流体在管道中单向接通，反向即切断。换向阀：改变不同管路间的通、断关系。

根据阀芯在阀体中的工作位置数分两位、三位等；根据所控制的通道数分两通、三通、四通、五通等。

根据阀芯驱动方式分手动、机动、电动、液动等。

20世纪60年代后期，在上述几种液压控制阀的基础上又研制出电液比例控制阀。它的输出量（压力、流量）能随输入的电信号连续变化。电液比例控制阀按作用不同，相应地分为电液比例压力控制阀、电液比例流量控制阀和电液比例方向控制阀等。

2. 压力控制

按用途分为溢流阀、减压阀和顺序阀。

溢流阀：能控制液压系统在达到调定压力时保持恒定状态。用于过载保护的溢流阀称为安全阀。当系统发生故障，压力升高到可能造成破坏的限定值时，阀口会打开而溢流，以保证系统的安全。

减压阀：能控制分支回路得到比主回路油压低的稳定压力。减压阀按它所控制的压力功能不同，又可分为定值减压阀（输出压力为恒定值）、定差减压阀（输入与输出压力差为定值）和定比减压阀（输入与输出压力间保持一定的比例）。

顺序阀：能使一个执行元件（如液压缸、液压马达等）动作以后，再按顺序使其他执行元件动作。

3. 流量控制

利用调节阀芯和阀体间的节流口面积和它所产生的局部阻力对流量进行调节，从而控制执行元件的运动速度。流量控制阀按用途分为5种。

节流阀：在调定节流口面积后，能使载荷压力变化不大和运动均匀性要求不高的执行元件的运动速度基本上保持稳定。

调速阀：在载荷压力变化时能保持节流阀的进出口压差为定值。这样，在节流口面积调定以后，不论载荷压力如何变化，调速阀都能保持通过节流阀的流量不变，从而使执行元件的运动速度稳定。

分流阀：不论载荷大小，能使同一油源的两个执行元件得到相等流量的为等量分流阀或同步阀；得到按比例分配流量的为比例分流阀。

集流阀：作用与分流阀相反，使流入集流阀的流量按比例分配。

分流集流阀：兼具分流阀和集流阀两种功能。

（三）液压油

液压油就是利用液体压力能的液压系统使用的液压介质，在液压系统中起着能量传递、抗磨、系统润滑、防腐、防锈、冷却等作用。对于液压油来说，首先应满足液压装置在工作温度下与启动温度下对液体黏度的要求，由于润滑油的黏度变化直接与液压动作、传递效率和传递精度有关，还要求油的黏温性能和剪切安定性应满足不同用途所提出的各种需求。液压油的种类繁多，分类方法各异，长期以来，习惯以用途进行分类，也有根据油品类型、化学组分或可燃性分类的。这些分类方法只反映了油品的挣注，但缺乏系统性，也难以了解油品间的相互关系和发展。

1. 液压油国标分类

在GB/T 7631.2-2003分类中的HH、HL、HM、HR、HG、HV、HS液压油均属矿油型液压油，这类油的品种多，使用量约占液压油总量的85%以上，汽车与工程机械液压系统常用的液压油也多属这类。

（1）HH类型

HH液压油是一种不含任何添加剂的矿物油。这种油虽已列入分类之中，但在液压系统中已不使用。因为这种油安定性差、易起泡，在液压设备中使用寿命短。

（2）HL类型

规格：

HL液压油是由精制深度较高的中性基础油，加抗氧和防锈添加剂制成的。HL液压油按40℃运动黏度可分为15、22、32、46、68、100六个牌号。

用途：HL液压油主要用于对润滑油无特殊要求，环境温度在0℃以上的各类机床的轴承箱、低压循环系统或类似机械设备循环系统的润滑。它的使用时间比机械油可延长一倍以上。该产品具有较好的橡胶密封适应性，其最高使用温度为80℃。

2. 保养工作

液压油保养工作（前提是设备正常运行，无异常状况）。

（1）保证液压油不在高温下使用；油品在高温下很快会氧化变质。

（2）液压站上的空气过滤器要采用既能过滤颗粒的也能过滤水分的过滤器。

（3）采用精密滤芯过滤液压油，使油品的污染度长期保持在NAS<8级，设备自带的滤芯一般精度太差，不能保证液压油的洁净度。因为液压站的容脏极限只有5um，而自带滤芯的精度往往要大于这个尺寸，科学规定一般液压站的污染度要求控制在NAS小于8级；对于有伺服机构的设备要求更高，要小于7级。若拆过伺服阀，那就什么都明白了，为什么液压油的污染度要控制得这么高。最好买个精密滤油机进行在线过滤，有些滤芯精度已经达到了0.1um。

（4）离心脱水/真空脱水（对于有水分的油站）。

只要控制好，一般可以用上5年。

（5）定期做一下油品检测。

二、液压传动在AGV上的应用

（一）AGV液压传动结构

AGV液压传动结构包括储油箱，油泵电机，控油器，管路，油压检测、液压缸等组成，如图提升时，电机运转，控油器上的出油电子阀打开，油泵电机驱动控油器的油泵，把液压油从储油箱压入管路，最后注入液压缸，液压缸提升，带动货叉机构提升。

下降时，油泵电机关闭，控油器上的回油电磁阀打开，货叉在重力作用下，把液压油从液压缸中，经过管路压入储油器，无论提升或是下降，油压检测全程参与，始终参与把控上升和下降时的油压状态。见图2.2.1

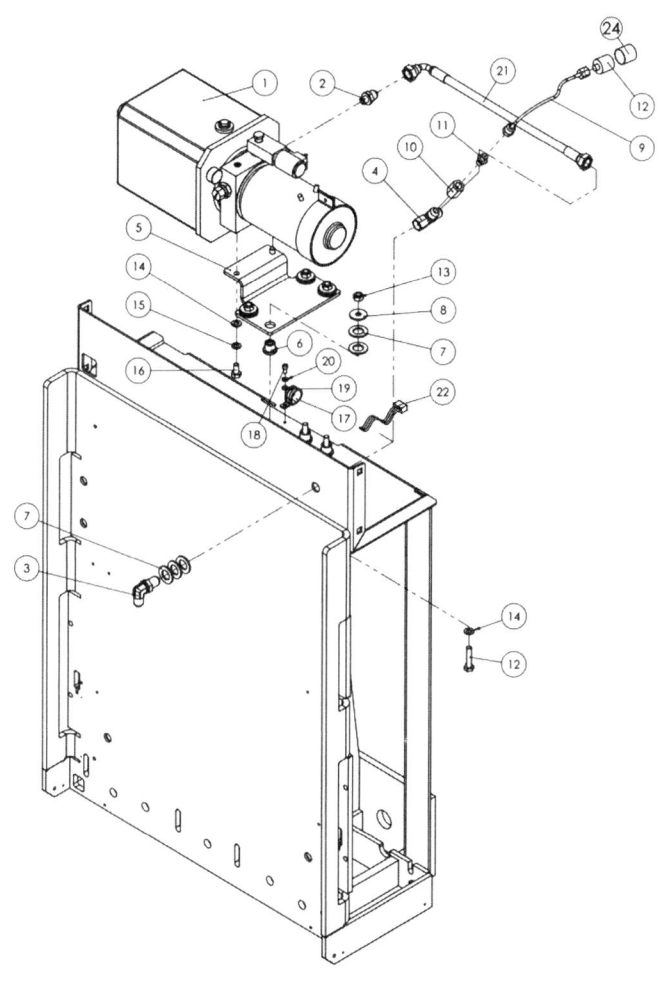

图2.2.1　AGV液压系统图

（二）AGV液压传动工作原理

液压传动设计必须考虑平稳性，空载和负载时速度如何才能一致，是AGV液压传动设计的要点。

货叉上升时，AGV控油器上的出油电子阀打开，油泵电机驱动控油器的油泵，把液压油从储油箱压入管路，注入液压缸，带动货叉机构提升，货叉的行程有上部安装的检测监控，前半程平稳，后半程快进入液压缸端部时，变频器驱动油泵电机减速运行，直到进入设计位置，既能保证平稳提升，又能够对没有在设计时间内进入设计位置的状态进行故障报警。

下降时，油泵电机关闭，控油器上的回油电磁阀（调速阀）打开，货叉在重力作用下，把液压油从液压缸中，经过管路压入储油器，无论提升或是下降，油压检测全程参与，始终参与把控上升和下降时的油压状态。特别是下降时，始终根据油压变化适时调整调速阀的状态，使载货货叉平稳下降，并在后半程进行减速至停稳的控制。

第三章　AGV电气结构及原理

学习要点

1. AGV主要电气部件构成
2. AGV的工作原理

第一节　AGV电气常用器件

一、熔断器

熔断器安装在电路中，保证电路安全运行的电器元件，常称其为保险。正常情况下，保险元件在电路中起连接电路作用。非正常（超负载）情况下，保险元件作为电路中的安全保护元件，通过自身熔断安全切断并保护电路。AGV中安装了各种不同大小的熔断器，有2A、4A、6A、10A、50A、100A、425A等，用于保护各种电路的元器件。

熔断器的基本结构包括三个部分，一是熔丝（Filament）部分，它是保险丝的核心，熔断时起到切断电流的作用。二是电极（electrode）部分，通常有两个，它是熔体与电路连接的重要部件，它必须有良好的导电性，不应产生明显的安装接触电阻。三是支架（cross-coupling effect）部分，保险丝的熔体一般都纤细柔软的，支架的作用就是将熔体固定并使三个部分成为刚性的整体便于安装、使用。

保险元件通电时，电流转换的热量会使熔丝的温度上升。与此同时，电流产生的热量通过熔丝、支架向周围环境辐射。当通过保险丝的电流过载时，散热速度跟不上发热速度，产生的热量就会在熔丝上逐渐累积，使温度上升，一旦温度超过熔丝材料的熔点时会使熔丝熔化而断开电流，达到保护电路的作用。AGV上的保险丝有熔断指示装置，它的作用就是当保险丝动作（熔断）后其本身发生一定的外观变化，易于被维修人员发现，例如：发光、变色、弹出固体指示器等。

二、伺服放大器

伺服放大器的作用是将多个输入信号与反馈信号进行综合并加以放大，根据综合信号极性的不同，输出相应的信号控制伺服电机正转或反转。当输入信号和反馈信号相平衡时，伺服电机停止转动，执行机构输出轴便稳定在一定位置上。伺服放大器主要由前置磁放大器、触发器、晶闸管主回路和电源等部分组成。为适应复杂的多参数调节的需要，AGV上的伺服放大器设置了多个输入信号通道和多个位置反馈信号通道。因此，它可以同时输入三个输入信号和一个位置反馈信号。

伺服放大器比变频器拥有更高的速度控制精度、更小的安装位置、更高的IP防护等级以及更好的停车制动功能。所以，伺服控制器作为AGV AGV的运动控制系统使用时更为适合。

三、pilz安全继电器

安全继电器是由数个继电器与电路组合而成，为的是要能互补彼此的异常缺陷，达到正确且低误动作的继电器完整功能，使其失误和失效值愈低，安全因素则愈高，因此需设计出多种安全继电器以保护不同等级机械，主要目标在保护暴露于不同等级之危险性的机械操作人员。

PILZ安全继电器一般由铁芯、线圈、衔铁、触点簧片等组成的。只要在线圈两端加上一定的电压，线圈中就会流过一定的电流，从而产生电磁效应，衔铁就会在电磁力吸引的作用下克服返回弹簧的拉力吸向铁芯，从而带动衔铁的动触点与静触点（常开触点）吸合。当线圈断电后，电磁的吸力也随之消失，衔铁就会在弹簧的反作用力返回原来的位置，使动触点与原来的静触点（常闭触点）释放。这样吸合、释放，从而达到了在电路中的导通、切断的目的。对于继电器的"常开、常闭"触点，可以这样来区分：继电器线圈未通电时处于断开状态的静触点，称为"常开触点"；处于接通状态的静触点称为"常闭触点"。

PILZ安全继电器双重化是必要的，但是除此之外必备如下几个条件：双重化电路的互相检查，确认所有安全电路已经断开一次，必要时由作业者操作便可以启动等条件。还有从另一个角度来说，输入的开关接线短路或电线外皮破损而引起的接地的可能性时，必须预防因此而引起的机器突然启动。其实安全继电器通俗讲就是把2-4个继电器混在了一起，各自的触点很多是互锁的，这样就可以有效地监控外部回路的触点是否熔接，或者有没有短路等现象。从而达到在紧急停止解除时，机器不能出现突然再启动；万一机器安全电路发生故障时，可以停止机器动力电源；安全电路发生故障时，机器不能再启动。

四、直流伺服电动机

直流伺服电动机是应用最为广泛的执行电动机，具有速度高、体积小、质量轻、效率高和转矩大等优良特性。其速度可以通过调节输入电压来控制，且调节范围很宽，适用于各种控制系统。直流伺服电动机广泛地应用于AGV、机器人、数控机床等计算机数字控制系统。

直流伺服电动机主要由定子和转子两大部分组成。定子的主要作用是产生磁场和作为电动机的机械支承。它由主磁板、换向极、机座、端盖、轴承、电刷装置等组成。转子是机械能和直流电能相互转换的枢纽。它由电枢铁芯、电枢绕组、换向器、转轴、风扇等组成。直流伺服电动机原理与普通直流电动机相同。

伺服电机主要靠脉冲来定位，基本上可以这样理解，伺服电机接收到1个脉冲，就会旋转1个脉冲对应的角度，从而实现位移，因为，伺服电机本身具备发出脉冲的功能，所以伺服电机每旋转一个角度，都会发出对应数量的脉冲，这样，和伺服电机接受的脉冲形成了呼应，或者叫闭环，如此一来，系统就会知道发了多少脉冲给伺服电机，同时又收了多少脉冲回来，这样，就能够很精确的控制电机的转动，从而实现精确的定位，可以达到0.001mm。

第二节 AGV控制器

VMC500是AGV车载控制系统核心部件，AGV车载控制系统采用Danaher Motion公司的NDC8版本软件，部件全部为瑞典进口产品。

一、VMC500控制器功能

AGV车载控制VMC500部件负责AGV的导引、路径选择、AGV行走、装卸操作等功能。

Danaher Motion公司的NDC8软件编程调用车载控制器VMC500，遵循工业控制的国际编程标准IEC61131，在解决AGV一系列数据传递与处理等方面具有更强的功能。其中，车载控制器它是车载控制系统的核心，主要执行以下的功能：

（1）从车载操作面板上发送命令时，进行AGV路径的选择；
（2）导航和导引的信息处理；

(3)用户定义的各种可编程逻辑控制程序,如对模拟、数字信号的处理、取货、卸货的操作等;

(4)车载或远程的设备通过通信进行AGV的状态和有关事件的监控和报告。

二、VMC500控制器软件设置方法

(一)VMC500基本参数设置

在用户层面,从IE中对VMC500的参数设置主要是关于两个方面的内容,一是WLAN方面的参数修改设置;二是AGV车号以及系统信息设置。

通过启动IE程序,可以输入AGV的TCP/IP地址,连接并进入VMC500的web server,当然,如果不是NT8K运行的电脑,而是便携电脑的话,首先应该设置电脑IP与AGVIP在同一网段,子网掩码相同,才有可能进入VMC500的web server。

进入后,显示如图3.2.1所示页面。

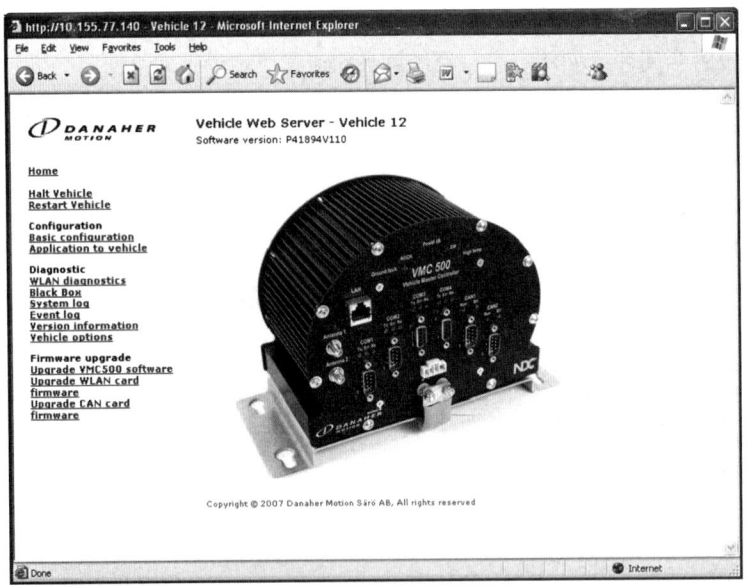

图3.2.1　IE连接VMC500

(1)在左侧菜单中,选择Basic configuration,输入口令,即可设置上述两项的相关内容。

输入Site名、System名和唯一的AGVID号(vehicle id),对于Site名、System名,可以参考其他已经设置的AGV,同一个地方不同的系统,可以Site名相同,但System名不能相同,AGV车号对每辆是唯一的,不能重号,如图3.2.2。

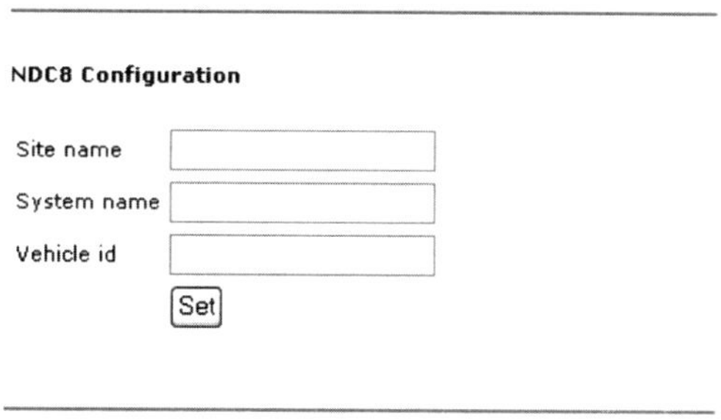

图3.2.2 NDC8 configuration 设置

敲击Set键，确认设置。

设置完成后，AGV控制器必须重新启动，才会接受新设置（敲击Reboot）。

（2）AGV和上位NT8K之间的通信采用WLAN方式，因此必须设置好WLAN参数，如图3.2.3。

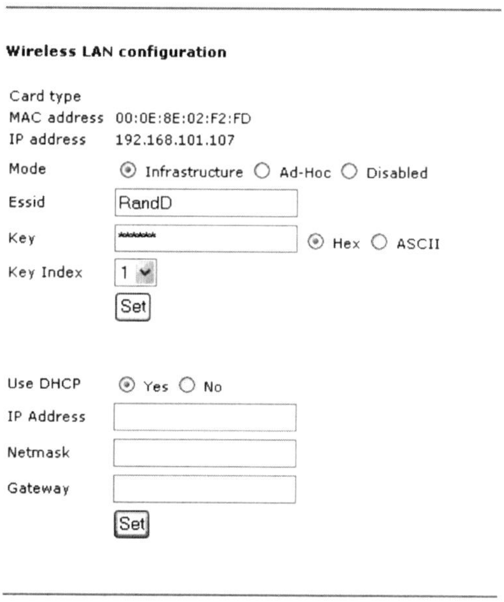

图3.2.3 无线设置

在Wireless WLAN configuration 中，有三种可能选择的模式，分别解释如下：：
- Infrastructure –系统中存在有效的WLAN时，点选此模式；
- Ad-Hoc –系统中还没有WLAN时点选，一般用在制造AGV的调试阶段；
- Disabled –当系统中存在只有 radio通信时，将不可能 The Essid和Key。

对于Infrastructure或者Ad-Ho两种模式，填写正确的ESSID（与规划中的现场AP名称一致）；点选Hex 或者ASCII，设置密码或者空置，点选Set键确认。

如果没有选择地址动态分配的话（DHCP），需要设置IP地址（Internet Protocol Address）

和子网掩码（subnet mask），如图3.2.4，点选set确认。如果需要的话，还需输入网关（Gateway）。

点选Set键确认。

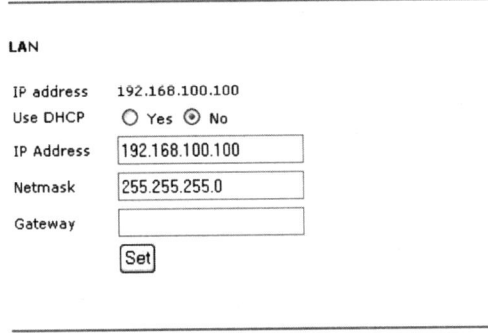

图3.2.4　网络设置

AGV控制器必须重新启动，才会接受新设置（敲击Reboot）。

（3）一般来说，AGV是通过名字来寻找上位主机的，当然这会有两种情况：

● AGVIP与上位主机IP在一个网段上，这种通信不需要以下设置（见图3.2.5）；

● AGVIP和上位主机IP不在一个网段上，这种模式就需要设置Master configuration，明确主机IP名和Port。

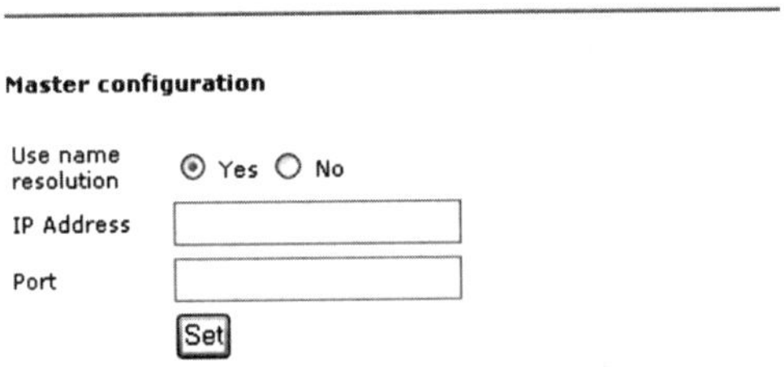

图3.2.5　用户设置

点选Set键确认。AGV控制器必须重新启动，才会接受新设置（敲击Reboot）。

出厂前调试AGV时，由于可能没有WLAN网络，应该点选Ad-Hoc模式，这样的话，在电脑（具有无线网卡）与AGV之间，能够不用基站就建立无线连接。

但要注意，主机和AGV控制器IP地址应在同一网段，且子网掩码相同。

（二）在safe-mode下设置AGV控制器的IP

有些情况，当VMC500坏的无线设备或者应用程序故障时，无法连接并进入VMC500进行以上设置。这种情况，就须采用"安全模式"（Safe mode）进入。

安全模式需要一个DSUB公头的交叉连接线，DSUB接头连接到COM3。

采用开始安全模式意味着：

● 不能启动之前的上述设置；

● 不能配置WLAN；

● LAN 口缺省成192.168.100.100 和netmask255.255.255.0.

这个 DSUB 接头需要交叉连接到端头 pin# 1 到 3， pin# 2 到 4，显示如图3.2.6。

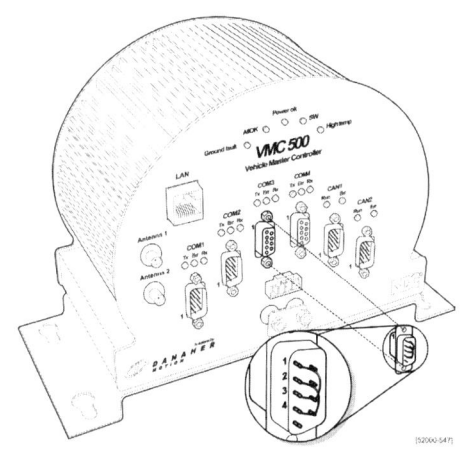

图3.2.6　公头RS422连接到 COM3

开始 "Safe-mode" 模式，并设置IP：

● 关掉VMC500的电；

● 照图3.2.6连接好DSUB插头；

● 打开VMC500电源；

● 通过WEB接口，连接上并进入VMC500 web server；

● 重新配置 IP 和Netmask address；

● 去除DSUB插头；

● 从WEB页面重启AGV控制器；

● 当VMC500启动后，检查刚才的设置是否正常；

● 有必要的话，重复以上步骤。

（三）VMC500控制器固件升级方法

1. 建立网络连接

点击电脑"开始"；

选择"Control Panel（控制面板）"；

选择"Network and Internet（网络和Internet）"；

选择"Network and Sharing Center（网络和共享中心）"；

选择"Change adapter settings（更改适配器配置）"；

右键单击"Local Area Connection（本地连接）"并且选择"Properties（属性）"；

单击"Properties（属性）"；

使用下面的IP地址，输入IP地址192.168.100.200，网关为255.255.255.0，然后单击OK就行。

2. 升级 AGV 控制软件

（1）检查软件版本

①将电脑与AGV控制器用网线连接。

②打开一个网页。

③在页面中输入IP地址：http：//192.168.100.100。

④查看开始页面的软件版本号，如果AGV控制器版本号不是 需要的，请升级AGV控制器软件版本。

3. 升级 VMC500 软件

①点击"开始"菜单中的"所有程序"——"NDC8 Application"——"VMC500 Software"——"VMC_Flash"。

②返回Vehicle 页面：http：//192.168.100.100。

③单击"Upgrade VMC500 Software"。

④单击"Start upgrade"。

可以在VMC500 Flash的工作窗口看到软件的升级过程，VMC500将会自动重启并且网页会自动升级为正在升级的版本，整个过程大约需要2~3分钟。

⑤打开升级后的AGV网页，并确认软件版本号。

4. 升级 CVC600 软件

①点击"开始"菜单中的"所有程序"——"NDC8 Application"——"CVC600 Software"——"CVCFlash"。

②返回Vehicle 页面：http：//192.168.100.100。

③单击"Upgrade CVC600 software"。

④单击"Start upgrade"。

可以在CVC600 Flash的工作窗口看到软件的升级过程，VMC500将会自动重启并且网页会自动升级为 正在升级的版本，整个过程大约需要2~3分钟。

⑤打开升级后的AGV网页，并确认软件版本号。

5. 配置AGV控制器（Trolley controller）参数，升级CAN设备

第三节　AGV总线系统

一、CAN总线概述

（一）CAN总线的概念

20世纪80年代初期，欧洲汽车工业的蓬勃发展，车辆电子信息化程度的也不断提高。当时，由于消费者对于汽车功能的要求越来越多，而这些功能的实现大多是基于电子操作的，这就使得电子装置之间的通信越来越复杂，同时意味着需要更多地连接信号线，但是传统的线束式汽车电子系统已经不能满足车辆电子信息功能发展的需求。为了解决这一制约现代汽车电子信息化发展的瓶颈，德国Bosch公司设计了一个单一的网络总线，所有的外围器件可以被挂接在该总线上，经过试验，这一总线能够有效解决现代汽车中庞大的电子控制装置之间的通信，并且能够减少不断增加的信号线。所以在1986年Bosch公司正式公布了这一总线，且命名为CAN总线。见图3.3.1。

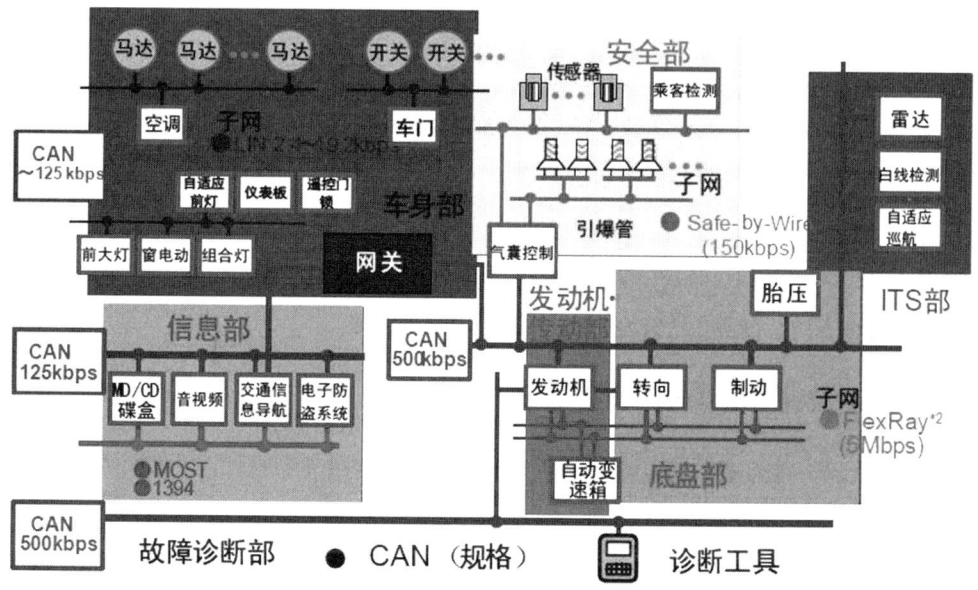

图3.3.1　一个典型的汽车CAN应用场景

CAN控制器局部网（CAN—Controller Area Network）属于现场总线的范畴，它是一种有效支持分布式控制或实时控制的串行通信网络，它具有很高的网络安全性、通信可靠性和实时性，简单实用，网络成本低，特别适用于汽车计算机控制系统和环境恶劣、电磁辐射强和振动大的工业环境，因此CAN总线在诸多现场总线中独占鳌头，成为汽车总线的代名词。

近些年来，CAN控制器价格越来越低，很多MCU也集成了CAN控制器。现在每一辆汽车上都装有CAN总线。

（二）CAN总线发展阶段

1987年Intel公司生产出了首枚CAN控制器（82526）。不久，Philips公司也推出了CAN控制器82C200；

1991年，Bosch颁布CAN 2.0技术规范，CAN2.0包括A和B两个部分。为促进CAN以及CAN协议的发展，1992在欧洲成立了国际用户和厂商协会（CAN in Automation，简称CiA），在德国Erlangen注册，CiA总部位于Erlangen。CiA提供服务包括：发布CAN的各类技术规范，免费下载CAN文献资料，提供CANopen规范DeviceNet规范；发布CAN产品数据库，CANopen产品指南；提供CANopen验证工具执行CANopen认证测试；开发CAN规范并发布为CiA标准。

1993年CAN成为国际标准ISO11898（高速应用）和ISO11519（低速应用）；

1993年，ISO颁布CAN国际标准 ISO-11898；

1994年，SAE颁布基于CAN的J1939标准；

2003年，Maybach发布带76个ECU的新车型（CAN，LIN，MOST）；

2003年，VW发布带35个ECU的新型Golf。

根据CiA组织统计，截至2002年底，约有500多家公司加入了这个协会，协作开发和支持各类CAN高层协议；生产CAN控制器（独立或内嵌）厂家，包括世界上主要半导体生产厂家在内，已有20多家，CAN控制器产品的品种已达110多种，CAN控制器的数量已达210,000,000枚。CAN接口已经被公认为微控制器（Microcontroller）的标准串行接口，应用在各种分布式内嵌系统。该协会已经为全球应用CAN技术的权威。

（三）CAN总线的特点

CAN总线与一般的通信总线相比，它的数据通信具有突出的可靠性、实时性和灵活性。其主要特性如下：

（1）具有较高的性价比。它结构简单，器件容易购置，每个节点的价格较低，而且开发过程中能充分利用现在的单片机开发工具；

（2）是目前为止唯一有国际标准的现场总线；

（3）为多主方式工作，网络上任一节点均可在任意时刻主动向网络上其他节点发送信息而不分主从，通信方式灵活，且无须占地址等节点信息；

（4）网络上的节点信息分成不同的优先级，可满足不同的实时要求，高优先级的数据最多可在134μs内得到传输；

（5）采用非破坏性总线仲裁技术，当多个节点同时向总线发送信息时，优先级较低的节点会主动地退出发送，而最高优先级的节点不受影响地继续传输数据，从而大大节省了总线冲突仲裁时间。尤其是在网络负载很重的情况下也不会出现网络瘫痪情况；

（6）只需通过报文滤波即可实现点对点、一点对多点及全局广播等几种方式传送接收数据，无须专门的"调度"；

（7）直接通信距离最远可达10 km（速率5 kb/s以下），通信速率最高可达 1 Mkb/s（此时通信距离最长为40 m）；

（8）节点数主要取决于总线驱动电路，目前可达成110个；

（9）采用短帧结构，传输时间短，受干扰概率低，具有极好的检错效果；

（10）每帧信息都有CRC校验及其他检错措施，保证了数据出错率低；

（11）通信介质可为双绞线、同轴电缆或光纤，选择灵活；

（12）节点在错误严重的情况下具有自动关闭输出功能，以使总线上其他节点的操作不受影响。

自CAN总线问世以来，为满足CAN总线协议的多种应用需求，相继出现了几种高层协议。目前大多数基于CAN总线的网络都采用CAN总线的高层协议。CANopen、DeviceNet和SDS是通常采用的高层协议，适用于任何类型的工业控制局域网应用场合，而CAL则应用于基于标准应用层通信协议的优化控制场合，SAEJ1939则应用于卡车和重型汽车计算机控制系统。其总线规范已被ISO国际标准化组织制定为国际标准，并被公认为是最有前途的现场总线之一。

CAN总线的应用范围遍及从高速网络到低成本的多线路网络，广泛应用于控制系统中的各检测和执行机构之间的数据通信。随着控制、计算机、通信、网络等技术的发展，信息交换沟通的领域正在迅速覆盖从现场设备到控制、管理的各个层次。信息技术的发展引起自动化系统结构的变革，逐步形成以网络集成自动化系统为基础的企业信息系统。现场总线（Fieldbus）就是顺应这一形势发展起来的新技术，成为当今自动化领域技术发展的热点，被誉为自动化领域的计算机局域网。它的出现，标志着自动化领域的又一个新时代的开始，并对该领域的发展产生重要影响。

二、CAN总线基本原理

（一）CAN总线标准

1. CAN总线的分层结构

OSI（Open System Interconnection）开放系统互连参考模型将网络协议分为7层，由上至下分别为：应用层、表示层、会话层、传输层、网络层、链路层和物理层。国际电工技术委员会定义现场总线模型分为三层：应用层、链路层和物理层。CAN的分层定义与OSI模型一致，使用了七层模型中的应用层、链路层和物理层。CAN技术规范定义了模型最下面的两层：数据链路层和物理层，如图3.3.2所示。

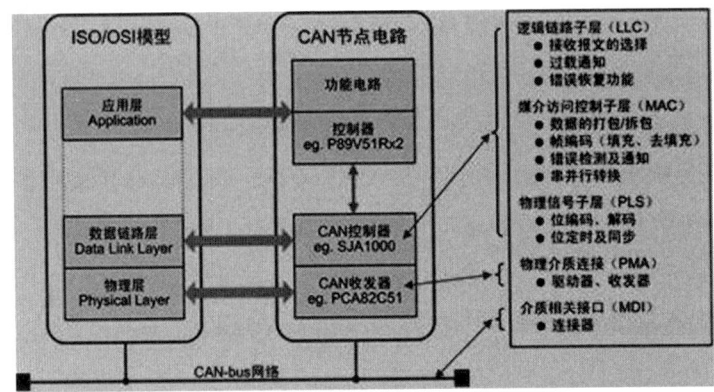

图3.3.2　CAN总线分层结构

CAN收发器负责逻辑电平和物理信号之间的转换，将逻辑信号转换成物理信号（差分电平）或者将物理信号转换成逻辑电平。见图3.3.3。

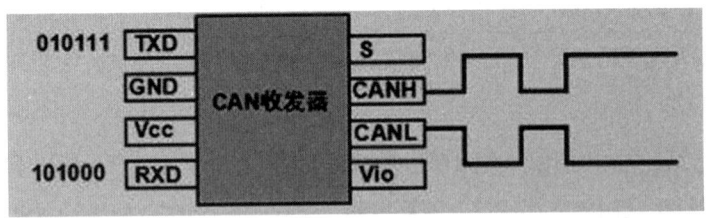

图3.3.3　CAN总线收发器

CAN标准有两个，即IOS11898和IOS11519，两者差分电平特性不同。（有信号时：CANH，CANL，即显性；没有信号时：CANH，CANL，即隐性）。

CAN有三种接口器件，如图3.3.4所示：

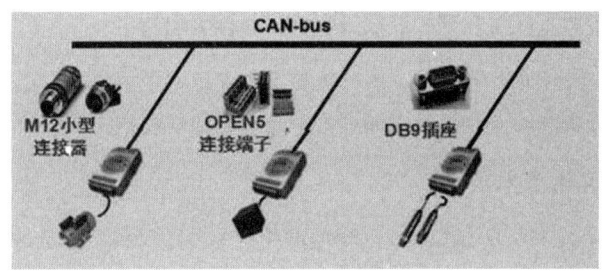

图3.3.4 CAN总线常见接口

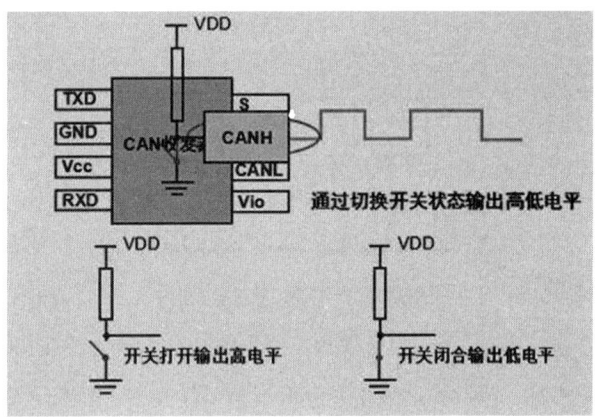

图3.3.5 接口电路

多个节点连接，只要有一个为低电平，总线就为低电平，只有所有节点输出高电平时，才为高电平。如图3.3.5所示。所谓"线与"。CAN总线有5个连续相同位后，就插入一个相反位，产生跳变沿，用于同步。从而消除累积误差。和RS485、RS232一样，CAN的传输速度与距离成反比。如图3.3.6所示。

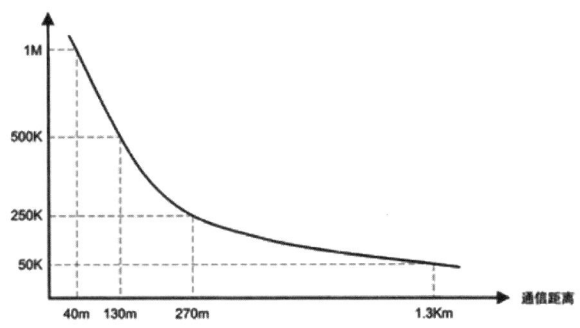

图3.3.6 通信距离与传输速度关系

2. CAN 协议标准

CAN总线协议现有CAN1.0、CAN1.2、CAN2.0A和CAN2.0B四个版本。CAN2.0A以及以下版本使用标准格式信息帧（11位），CAN2.0B使用扩展格式信息帧（29位）。

CAN2.0A及以下版本在接收到扩展帧信息格式时认为出错；

CAN2.0B被动版本接收时忽略29位扩展信息帧，不认为出错；

CAN2.0B主动版本能够接收和发送标准格式信息帧和扩展格式信息帧。

3. CAN总线网络基本结构

CAN总线网络由若干个具有CAN通信功能的控制单元（又称节点）通过CAN_H和CAN_L两条数据线并联组成，CAN_H和CAN_L两条数据线的两端各安装一个120Ω电阻构成数据保护器，避免数据传输到终端被反射回来而产生反射波，影响数据的传送，如图3.3.7所示。汽车CAN总线网络结构示意图如图3.3.8所示。

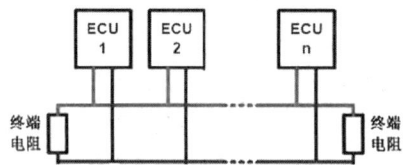

图3.3.7 CAN网络基本结构

因为电缆的特性阻抗为120Ω，大多数双绞线电缆特性阻抗大约在100~120Ω。120欧姆只是为了保证阻抗完整性，消除回波反射，提升通信可靠性的，因此，其只需要在总线最远的两端接上120欧姆电阻即可，而中间节点并不需要接。

当然，即使当前网络中并没有终端匹配电阻，只要传输线长度不长（例如传输线只有1-2米）CAN节点数量不多的情况下，不接入120欧姆电阻也完全可以工作。

因为此时传输线长度和波长还相差甚远，节点不多的情况下，反射波的叠加信号强度也不会很强，因此传输线效应完全可以忽略。

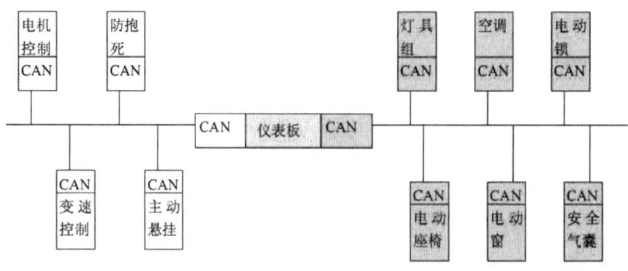

图3.3.8 汽车CAN总线网络结构示意图

4. CAN总线节点硬件电路框图

一个完整的CAN总线节点应该包含微控制器、CAN控制器和CAN收发器三部分。其中微控制器负责完成CAN控制器的初始化，与CAN控制器地进行数据传递；CAN控制器负责将数据以CAN报文的形式传递，实现CAN协议数据链路层的功能；CAN收发器是CAN控制器与

CAN物理总线的接口，为总线提供差动发送功能，也为控制器提供差动接收功能。

CAN节点的基本结构框图如图3.3.9所示。部分微控制器集成有CAN控制器，因此，节点方案有两种。

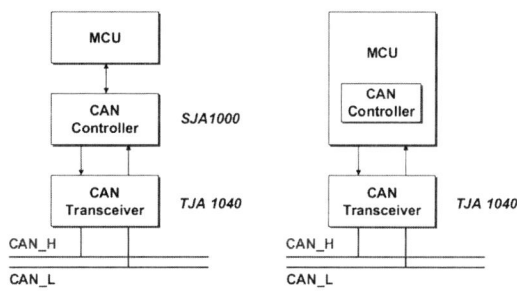

图3.3.9　CAN节点基本结构框图

5. CAN 差分通信

CAN总线的信号传输采用差分通信信号，差分通信具有较强的抗干扰能力。CAN收发器的差动信号放大器在处理信号时，会用CAN_H数据线的电压减去CAN_L数据上的电压，这两个数据线的电位差可对应两种不同逻辑状态进行编码。

在静止状态时，这两条导线上作用有相同预先设定值，该值称为静电平。对于CAN驱动数据总线来说，这个值大约为2.5V。静电平也称为隐性状态，因为连接的所有控制单元均可修改它。

在显性状态时，CAN_H线上的电压值会升高一个预定值（对CAN驱动数据总线来说，这个值至少为1V）。而CAN_L线上的电压值会降低一个同样值（对CAN驱动数据总线来说，这个值至少为1V）。

于是在CAN驱动数据总线上，CAN_H线就处于激活状态，其电压不低于3.5V（2.5V+1V=3.5V），而CAN_L线上的电压值最多可降至1.5V（2.5V-1V=1.5V）。因此在隐性状态时，CAN_H线与CAN_L线上的电压差为0V，在显性状态时该差值最低为2V，如图3.3.10所示。

如果CAN_H - CAN_L> 2，那么比特为0，为显性；如果CAN_H - CAN_L= 0，那么比特为1，为隐性。

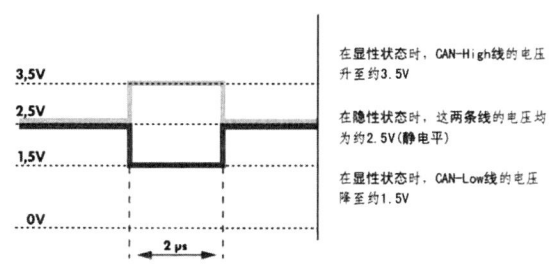

图3.3.10　CAN数据线的电平

（二）CAN总线通信原理

当CAN总线上的一个节点（站）发送数据时，它以报文形式广播给网络中所有节点。对每个节点来说，无论数据是否是发给自己的，都对其进行接收。

每组报文开头的11位字符为标识符，定义了报文的优先级，这种报文格式称为面向内容的编址方案。在同一系统中标识符是唯一的，不可能有两个站发送具有相同标识符的报文。

（1）当一个站要向其他站发送数据时，该站CPU将要发送的数据和自己的标识符传送给本站的CAN控制器芯片，并处于准备状态；当它收到总线分配时，转为发送报文状态。CAN控制器芯片将数据根据协议组织成一定的报文格式发出，这时网上的其他站处于接收状态。每个处于接收状态的站对接收到的报文进行检测，判断这些报文是不是发给自己的，以确定是否接收它。

（2）当多个站点同时发送消息时，需要进行总线仲裁，每个控制单元在发送信息时通过发送标识符来识别。所有的控制单元都是通过各自的RX线来跟踪总线上的一举一动并获知总线的状态。每个发射器将TX线和RX线的状态一位一位地进行比较，采用"线与"机制，"显性"位可以覆盖"隐性"位；只有所有节点都发送"隐性"位，总线才处于"隐性"状态。CAN是这样来进行调整的：TX信号上加有一个"0"的控制单元必须退出总线。用标识符中位于前部的"0"的个数就可调整信息的重要程度，从而就可保证按重要程度的顺序来发送信息。标识符中的号码越小，表示该信息越重要，优先级越高。发送低优先级报文的节点退出仲裁后，在下次总线空闲时重发报文。三个节点总线仲裁示意图如图3.3.11所示。

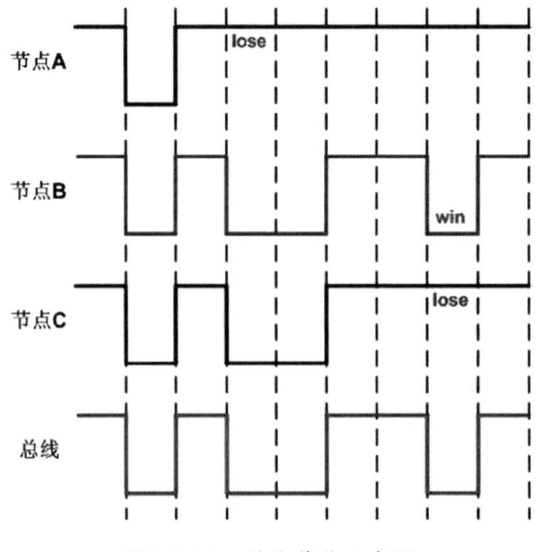

图3.3.11 总线仲裁示意图

（三）CAN报文帧结构

CAN总线报文传输由以下4个不同的帧类型所表示和控制：

数据帧：数据帧携带数据从发送器至接收器。

远程帧：总线单元发出远程帧，请求发送具有同一识别符的数据帧。

错误帧：任何单元检测到总线错误就发出错误帧。

过载帧：过载帧用以在先行的和后续的数据帧（或远程帧）之间提供附加的延时。

数据帧（或远程帧）通过帧间空间与前述的各帧分开。

1. 数据帧

数据帧由7个不同的位场组成：帧起始、仲裁段、控制段、数据段、CRC段、应答段、帧结尾。数据场的长度可以为0。见3.3.12。

（1）帧起始

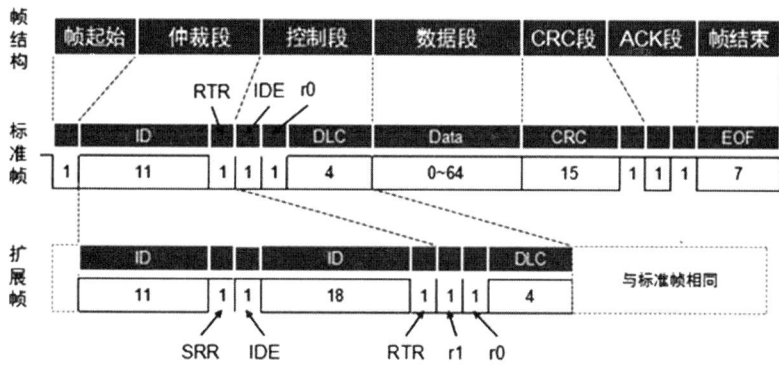

图3.3.12　CAN总线报文帧结构示意图

帧起始由一个显性位（低电平）组成，发送节点发送帧起始，其他节点同步于帧起始；帧结束由7个隐形位（高电平）组成。

（2）仲裁段

CAN总线是如何解决多点竞争的问题由仲裁段给出答案。CAN总线控制器在发送数据的同时监控总线电平，如果电平不同，则停止发送并做其他处理。如果该位于仲裁段，则退出总线竞争；如果位于其他段，则产生错误事件。

帧ID越小，优先级越高。由于数据帧的RTR位为显性电平，远程帧为隐性电平，所以帧格式和帧ID相同的情况下，数据帧优先于远程帧；由于标准帧的IDE位为显性电平，扩展帧的IDE位为隐形电平，对于前11位ID相同的标准帧和扩展帧，标准帧优先级比扩展帧高。见图3.3.13。

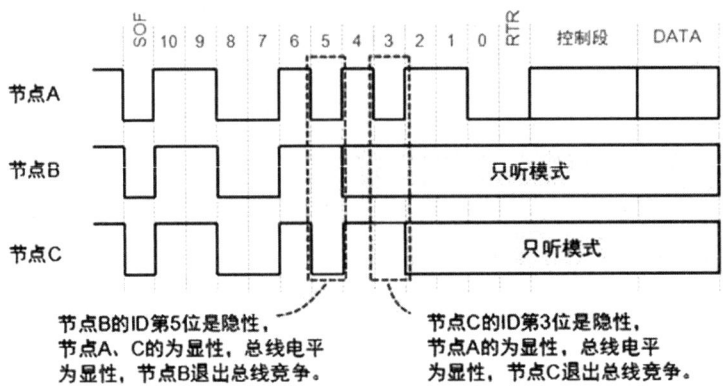

图3.3.13 CAN总线仲裁段结构示意图

（3）控制段

控制段共6位，标准帧的控制段由扩展帧标志位IDE、保留位r0和数据长度代码DLC组成；扩展帧控制段则由IDE、r1、r0和DLC组成。见图3.3.14。

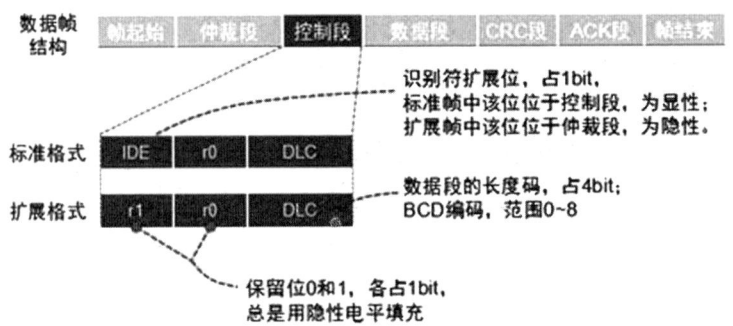

图3.3.14 CAN总线控制段结构示意图

（4）数据段

数据段为0~8字节，短帧结构，实时性好，适合汽车和工控领域（如图3.3.15所示）

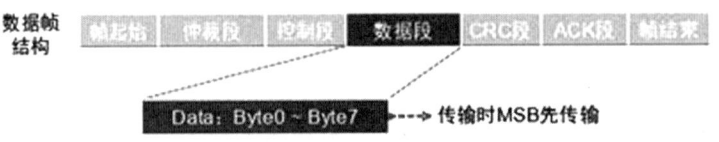

图3.3.15 CAN总线数据段结构示意图

（5）CRC段

CRC校验段由15位CRC值和CRC界定符组成。如图3.3.16所示。

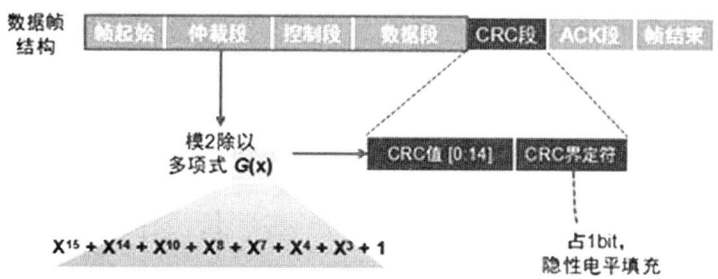

图3.3.16 CAN总线CRC段结构示意图

(6) ACK段

当接收节点接收到的帧起始到CRC段都没错误时,它将在ACK段发送一个显性电平,发送节点发送隐性电平,线上结果为显性电平。

2. 远程帧

远程帧由6个不同的位场组成:帧起始、仲裁段、控制段、CRC段、应答段、帧末尾。通过发送远程帧,作为某数据接收器的站通过其资源节点对不同的数据传送进行初始化设置。与数据帧相反,远程帧的RTR位是"隐性"的。它没有数据场,数据长度代码的数值是不受制约的(可以标注为容许范围里0~8的任何数值)。此数值是相应于数据帧的数据长度代码。如图3.3.17。

比较内容	数据帧	远程帧
ID	发送节点的ID	被请求发送节点的ID
SRR	0(显性电平)	1(隐性电平)
RTR	0(显性电平)	1(隐性电平)
DLC	发送数据长度	请求的数据长度
是否有数据段	是	否
CRC校验范围	帧起始+仲裁段+控制段+数据段	帧起始+仲裁段+控制段

图3.3.17 CAN总线远程帧对比图

3. 错误帧

错误帧由两个不同的场组成。第一个场用作为不同站提供的错误标志(ERROR FLAG)的叠加。第二个场是错误界定符。在发送和接收报口时,总线上的节点如果检测出了错误,那么该节点就会发送错误帧,通知总线上的节点,自己出错了。见图3.3.18。

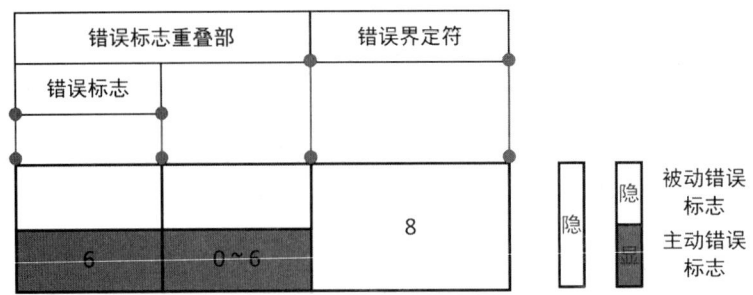

图3.3.18　CAN总线错误帧示意图

4. 过载帧

包括两个位场：过载标志和过载界定符。当某节点没有做好接收的"准备"时，将发送过载帧，以通知发送节点。见图3.3.19。

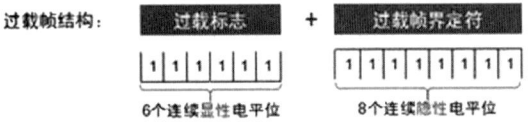

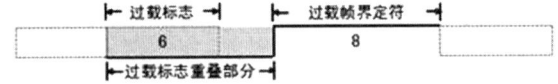

图3.3.19　CAN总线过载帧示意图

5. 帧间隔

用来隔离数据帧、远程帧与它们前面的帧，错误帧和过载帧前面不加帧间隔。见图3.3.20。

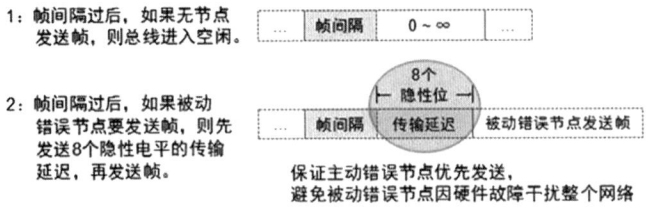

图3.3.20　CAN总线帧间隔示意图

（四）CAN节点构建

构建CAN节点，实现相应控制，由底向上分为四个部分：CAN节点电路、CAN控制器驱动、CAN应用层协议、CAN节点应用程序。虽然不同节点完成的功能不同,但是都有相同的硬件和软件结构。见图3.3.21。

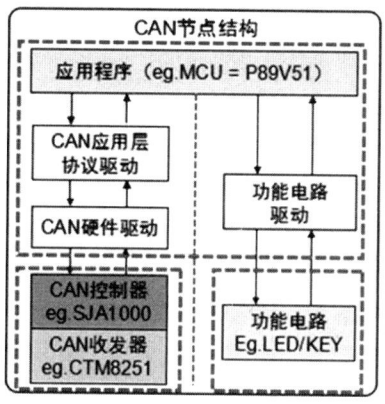

图3.3.21　CAN总线节点示意图

CAN收发器和控制器分别对应CAN的物理层和数据链路层,完成CAN报文的收发;功能电路,完成特定的功能,如信号采集或控制外设等;主控制器与应用软件按照CAN报文格式解析报文,完成相应控制。

CAN硬件驱动是运行在主控制器(如P89V51)上的程序,它主要完成以下工作:基于寄存器的操作,初始化CAN控制器、发送CAN报文、接收CAN报文。

如果直接使用CAN硬件驱动,当更换控制器时,需要修改上层应用程序,移植性差。在应用层和硬件驱动层加入虚拟驱动层,能够屏蔽不同CAN控制器的差异。

一个CAN节点除了完成通信的功能,还包括一些特定的硬件功能电路,功能电路驱动向下直接控制功能电路,向上为应用层提供控制功能电路函数接口。特定功能包括信号采集、人机显示等。见图3.3.22。

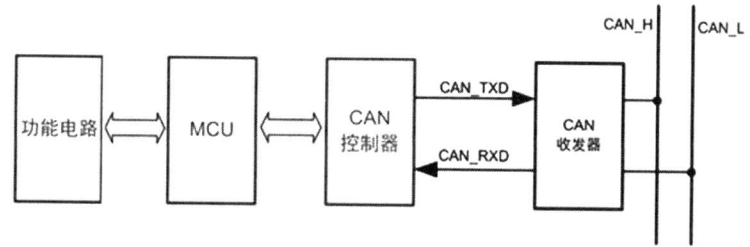

图3.3.22　CAN总线功能块

CAN收发器是实现CAN控制器逻辑电平与CAN总线上差分电平的互换。实现CAN收发器的方案有两种,一是使用CAN收发IC(需要加电源隔离和电气隔离),另一种是使用CAN隔离收发模块。CAN控制器是CAN的核心元件,它实现了CAN协议中数据链路层的全部功能,能够自动完成CAN协议的解析。CAN控制器一般有两种，一种是控制器IC（SJA1000），另一种是集成CAN控制器的MCU（LPC11C00）。

MCU负责实现对功能电路和CAN控制器的控制：在节点启动时，初始化CAN控制器参数；通过CAN控制器读取和发送CAN帧；在CAN控制器发生中断时，处理CAN控制器的中断异常；根据接收到的数据输出控制信号（如图3.3.23所示）。

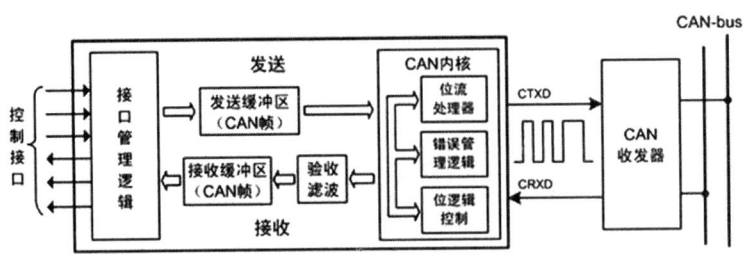

图3.3.23　CAN总线工作原理图

接口管理逻辑：解释MCU指令，寻址CAN控制器中的各功能模块的寄存器单元，向主控制器提供中断信息和状态信息。

发送缓冲区和接收缓冲区能够存储CAN总线网络上的完整信息。

验收滤波是将存储的验证码与CAN报文识别码进行比较，跟验证码匹配的CAN帧才会存储到接收缓冲区。CAN内核实现了数据链路的全部协议。

（五）错误检测

不同于其他总线，CAN协议不能使用应答信息。事实上，它可以将发生的任何错误用信号发出。CAN协议可使用五种检查错误的方法，其中前三种为基于报文内容检查。

1. 循环冗余检查（CRC）

CRC序列包括发送器的CRC计算结果。接收器计算CRC的方法与发送器相同。如果计算结果与接收到CRC序列的结果不相符，则检测到一个CRC错误。

2. 帧检查

这种方法通过位场检查帧的格式和大小来确定报文的正确性，用于检查格式上的错误。

3. 应答错误

被接收到的帧由接收站通过明确的应答来确认。如果发送站未收到应答，那么表明接收站发现帧中有错误，也就是说，ACK场已损坏或网络中的报文无法接收。

4. 总线检测

CAN中的一个节点可监测自己发出的信号。因此，发送报文的站可以观测总线电平并探测发送位和接收位的差异。

5. 位填充

一帧报文中的每一位都由不归零码表示,可保证位编码的最大效率。然而,如果在一帧报文中有太多相同电平的位,就有可能失去同步。为保证同步,在五个连续相等位后,发送站自动插入一个与之互补的补码位。接收时,这个填充位被自动丢掉。例如,五个连续的低电平位后,CAN自动插入一个高电平位。CAN通过这种编码规则检查错误,如果在一帧报文中有6个相同位,CAN就知道发生了错误。

(六) CAN总线关键技术及发展现状

CAN总线关键技术主要包含两方面:硬件和软件。硬件主要为微控制器、CAN控制器和CAN收发器。软件主要是节点控制程序和CAN总线网络应用层协议。

1. 微控制器

微控制器依功能性能分为4位、8位、16位、32位和64位。然而,目前主力的市场集中在8位、16位和32位,这三种等级正好适用于低、中、高端三种车型。CAN控制器分为独立的CAN控制器和集成CAN控制器,它能够实现协议中的实体层及数据链接层的功能,达成位同步、优先权仲裁和故障诊断等要求。

CAN收发器是CAN协议控制器与物理总线之间的接口。它可以为总线提供差动的发送功能,为控制器提供差动的接收功能,是CAN系统中的必须设备。到目前为止,微控制器技术比较成熟,可供选择的种类也较多。而对于CAN控制器和收发器,世界上已拥有20多家CAN总线控制器芯片生产商,110多种CAN总线协议控制器芯片和集成CAN总线协议控制器的微控制器芯片。主要生产厂家有英特尔、摩托罗拉、惠普、西门子、飞利浦、MICROCHIP、NEC、SLICON、飞思卡尔、英飞凌(西门子)、瑞萨、ST、TI、安森美、科动、富士通、Atmel、Altera、CAST等。

CAN控制器主要有四类:独立CAN控制器、单片机集成CAN控制器、DSP集成CAN控制器和ARM集成CAN控制器,如飞利浦公司的SJA1000独立CAN控制器、NXP公司的单片机P87C591集成CAN控制器、TI公司S2000系列的集成CAN控制器功能的TMS320C28X系列DSP和TI公司S2000系列的集成CAN控制器功能的ARM芯片等。所以,CAN总线系统硬件设计主要是根据节点功能需求,选择合适的控制芯片。

2. CAN 总线软件

CAN总线软件设计除了节点控制程序设计之外,更主要的是应用层协议开发。许多系统中,可以特别制定一个适合的应用层,但对于许多的行业来说,这种方法是不经济的。

一些组织已经研究并开放了应用层标准,一些可以使用的CAN应用层协议有:CiACAL、CiACANOpen、ODVA DeviceNet、Honeywell SDS、Kvaser CANKingdom,SAE J1939。

利用CAN总线构建一个车内网络,需要解决的关键技术问题有:

(1)总线传输信息的速率、容量、优先等级、节点容量等技术问题;

(2)高电磁干扰环境下的可靠数据传输;

(3)确定最大传输时的延时大小;

(4)网络的容错技术;

(5)网络的监控和故障诊断功能;

(6)实时控制网络的时间特性;

(7)安装与维护中的布线;

(8)网络节点的增加与软硬件更新(可扩展性)。

(七)CAN总线在车辆上应用的前景展望

尽管CAN协议已有近15年的历史,但它一直处在改进中。从2000年开始,一个由数家公司组成的ISO任务组织定义了一种时间触发CAN报文传输的协议。Bernd Mueller博士、Thomas Fuehrer、Bosch公司人员和半导体工业专家、学术研究专家将此定义为"时间触发通信的CAN(TTCAN)",计划在将来标准化为ISO11898-4。这个CAN的扩展已在硅片上实现,不仅可实现闭环控制下支持报文的时间触发传输,而且可以实现CAN的X～by～wire应用。

因为CAN协议并未改变,所以在同一个的物理层上,既可以实现传输时间触发的报文,也可以传输事件触发的报文。TTCAN将为CAN延长5-10年的生命期。现在,CAN在全球市场上仍然处于起始点,当得到重视,谁也无法预料CAN总线系统下一个10-15年内的发展趋势。

三、CAN总线电磁兼容设计

由于CAN总线应用环境比较恶劣,因此除了完善CAN总线的功能外,还应该有较强的抗干扰能力。硬件抗干扰主要措施有:滤波技术、去耦电路、屏蔽技术隔离技术和接地技术等。

(一)光电隔离电路

CAN控制器与CAN收发器之间的信号传输用光电耦合器进行隔离。光电隔离电路虽然能增强系统的抗干扰能力,但也会增加CAN总线有效回路信号的传输延迟时间,导致通信速率或距离减少。因此,如果现场传输距离近、电磁干扰小,可以不采用光电隔离,以使系统达到最大的通信速率或距离,并且可以简化接口电路。如果现场环境需要光电隔离,应选用高速光电隔离器件，以减少CAN总线有效回路信号的传输延迟时间，如高速光电耦合器6N137，传输延迟时间短，典型值仅为48 ns，已接近TTL电路传输延迟时间的水平。

（二）电源隔离

光电隔离器件两侧所用电源VDD与VCC必须完全隔离，否则，光电隔离将失去应有的作用，电源的隔离可通过小功率DC/DC电源隔离模块实现。

（三）上拉电阻

CAN收发器的发送数据输入端TXD与光电耦合器的输出端OUT相连，注意TXD必须同时接上拉电阻。一方面，R3保证光耦中的光敏三极管导通时输出低电平，截止时输出高电平；另一方面，这也是CAN总线的要求。

（四）总线阻抗匹配

CAN总线的末端必须连接2个120Ω的电阻，它们对总线阻抗匹配有着重要的作用，不可省略。否则，将大大降低总线数据通信时的可靠性和抗干扰性，甚至有可能导致无法通信。

（五）其他抗干扰措施

为提高接口电路的抗干扰能力，还可考虑以下措施：

（1）在CAN收发器的CAN_H、CAN_L端与地之间并联2个30 pF的小电容，以滤除总线上的高频干扰，防止电磁辐射。

（2）在CAN收发器的CAN_H、CAN_L端与CAN总线之间各串联1个5Ω的电阻，以限制电流，保护CAN收发器免受过流冲击。

（3）在CAN收发器、光耦等集成电路的电源端与地之间加入1个100 nF的去耦合电容，以降低干扰。

四、CAN总线在AGV中的应用

（一）CAN总线在烟草行业中的应用

在现在的烟草物流行业，CAN总线的应用十分广泛，常见于工业以太网的建设、各种大型的物流设备的运动控制中，相较于其他类型的总线，CAN总线以其可以减少布线成本、抗干扰能力强、数据稳定性好等优点恰好契合了烟草行业分布式生产、集约式仓储和离散式物流的独有模式。同时，CAN总线能够以较高的效率支持烟草行业的分散实时控制系统不需要设置设备地址号或是站台号,而是通过信息优先级来进行区分,相较之其他工业控制领域的传输技术,更有利于实现技术的提升和行业信息化的改变。

(二)CAN总线在烟草行业中的应用

自动引导车AGV(Automated Guided Vehicle)是指配备有电磁或光学导引装置能够按照预设的行进路径进行运输的自动化AGV,它同时还应可以在无人工干预的情况下自行完成各种给定的任务。AGV技术是一项集导航技术、通信技术、控制技术、电池技术、驱动技术等组成的有机控制系统,是机器人技术的一个应用,所以有时也被称为自引导机器人。随着车辆工程技术与机器人视觉技术的快速发展,AGV技术已经广泛应用于烟草业生产辅助、定向运输和自动仓库等领域。

(三)CAN总线在AGV中的应用

在AGV的运动控制方面CAN总线有着非常重要的作用,因为其的高效和可靠性,使得AGV系统能够实时对运行状况进行评估。例如控制AGV转向的重要部件,转向编码器能够通过8位的CAN总线报文系统对转动距离、单圈分辨率、转向动能等信息及时与控制单元进行交互,使得转向动作平稳进行。除此之外,在适用于烟草行业的集约式AGV控制系统中,CAN总线还可以实时将AGV管理中心的数据和指令及时发送给节点PLC,使得PLC能够根据相应AGV的状态进行相关的动作。以芬兰Rcola AGV为例,其内部CAN总线站点如表3.3.1所示:

表3.3.1 芬兰Rcola AGV CAN总线站点

型号:AWT 型号		
CAN Bus Node ID	CAN Device	Explanation
10	OperatorPanel_1_10	Operator display 显示面板
13	PNOZmc6p_1_13	Pilz safety logic controller 黄色安全 plc
15	CAN_Enc_15	Steering encoder 转向编码器
20	Mitsu_1_20	Mitsubishi logic controller VMC500 VMC500 控制器
		Height encoder 高度编码器
		Steering controller 转向驱动器
		Pump controller 走行驱动器
21	BC_Tractor_1_21	Beckhoff IO unit, Tractor unit 倍福 IO 单元、牵引装置

续表

CAN Bus Node ID	CAN Device	Explanation
25-29	BC_LH_XXX	Beckhoff IO unit, Loadhanding unit 贝克霍夫IO单元, 装载单元
型号: ATX 型号		
CAN Bus Node ID	CAN Device	Explanation
8	ZD_1_8	Zapi Combi AC, drive cotroller 驱动控制器
10	OperatorPanel_1_10	Operator display 显示面板
15	CAN_Enc_15	Steering encoder 转向驱动器
17	CAN_Enc_17	Height encoder (Only straddle ATX) 高度编码器
24	ZP_1_20	Zapi EDS, steering controller 转向控制器
21	BC_Tractor_1_21	Beckhoff IO unit (Tractor unit) 贝克霍夫IO单元
20	ZS_1_24	Zapi Combi AC, pump controller 走行驱动器

第四节 AGV电池及充电系统

一、AGV电池概述

传统的AGV采用铅酸电池，能量密度小，体积大。随着电池技术的发展，AGV电池逐步由高能酸性电池发展到开始采用高能碱性电池，以提高环保性能，大幅提高充放电比，目前由充电时间/放电时间比为1∶1提高到现在的1∶12，大幅缩短了AGV的待机充电的时间。

（1）电池类型：免维护封闭式铅酸电池（PB）2V×12CELL、24/280AH；

（2）安装位置：装在货叉后端；

（3）充电方式：可编程控制充电；

（4）单次充电3小时，可持续工作10小时以上，充放电时间比为1∶3.5；

（5）使用寿命为6年，充放电次数超过10000次；

（6）无氢气排放，适宜充电温度为30摄氏度。

二、AGV充电系统工作原理

（一）自动充电

当AGV需要补充电力时，会自动报告并请求充电，由地面控制中心指挥，驶向指定充电区或台位，车载充电连接器与地面充电系统自动连接并实施充电。充电完成后AGV自动脱离充电系统，驶向工作区或待命区投入正常运行。其特点是整个充电过程全部实现自动化、智能化，无须专人看管。自动充电AGV适用于工作周期长，车多人少，自动化程度高的场合，且多使用碱性快速充电电池，如卷烟、冶金、化工、汽车、航空等行业。

自动充电站的设置原则

在一般情况下，AGV的容量在低于一定的值才去充电站充电，但是在一段时间内AGV需要频繁运行，所以拟设定两个充电档位，当AGV处于空闲状态时，虽然AGV电池容量没有达到必须充电的档值，AGV管理系统也可以调度AGV进行充电，当充电完毕或有任务时AGV就可以投入运行，在最大程度上提高运输效率。AGV充电完全由AGV管理监控主机和地面智能充电站监控。

自动充电任务的流程，当AGV系统产生充电任务调度AGV去充电时，AGV会运动到当前系统中空闲的充电站，AGV停位准确后，车载充电电刷与地面充电电刷靠机械方式对接，此时AGV管理系统接到AGV停位准确的信号后，就命令Beckhoff远程IO控制软件控制位于充电站附近的远程IO控制模块启动自动充电机的充电过程，并实时检测当前充电机的充电状态，如是否正在充电或是否充电故障等，这些信息在Cway 8上可通过充电机的颜色变化直观地看到。如充电正常，则充电结束后，充电机向AGV管理系统发出充电任务结束的信息，AGV管理系统结束充电任务，调度此台AGV去工作。

（二）手动充电

当AGV电力不足时，由地面控制中心指挥，驶向指定充电区或台位，由专职人员手动完成AGV与充电器之间的电器连接，然后实施充电，完成后也是人工去脱离连接电路，恢复工作状态。手动充电AGV的特点是安全可靠，简单易行，但需要专人看管，浪费人力，而且自动化程度降低。常用于自动化程度要求不是很高，车少人多，标准工作制的场合，如白天上班8小时使用AGV，下班休息时让AGV充电，适用于酸性常规电池。

（三）换电池充电

当AGV电力不足时，由专职人员手动更换电池组，AGV即可投入使用。换下的电池组通过充电后待用。其特点是简单快捷，但要专人看管，需多一倍的电池组，浪费人力财力，方式原始。常用于对工作响应的及时性要求较高、车不足的场合。

第五节　AGV激光导引系统

一、激光导引结构及原理

激光导航扫描器Laser Scanner及反射板参数见图3.5.1：

激光头参数　电源电压：　　16－70V DC
　　　　　　激光器类型：　GaAs（砷化镓）
　　　　　　激光波长：　　820nm （纳米）
　　　　　　分辨率：　　　1mrad （=0.057°）
　　　　　　转速：　　　　6转/秒
　　　　　　探测距离：　　1－70m

反射板　　　长度：　　　　750mm
　　　　　　宽度：　　　　37mm
　　　　　　布置间距：　　4－8m

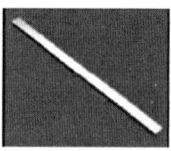

图3.5.1　激光扫描器及参数

激光扫描器的主要功能是发射和接收激光的光束，并计算出AGV到反射板的方位。当它侦测到方位时，就将此信息传送到车载控制器中。此外，扫描器还检测自己的状态，将任何检测到的错误都报告给车载控制器。

它的工作原理是当扫描器工作时，激光经旋转镜面机构向外发射，当扫描到反光板时，反射光经光电接收器件处理作为检测信号，启动数据采集程序读取旋转机构的编码器的数据（目标的测量角度值）。即AGV行驶过程中，车上的激光扫描头不断扫描周围环境，当扫描到行驶路径周围预先垂直设定的反射板时。只要扫描到三个或三个以上的反射板，即可根据它们的坐标值，以及各块反光板相对于车体纵向轴的方位角，由定位计算机算出AGV当前在全局坐标系中的X、Y坐标和当前行驶方向与该坐标系X轴的夹角，实现准确定位和定向。

二、激光导引应用

激光导航的方式使得AGV能够灵活规划路径，定位准确，行驶路径灵活多变，施工较为方便，能够适应各种实用环境。由于激光导航的反光板处于较高的物理位置，不易受到破坏。正常工作时不能遮蔽反光板，否则会影响其定位情况。激光导航由于成本较高，在目前

AGV 市场上占用率不是很高，但由于其优越性，将会逐渐取代一些传统的导航导引方式。

激光导航是 AGV 较为先进的导航方式，在过去，人工叉车是工业运输领域中常用的搬运工具，随着 AGV 技术的不断更新和发展，无人叉车的出现，改变了传统的人工搬运模式，激光叉车 AGV 是在叉车上加载激光导引技术，构建地图算法，辅以避障安全技术，实现叉车的无人化作业。

（一）在金属加工、重工业、机械工程的应用

无论是金属加工、重工业，还是机械工程，都可以安全作业。在因过热或过冷而不适合人工作业的工况中，激光叉车 AGV 也能够可靠且独立地运行。

（二）在 PVC 地板行业的应用

在 PVC 地板龙头企业，基于用户作业需求实施了从原料入库–加工生产–成品出库全流程的智能物流解决方案。由于物流覆盖区域广，工序较多，对 AGV 功能需求不同，该项目采用搬运式及堆垛式两种类型的激光叉车 AGV"混合双打"帮助提高生产效率和降低企业成本，带来制造模式和管理模式的整提升。

（三）在物流行业的应用

在速度尤为重要的行业，通过特殊的调整模块扩展解决方案。这使 能够实现高达 90m/S 的速度。丹巴赫激光叉车 AGV 不仅可以满足不同行业多场景智能材料传输功能，还能提供多种安全保护机制（前方障碍物检测传感器+机械防撞机构双重防护+急停按钮），应对复杂环境下 AGV 和现场工作人员的绝对安全需求。

第六节　AGV 操作器

一、操作器的功能

（一）操作模式

AGV 有三种不同的操作模式，用户可以在操作面板上通过钥匙开关和 MCD7 来选择。

（1）Manual mode（手动）；

（2）Semiautomatic mode（半自动）；

（3）Automatic mode（自动）；

（二）操作模式功能

（1）AGV上钥匙开关切换为手动模式后，半自动/手动模式可以通过MCD7切换选择。

（2）自动模式只能通过操作面板上的钥匙开关来选择。

（3）如果使用MCD7的话，AWT可以被手动驾驶。例如，手动驾驶可以用于解决故障、处理急停和将AGV插入系统。

（4）在手动模式下，转向角度值来自于手动控制器（MCD7）顶端的电位器。

（5）可以在手动或半自动模式下，使用MCD7上的Load1键调整货叉高度；使用MCD7上的Load2键，用户也可以打开或闭合夹抱机构。

（6）通过操作面板上的钥匙转换开关，可以强制使AGV切换到手动模式。在手动模式下阻塞功能不能工作。

（7）在半自动模式下，速度由MCD7给出，但是转向是自动的。AGV会一直沿着预先规划好的路线前进。

（8）可以使用半自动模式来插入系统，将AGV插入系统一般发生于当AGV从路径系统中丢失或进行换电池维护之后。

（9）通过MCD7来选择半自动模式。

（10）在半自动模式下阻塞功能不能工作。

（11）通常，AGV运行在自动模式下，可以通过操作面板上的钥匙开关来选择自动或手动模式，不管什么模式下，MCD7都可以插上或拔下，因为钥匙开关总是比MCD7优先。

（12）在自动模式下阻塞功能才可以正常工作。

（13）使用Load2开关来手动控制夹抱机构的开合。

（14）方向选择开关：FW = 前进，BW = 后退。

（15）速度选择开关用来选择高速或低速，处于中间位置时速度为零。

（16）指示灯用来指示与AGV控制器的通信，导引状态和急停状态

二、操作器使用方法及注意事项

（一）使用方法

可使用手动控制器（MCD）手动执行AGV的所有驾驶和载货功能。功能如图3.6.1所示：

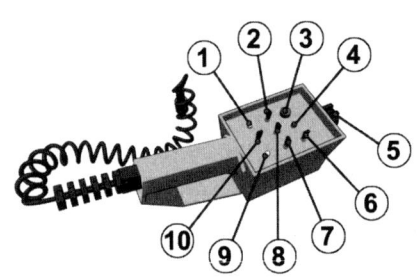

图3.6.1　手动控制器（MCD）

（1）紧急停止指示灯。

（2）转向模式选择开关。

（3）安全停止恢复按钮。

（4）上轨道指示灯。

（5）转向电位计。

（6）货载处理开关。

（7）升或降开关。

（8）向前或后驾驶。

（9）通信指示灯。

（10）速度开关。

使用方法及功能解释如下：

（1）紧急停止指示灯（ESTP）。紧急和安全停止状况以红色警示灯显示。

（2）转向模式选择开关（MAN/AUT/SEA）。该开关允许操作员选择转向模式。

• 手动转向模式（MAN）

此模式允许使用手动控制器手动驾驶AGV。将AGV插入系统中、清除紧急停止或安全停止及处理特殊情况都需要手动操作模式。

• 带有自动转向居中的手动转向模式（AUT）

此模式允许在转向居中时手动驾驶AGV。此模式下，将禁用转向电位计，仅可径直向前或向后驾驶AGV。其他功能类似于手动模式。AGV测试及临时在程控路线外手动货载处理都需要在自动转向居中模式下完成。

• 半自动模式（SEA）

如果AGV位置已知，此模式允许在自动执行转向时手动驾驶AGV。在此模式下，禁用转向电位计，并且AGV遵循程控的路线。其他功能类似于手动模式。在自动模式下运行AGV之前，测试程控的路线需要在半自动模式下完成。

有关在各种模式下驾驶的更多信息，请参阅其进一步说明。

（3）安全停止恢复按钮（STOP OVERRIDE）。

- 该按钮允许操作员暂时忽略碰撞检测传感器。
- 安全停止恢复键开关必须处于恢复位置（MAN）。
- 驾驶和货载处理功能在缓慢速度模式下运行。

（4）上轨道指示灯（上轨道）。在自动和半自动模式下锁定在轨道上以绿色灯显示。

（5）转向电位计。电位计允许操作员改变AGV的转向。

注意：在带有自动转向居中（AUT）的手动模式和半自动模式（SEA）下禁用转向电位计。

（6）货载处理开关（LOAD2）。将开关向左或向右转动以将货载向旁边移动。请注意，此功能可能根据AGV类型的不同而有所不同。

（7）升/降开关（LOAD1）。按下开关以提升货载。拉动开关以降低货载。请注意，此功能可能根据AGV类型的不同而有所不同。

（8）向前/后驾驶（FW/BW）。按下开关以设置向前驾驶方向（牵引机方向）。拉动开关以设置向后驾驶方向（货载方向）。

（9）通信指示灯（COM）。AGV控制器与手动控制器之间的通信以黄色闪烁灯显示。

（10）速度开关（SPEED）。该开关允许操作员通过向左（大箭头=高速度）或向右（小箭头=低速度）按住开关设置合适的行驶速度。该开关在释放后会返回到中间位置。

（二）注意事项

1. 在手动模式下驾驶

（1）通电后，按下闪烁开始按钮（1）。

（2）握住手动控制器（MCD），并将转向模式选择开关设置为手动模式（MAN）。

（3）将驾驶方向开关设置为向前或向后。

（4）通过将驾驶速度开关设置为低速度或高速度来启动AGV。

（5）使用电位计（MCD的顶端）进行转向操作。

（6）释放驾驶速度开关即可停止AGV。

2. 在带有自动转矩照的手动模式下驾驶

（1）通电后，按下闪烁开始按钮（1）。

（2）握住手动控制器（MCD），并将转向模式选择开关设置为带有自动转向居中（AUT）的手动模式。

（3）将驾驶方向开关设置为向前或向后。

（4）通过将驾驶速度开关设置为低速度或高速度来启动AGV，AGV径直向前或向后运行。

（5）释放驾驶速度开关即可停止AGV。

3. 在半自动模式下驾驶

（1）通电后，按下闪烁开始按钮（1）。

（2）握住手动控制器（MCD），并将转向模式选择开关设置为半自动模式（SEA）。

（3）将驾驶方向开关设置为向前或向后。

（4）通过将驾驶速度开关设置为低速度或高速度来启动AGV。

（5）使用电位计（MCD的顶端）进行转向操作，直到AGV已锁定在轨道上，并且绿色"在轨道上"指示灯点亮。

（6）AGV控制器将覆写转向电位计，并且禁止手动转向。

（7）向下按住速度开关，继续按预先确定的轨道行驶。

（8）释放驾驶速度开关即可停止AGV。

注意：如果AGV位置未知，则不可进行半自动模式下的转向操作。

4. 在手动模式下的货载操作（仅用于暂时使用）

（1）通电后，按下闪烁开始按钮（1）。

（2）握住手动控制器（MCD），并将转向模式选择开关设置为自动模式（（MAN）或带有自动转向居中（AUT）的手动模式。

（3）将AGV行驶到装货位置。

（4）通过按下升/降（LOAD1）开关提升货载。

（5）通过拉动升/降开关（LOAD1）开关降低货载。

（6）释放该开关，即可停止货载移动。

（7）通过向左转动货载处理开关（LOAD2）向左移动货载。请注意，此功能可能根据AGV类型的不同而有所不同。

（8）通过向右转动货载处理开关（LOAD2）向右移动货载。请注意，此功能可能根据AGV类型的不同而有所不同。

（9）释放该开关，即可停止货载移动。

请勿更改货载操作区中操作模式键开关的状态，因为这将启动自动插入功能，而此项功能通常在货载操作区中禁止使用。

注意：驾驶AGV脱离安全停止状态。

5. 如果 AGV 要驶过障碍物，碰撞检测传感器将会停止 AGV。如果无法移除该障碍物，必须手动运行 AGV。

（1）将安全停止恢复（SSO）键开关（6）设置为手动模式（MAN）。

（2）按下闪烁开始按钮（1）。

（3）握住手动控制器（MCD），并将转向模式选择开关设置为手动模式（MAN）。按下手动控制器上的停止恢复按钮，并向下按住。

警告：恢复按钮禁用所有碰撞检测传感器。压碎危险！

按下停止恢复按钮后，切勿使AGV运行较长的距离。

（4）将AGV驶出紧急停止状况时，使用手动驾驶控制器要非常小心。

注意：按下停止恢复按钮后，AGV的行驶速度会减慢。

（5）尽可能小范围地移动AGV，以释放激活的碰撞检测传感器。

（6）释放停止恢复按钮。

6. 电源中断

（1）按下用户停止按钮并保持4秒钟，直到警示灯开始闪烁。

（2）释放按钮，并等待AGV电源中断。

第四章　AGV导航原理

> **学习要点**
> 1. AGV导航概念
> 2. AGV导航模式
> 3. 激光导航的工作原理

第一节　AGV导航概念

一、AGV定位技术的概念

AGV作为物流运输的具体执行者，在物流系统中起重要作用，AGV导航定位精度的高低决定了整个物流运输系统的可靠性。

AGV定位导航技术主要有磁轨导航、视觉导航、激光导航等，根据鞋服生产车间的实际需求，采用部署成本较低、灵活稳定的激光导航方式，SLAM（Simultaneous Localization and Mapping）激光定位导航是常用于移动机器人定位导航的技术。SLAM是指机器人在运动过程中通过重复观测到的地图特征定位自身位置和姿态，再根据自身位置增量式地构建地图，从而同时完成定位和地图构建的一项技术。

在过去的二十多年中，科学家们利用不同的技术来提高机器人导航的自主性和自主探索性。自主机器人是一种智能系统，能够在没有任何人为干扰的环境中进行导航。机器人的成功导航要求机器人对其所处的环境有很好的了解，并对其在环境中的位置有稳定而准确的跟踪。机器人的位置通常被描述为一个机器人状态，它定义了机器人的姿态，包括机器人在地图中的位置和方向。地图是描述环境的一组特征，例如墙壁、障碍物、地标等。

地图是移动机器人在环境中找到位置并相应地完成路径规划任务的基本要求。机器人在已知环境中使用传感器数据估计其姿势的任务称为定位。在不同的标准和环境下，人们对定位问题进行了许多不同类型的研究。

一个完善的系统来估计机器人的姿态是必不可少的。另一方面，应用程序删除用户创建的地图的吸引力，使得智能移动机器人对地图的需求变得至关重要。SLAM解决方案是一种关键的问题解决方法，适用于先验知识或地图既不可获取也不可取的情况。换句话说，SLAM是指在没有任何先验知识的情况下解决构建环境地图的问题，同时在没有任何人为干扰的情况下将机器人定位到构建的地图中的技术。可以说，它提供了机器人的操作能力，没有任何特设的定位基础设施。

二、AGV定位技术的发展

判定定位技术优劣的指标是AGV运动的可靠性和精准性。原理是通过安装在AGV车身上的仪表来获取周围环境信息，计算和处理通过主控制器获得的反馈信息，确定出AGV的实时位姿信息。根据定位效果的不同分为绝对定位和相对定位两种。

1. 绝对定位

AGV的运动环境是复杂多变、不确定的，绝对定位应尽可能避免环境因素对AGV定位的干扰因素影响。常见的绝对定位包括GPS定位、反射板信号定位等。其中反射板信号定位是估计车载上传感器检测到的已知设置好的反射板位置和姿态信息，而GPS定位则是利用全球卫星定位系统进行定位]。视觉定位是通过CCD摄像机识别和判断反射板，然后通过图像处理方法估计AGV姿态坐标。当使用反射板信号进行定位时，对应于车载的地标信号应该布置上传感器。对于GPS定位，美国GPS与中国的北斗卫星定位系统使用最多，且最为成熟。

2. 相对定位

相对定位主要依赖内部传感器，可将其分为惯性定位和里程法定位两种定位类型。惯性定位是通过获取采样区间内的运动变化，并执行相应的运动，得到相对定位。里程法定位则是通过编码器和陀螺仪获得加速度和方向变化数值，分别一次积分，从而得到AGV位姿信息。

3. 定位算法条件

激光导航AGV的定位是由静态定位和动态定位两部分组成。静态定位是AGV在刚进入全局坐标系时的初始静态位姿，也就是AGV沿路径行驶运动时的起点位姿，而后AGV开始沿着路径规划持续运动，是连续的动态位姿，从而实现AGV整个行驶路径的激光定位导航。

（1）静态位姿计算条件

①AGV运动环境中布置若干反射板，并精确测量其在全局坐标中的位置（Xi，Yi），录入系统中；

②激光扫描器上扫描仪360°旋转时要至少能检测到三块反射板；

③AGV保持静止不动。

（2）动态位姿计算条件

AGV初始化静态位姿计算结束后，就开始连续的自由运动，在整个运动过程中，需要不断的实时更正定位信息。因此将整个动态位姿的更新计算过程可分为：预测阶段、匹配阶段、矫正阶段和位姿预测阶段，首先利用当前AGV运行速度、转向速度、间隔时间等数值进行预测计算，得到相对于前一位置坐标的新预测坐标。在全局坐标系下，获取预测位置坐标所期望的反射板列表，并与实际反射板坐标列表对比，矫正AGV的实时位姿状态，从而实现反射板的动态匹配过程。它的完成需要满足下列条件：

①AGV初始化后的位置是已知的；

②整个运动环境中至少能检测到三块有效反射板；

③在AGV的整个行驶过程中，控制系统与激光扫描器实时通信联系，将当前运行速度和转向角度反馈给激光扫描器。

三、AGV导航的关键技术

（一）导引路径设计

AGVS导引路径网络设计是AGVS设计首先需要考虑的问题，其布局极大地影响系统的性能。

路径网络设计不仅影响AGV的行驶距离、系统对车辆的要求、空间利用率，它还对系统的操作性能有极大的影响。导引路径网络由导引标线和工位点组成，其设计问题可表述为：给定车间布局、AGV尺寸，及AGV性能（最小转弯半径）等约束，确定导引标线及工位点位置，根据导引路径网络的类型，有时还需要确定AGV在每条路径段上允许的运行方向（如：单向导引路径网络），以使系统某项性能达到最优。

常用的路径网络布局有单循环路径布局、基于串联配置网络布局、单向导引路径网络布局、双向导引路径网络布局。

其中单循环路径布局主要思想是通过导引标识线将所有工位点连成一条单向回路，如图4.1.1中（c）所示。单循环路径布局结构简单，因此路径规划和交通管理也非常简单，但其运行效率较低，主要体现在：由于所有AGV共享同一条导引路径，为了不干涉其余AGV的运行，AGV每完成一项搬运任务必须走完循环回路，因此空载路程较多。另外，若系统中要额外增加一些装卸点，必须重新设计整个回路，因此系统的扩展性较差，其一般应用于单向环形布局的车间环境。

基于串级配置路径布局的AGVS，如图4.1.1中（d）所示，其基本思想是将整个工作区分割为若干个互不重叠的区域，每个区域均采用"单循环路径布局"，区域间配置相应的移栽装置将各个区域连为一个整体。与单循环路径网络相比，系统的可扩展性与效率较好，但也有几个缺点，比如：若不同区域的工位点间有物料传送需求时，需要不同区域间的各辆AGV"接力"运输，增加了额外的装卸载时间。同时，因为是接力运输所以如果中间有一块区域出现故障（AGV或者移栽装置），有可能会影响区域间的物料运输。另外，各相邻区域间所需额外的移栽装置也增加了投资成本。单向导引路径网络布局（Unidirectional guide-path network layout，UGNL）和双向导引路径

网络布局（Bidirectional guide-path network layout，BGNL）分别如图4.1.1中（a）和图中（b）所示，其适用于多行布局的车间环境，具有较高的灵活性、系统扩展性，但是其路径规划和交通管理相对较为复杂，是较为广泛使用的路径布局。

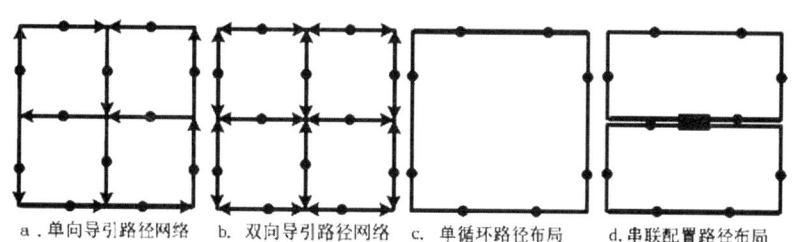

图4.1.1　常用的导引路径网络布局

（二）路径规划技术

AGV在生产系统中主要应用于物料运输、装配、加工三个方面，特别在物料运输方面其作用更为突出。为了提高AGV利用率，使AGV能快速、准确、高效地将物料运输至各个工位点，必须给AGV提供一条高效、通畅的行驶路径，因此，对AGV路径规划问题的研究具有实际意义。AGVS路径规划问题可以看成为一个带约束条件的优化问题，主要内容是对给定任务的AGV规划一条从自身当前位置到达目标工位点的最优路径（路程最短或经过交叉路口越少）并使AGV在运动中能安全、无碰撞地通过所有的障碍物。路径规划一直是机器人研究领域的热点和难点问题，在不同的运行环境（静态环境、动态环境），以及AGV对环境的感知程度不同（已知、部分未知、未知）的情况下需要给AGV提供不同的路径规划算法，目前已

经有大量的算法用于机器人路径规划问题。针对不稳的系统要求和性能指标,为AGVS选择恰当的路径规划算法,并对算法进行改进,使其满足系统要求,是一个理论应用于实践的问题。

(三)交通管理技术

AGVS交通管理技术是AGVS调度管理技术的核心,其内容就是根据AGV的物理尺寸大小、行走状态和路径状况提供AGV之间相互自动避让或使AGV规避环境障碍物的措施。引起AGV之间冲突或死锁的主要原因是:

(1)AGV本身出现故障;

(2)两辆以上的AGV竞争同一段线路;

(3)路径交叉;

(4)运行路径超负荷运行。

因此AGVS交通管理主要包含避碰和死锁避免两大部分。多AGVS交通管理技术研究得较早,至今已有50多年的历史,其主要可以分为两类,第一类是基于对地理信息动态或者静态障碍物的躲避,属于AGV导航的范畴;另一种是多AGV之间的协调,属于人工智能的范畴。

解决AGVS运行过程中的各种类型的冲突和死锁,从而实现系统连续、高效的运行对AGVS具有十分重要的意义。目前针对基于双向路径网络的AGVS的交通管理技术还存在算法复杂度高、实时性差、无法在AGV数量较多的大规模系统中应用等缺陷,因此,还需要深入研究和探讨。

第二节 AGV导航模式

导航导引技术是AGV技术的核心之一,能让AGV"知道"自己在哪里。AGV能自动运行,需要有引导装置。AGV的导航引导技术是计算行驶方向和路径的方法,引导方式是指在行驶的路径上设置导引用的信息媒介物,通过一定的定位技术获取在工作区域中的绝对位置,AGV通过检测出它的信息而得到导向的导引方式,结合的导航引导方法获得运行路径。常用的主流导航方式分为电磁导航、磁导航(又称磁性导引)、惯性导航、视觉导航、激光导航、二维码导航、SLAM导航等。导航引导技术一直是AGV技术研究的核心内容,各种导航引导技术也具有各自的优缺点,适用于不同场合。

按导引信息来源AGV分为外导式和内导式。其中,外导式是在AGV运行的路径上铺设具有导向信息的媒体，例如磁条、色带或是带有变频感应电磁场的导线等。通过预先装备在车体上的传感器检测其导引信息的特性，如场强、光强或是频率等信息，再对这些信息进行处理，从而控制AGV能够按照预设的轨迹形式。内导式则是在AGV上预先设定好车体运行的路径及坐标等信息，在AGV运行过程中实时地对车体当前位置坐标进行检测，并将其与预先设定好的值进行比较，从而控制AGV的运行情况，由于该导引方式是采用坐标主位原理，所以它又被称为参考位置法。此外，AGV按照导引线路的形式划分，又分为有线式和无线式两种。如图4.2.1所示。

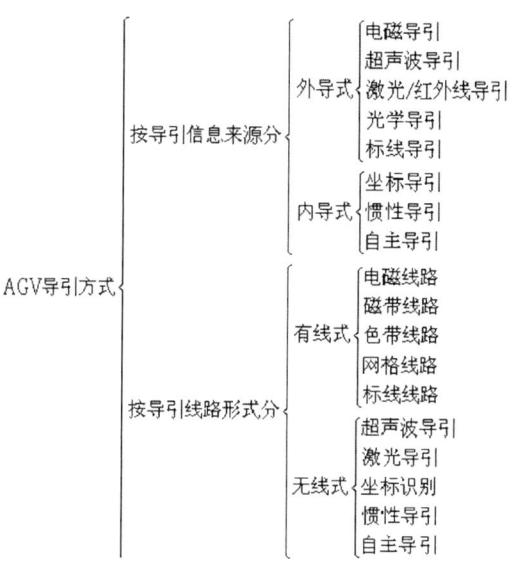

图4.2.1 AGV导引方式

一、电磁导航

早期的AGV多是用电磁导航，这种方案原理简单、技术成熟，成本低，但是改变或扩展路径及后期的维护比较麻烦，并且AGV只能按固定路线行走，无法实现智能避让，或通过控制系统实时更改任务。它是通过在AGV的行驶路径上埋设金属导线，并加载低频、低压电流，使导线周围产生磁场，AGV上的感应线圈通过对导航磁场强弱的识别和跟踪，实现AGV的导引。如图4.2.2所示。

优点为金属线埋在地下，隐蔽性强，不易受到破坏，导引原理简单可靠，对声光无干扰，制造成本低。

缺点是需要额外设备产生电磁信号，需要其他传感器实现站点定位功能，金属线的铺设麻烦，且更改和拓展路径困难。

图4.2.2　AGV电磁导航

二、磁导航

磁导航技术与电磁导航相近，不同之处在于采用了在路面上贴磁条或磁钉替代在地面下埋设金属线，通过磁感应信号实现导引。但相对于电磁导航AGV定位要精确很多，而且路径的铺设变更相对较容易，且成本更低，但是容易损坏，需要定期维护。

（一）磁带导航（图4.2.3）

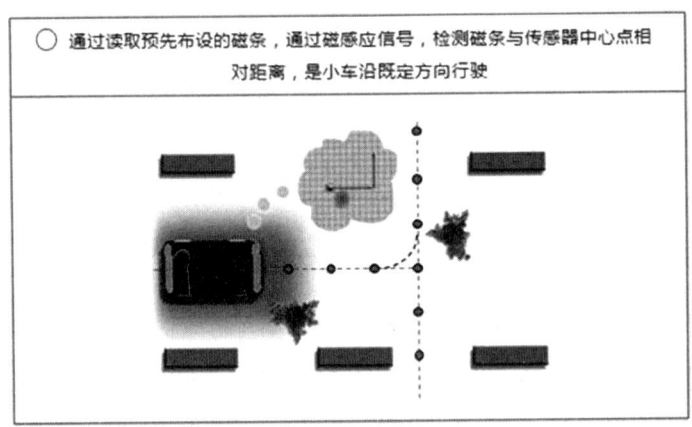

图4.2.3　AGV磁带导航原理

AGV通过磁感应导航传感器检测地面上铺设的磁性引导带，进而获取磁感应传感器与磁性引导带的相对一维坐标信号，将该坐标信号传送给AGV控制器，AGV控制器根据信号状态控制AGV轮舵跟随磁性导引带。如图4.2.4所示。

优点为技术成熟可靠，成本较低，磁带的铺设较为容易，运行线路明晰，对于声光无干扰，具有高测量精度和重复性好。

缺点是磁条易破损，易吸引金属物质，导致AGV设备故障，需要人员定期维护。

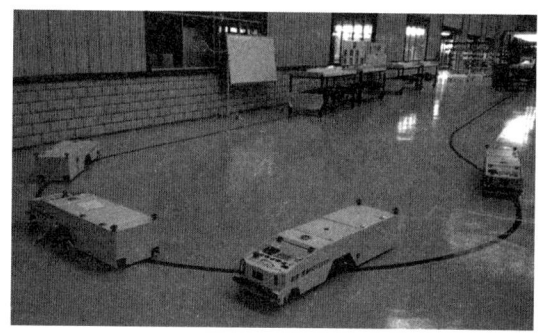

图4.2.4　AGV磁导航

（二）磁钉导航

与磁带导航大同小异，只不过磁带变成了磁钉，差异就是磁条是连续铺设的，磁钉是离散铺设的。以磁导航传感器检测磁钉的磁信号确定路径。

磁钉导航和磁条导航一样都需要磁条传感器来定位AGV相对于路径的左右偏差，磁钉导航与磁条导航的差异就是磁条是连续铺设的，磁钉是离散铺设的。如果需要再完全使用磁钉导航，则需要铺设大量磁钉。磁钉导引的优点是成本低，技术成熟；隐蔽性好，较磁带导航美观；抗干扰性强，耐磨损，抗酸碱。磁钉导引的缺点是AGV路径易受铁磁物质影响，更改路径施工量大，磁钉的施工会对地面产生一定影响，磁钉导引在码头AGV上应用较多。

磁钉导引在机器人的产品中可以以辅助导航的形式出现，用于提高AGV的定位精度。在设计制造的停车AGV为激光导航与磁钉导引复合导航，在AGV行驶路基上使用激光导航，在精度要求较高的停车位上安装磁钉进行精确定位。如图4.2.5所示。

优点是成本低、技术成熟可靠，导航的隐秘性好、美观性强，磁钉抗干扰强，抗磨损性强，抗酸碱、油污等影响。

缺点是AGV路径易受铁磁物质影响，更改路径施工量大，磁钉的施工会对地面产生一定影响。

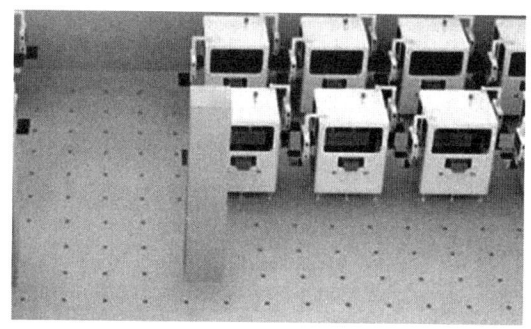

图4.2.5　磁钉导航

三、惯性导航

随着陀螺仪技术的发展，AGV成功实现了高精度导航。当采用惯性导引方式时，现场场地中需要安放用于定位的模块。安装有陀螺仪的AGV在行驶中通过将陀螺仪供给的角速度信号、测距编码器供给的距离信号综合起来进行计算。同时在地面上的定位模块还为AGV提供了实时的校正信号，从而就可以实现AGV的自定位。这种导航具有导航精度、准确性较高且灵活性也很强，应用广泛。但是其成本较高，地面也需要磁性块来做辅助定位，并且后续的维护保养等问题比较难以解决。见图4.2.6。

图4.2.6　安装陀螺仪的AGV

四、视觉导航

视觉引导方式是一种开始快速发展，这种导引方式还称为图像识别导引，日趋成熟的新兴导航方式。该方式将预设路线周围的环境图像信息存放在控制系统的数据库中，在运行过程中，通过车载摄像机和传感器动态获得周围图像信，并与数据库中的数据进行比较，从而确定下一步位置。见图4.2.7。

视觉导航原理：视觉导航是在AGV的行驶路径上涂刷与地面颜色反差大的油漆或粘贴颜色反差大的色带，在AGV上安装有摄图传感器将不断拍摄的图片与存储图片进行对比，偏移量信号输出给驱动控制系统，控制系统经过计算纠正AGV的行走方向，实现AGV的导航。

目前，随着计算机技术的日益进步，硬件价格也在不断下降，这为机器视觉技术的应用奠定了良好的基础。再者，随着应用系统自动化程度及智能化水平的不断提高，很多实际应用系统都希望可以增加机器视觉这一功能，视觉导引车就应运而生了。就智能车辆来说，将其赋予人类的视觉功能对于发展其智能化是至关重要的。所以机器视觉的发展不仅能够推动智能系统的不断发展，也可以拓展计算机与各种智能化产品的研究及应用范围。

视觉导航优点：视觉导航灵活性比较好，改变或扩充路径也较容易，路径铺设也相对简单，导引原理同样简单而可靠，便于控制通信，投资成本比激光导航低，但比磁导航稍贵；

视觉导航缺点：AGV定位精确度较低，对光干扰较敏感，路径同样需要维护。

图4.2.7　视觉导航AGV

五、色带导引

色带导引是在AGV的行驶路径上设置光学标志（粘贴色带或涂漆），通过车载的光学传感器采集图像信号识别来实现导引的方法。见图4.2.8。

图4.2.8　色带导引

光学导引与磁带导引较为类似，主要的优点是路面铺设较为容易，拓展与更改路径相对磁带导引容易，成本低。缺点是色带较为容易受到污染和破坏，对环境的要求高，导引的可靠性受制于地面条件，停止定位精度较低。

色带导引适合在工作环境洁净，地面平整性好，AGV定位精度要求不高的场合。

六、二维码导航

二维码导航属于视觉识别，二维码导航要比磁导航定位精确。在铺设、改变路径上也较容易，便于控制，对声光无干扰。不过这种导航的AGV也需要定期维护，如果有人来干涉或拉地牛叉车经过，就容易把地上的二维码碾坏，需要频繁更换二维码。因此，比较适合全自动无人化的环境。对陀螺仪的精度及使用寿命要求严格，另对场地平整度有一定要求，价格较高。见图4.2.9。二维码导航导航优点为：在铺设、改变路径容易，便于控制，精度高。但地上的二维码碾坏，需要频繁更换二维码。近些年来，受益于二维码材质的更新换代等原因，以前的二维码需经常更换的问题已经解决，例如马路创新的二维码技术已经可以达到即使有50%到75%的破损度也可进行识别。

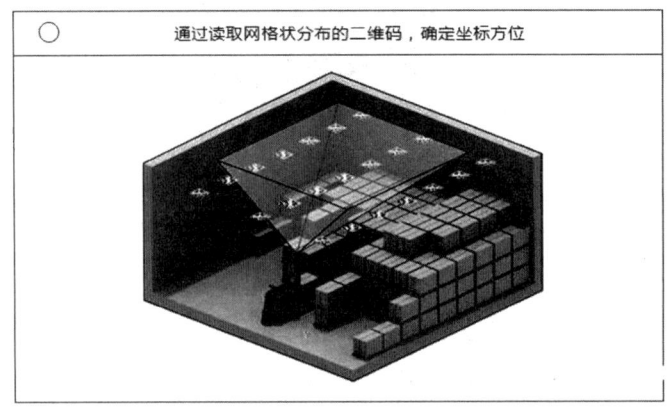

图4.2.9　二维码导航

七、GPS导航

GPS（Global Positioning System）导航是通过车载GPS传感器获取位置和航向信息来实现导航的方法。GPS导航的导航精度较低，位置误差在10米左右。GPS导航主要应用在汽车、船舶、手机等定位，在精度要求较高的室内AGV定位上使用较少。

八、SLAM导航

目前在资本市场，各类机器视觉与激光雷达一片火热。SLAM（Simultaneous Localization And Mapping），即同时定位与地图构建，SLAM技术对于机器人或其他智能体的行动和交互能力至为关键，因为它代表了这种能力的基础：知道自己在哪里，知道周围环境如何，进而知道下一步该如何自主行动。可以说凡是拥有一定行动能力的智能体都拥有某种形式的SLAM系统。在未来的各类SLAM算法导航中，基于激光雷达的激光SLAM和基于视觉的视觉SLAM（VSLAM）是两种研究最多、最可能大规模落地应用的SLAM，基本代表着第三代AGV导航技术的发展方向。在这两种SLAM导航方式中，目前应用较多的是激光SLAM，激光

SLAM脱胎于早期的基于测距的定位方法（如超声和红外单点测距）。激光雷达距离测量比较准确，误差模型简单，在强光直射以外的环境中运行稳定，反馈信息本身包含直接的几何关系，使得机器人的路径规划和导航变得直观。激光SLAM理论研究也相对成熟，落地产品更丰富。通过激光雷达对场景的观测，实时创建地图并修正机器人位置，无须二维码、色带、磁条等人工布设标志物，真正实现对作业环境的零改造。另一方面，通过激光雷达对障碍物的实时检测，有效规划轨迹避开障碍物，提高人机混合场景的适用和安全性。

灵活度也要比其他导航方式强，同时在定位程度上比较精准，但是，激光导航的制造成本高，对环境如外界光线，地面要求，能见度要求等要求较相对较高。视觉SLAM（VSLAM）它可以从环境中获取海量的、富于冗余的纹理信息，拥有超强的场景辨识能力。早期的视觉SLAM基于滤波理论，其非线性的误差模型和巨大的计算量成为了它实用落地的障碍。近年来，随着具有稀疏性的非线性优化理论（Bundle Adjustment）以及相机技术、计算性能的进步，实时运行的视觉SLAM已经不再是梦想。

九、激光导航

激光导航一般就指基于反射板定位的激光导航，具体原理是在AGV行驶路径的周围安装位置精确的反射板，激光扫描器会安装在AGV车体上。激光扫描器随AGV地行走，发出激光束，发出的激光束被沿AGV行驶路径铺设的多组反射板直接反射回来，触发控制器记录旋转激光头遇到反射板时的角度。控制器根据这些角度值与实际的这组反光板的位置相匹配，计算出AGV的绝对坐标，基于这个原理就可以实现非常精确的激光导引。见图4.2.10。

图4.2.10 激光导引AGV

激光导航的方式使得AGV能够灵活规划路径，定位准确，行驶路径灵活多变，施工较为方便，能够适应各种实用环境。由于激光导航的反光板处于较高的物理位置，不易受到破坏。正常工作时不能遮蔽反光板，否则会影响其定位情况。激光导航由于成本较高，在目前AGV市场上占用率不是很高，但由于其优越性，将会逐渐取代一些传统的导航导引方式。

激光导航是AGV较为先进的导航方式，激光导航应用在怡丰机器人的各个产品线上。

十、复合导航

复合导航指应用两种或两种以上导引（或导航）方式实现AGV运行的方法。如二维码导航与惯性导航的组合，利用惯性导航短距离定位精度高的特性，将两个二维码之间的导航盲区使用惯性导航。激光导航与磁钉导航组合应用，在定位精度要求较高的站台位置使用磁钉导航，增加AGV定位的稳定性。复合导航是为了使AGV适应各种使用场景常见的导航方式，也将越来越广泛应用在各种AGV上。

十一、导航缺点和优势对比

AGV作为先进的自动化搬运方案，已经被越来越多的行业和企业使用。AGV的导航方式有很多，发展有先有后，都有各自的缺点和优势，需要根据实际的使用场景因地制宜。具体见表4.2.1。

表4.2.1 导航方式对比

序号	导航方式	单机成本	地面施工	维护成本	抗铁磁	灵活性	技术成熟
1	电磁导引	成本低	施工大	较低	否	最终	成熟
2	磁带导引	成本低	施工大	较高	否	弱	成熟
3	二维码导引	成本低	施工较大	较高	否	弱	成熟
4	色带导引	成本低	施工较大	较高	是	弱	成熟
5	激光导航	成本高	施工较小	低	是	强	成熟
6	自然导航	成本高	施工小	低	是	强	成熟
7	视觉导航	成本较低	施工最小	低	是	强	一般

十二、导航方式选择

面对这么多的导航导引方式，很多采用者便会疑惑，在决定使用AGV时，究竟该选择何种导航方式。

从使用者角度来说，导航技术没有高低之分，只有合适不合适之分。原则是根据实际的场景因地制宜选导航，适合自己的就是最好的选择。

AGV导航方式的发展有先有后，都有各自的缺点和优势，需要根据实际的应用场景，结合各种导航技术的特点，兼顾技术成熟度及性价比选择最适合的产品。总之一句话，需要在效率、精度、智能化程度、安全性四者之间的平衡作决策。

成熟度是一个重要的应用指标，物流搬运机器人显然需要更多时间和项目的打磨，产品成熟稳定对应用十分重要，成熟度还包括非常稳定的供应链体系，非常稳定的服务交付体系。

以下根据过去的应用实例与经验，谈一下各种导航技术的适合场景。

如果客户非常重视仓库的有效使用面积，二维码、轨道等导航指引，以及其固定的移动轨迹，都不利于仓储面积利用率的提升。

磁带或电磁导航是早期AGV导航导引方式，电磁导航的施工复杂、成本高，但电磁导航在恶劣环境（高温、酸碱环境）下具有更高的适应性，电磁导引在路线较为简单，需要24小时连续作业的生产制造（如汽车制造）有比较广泛的应用。

目前工业应用中以磁条导航应用比较普遍。磁条导引适用于地面嵌入型、轻载牵引的状态方式，可用于非金属地面、非消磁的室内环境，能够稳定持久作业。

二维码导航目前在市场上十分火热，主要原因是亚马逊高价收购了KIVA二维码导航机器人，其类似棋盘的工作模式令人印象深刻，国内的电商，智能仓库纷纷采用二维码导航机器人。二维码此种方式是目前市面上最常见的AGV导引方式，适用于环境较好的仓库。

目前，二维码+惯性导航成为AGV主流的导航方式，使用相对灵活，容易铺设或改变路径，但路径需要定期维护，且场地复杂则要频繁地更换二维码，对陀螺仪的精度及使用寿命要求也严格。

色带导引适合在工作环境洁净，地面平整性好，AGV定位精度要求不高的场合。

激光导航由于成本较高，在目前AGV市场上占用率不是很高，但由于其优越性，将会逐渐取代一些传统的导航导引方式。

复合导航适应各种常见应用场景，也将越来越广泛应用在各种AGV上，未来，融合导航是发展趋势。

经过数年的验证，大家发现，AGV的灵活程度似乎无法适应电商业务量的脉冲式波动——因为仓库中每增加一台AGV，都必须对环境作出重新布置。重度的前期投入和后期叠加成本使得其回本周期遭受考验。

随SLAM算法的发展，AMR在崛起，它无须其他定位设施，路径可灵活多变，适应多种现场环境，将成为未来主流的导航方式。

第三节 激光导航工作原理

一、定位系统

(一) 激光扫描器

激光扫描器是一种测距传感器，主要是以激光束为探测介质，光电检测技术为遥感设备。激光扫描器是结合了激光技术和现代光电检测技术的一种先进检测设备。其主要由发射结构、接收结构和信息处理三部分结构组成。发射结构包括产生激光的激光器（例如波长可协调的固体激光器、氦氖激光器）和光束扩展两部分。接收结构包括光学镜面和各种形式的光电探测器，在可见光和红外波段主要用于射线测量和探测。

1. 激光扫描器的工作原理

激光扫描器的工作原理主要是：反射板接收激光发射二极管发射出的脉冲信号后，经过反射，信号向四周散射，而有一小部分会沿原路返回，被激光传感器重新接收后，将其成像到雪崩光电二极管上。雪崩光电二极管是一种可检测微弱信号，并被内部不断放大转换成电信号的一种光学传感器。常见的激光测距传感器是通过测量从发出到接收到脉冲信号所用的时间来测量到目标物的距离值，由于光速较快，激光传感器必须快速精准地测量传输时间。见图4.3.1。

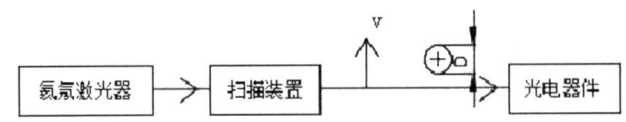

图4.3.1 激光扫描测长的原理图

根据图4.3.1，激光扫描测长原理可知，氦氖激光器发射出激光束经扫描装置后以某一恒定速度v对直径为D的目标物（圆柱体）进行扫描，扫描后被光电器件所接收，输出的脉冲信号如图所示，因为$D=v*\Delta t$，所以测出Δt，即可求出目标物体的直径D（见图4.3.2）。

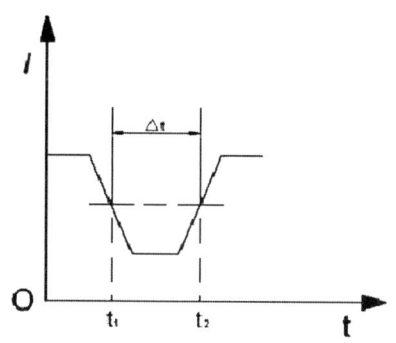

图4.3.2 传感器输出波

激光扫描测长的测量方式是非接触式的,它适用于表面光滑、无划痕、无高温、无测量力的物体。如果以高达95m/s的扫描速度可以快速测量出振幅和频率较小的物体,每秒能测150次,一般采用多次测量加平均值的方法可提高测量精度。激光扫描测长的测量范围约0.1~100cm,允许物体在光轴方向的尺寸小于1m。测量精度约为±0.3~±7μm,扫描宽度越小精度越高。为了保证测量精度,要求激光扫束要细,且平行性要好,还要防止周围空气的扰动。被测件在扫描区内纵向位置变化会因光束平行性不够好而带来一定的测量误差。在信号处理中,将最大输出功率的二分之一点(即I0/2)作为被测物轮廓边缘信号点,但会受到激光波动和放大器位置移动的影响,很难获得较高的精度。因此需要通过两次微分电路来提高精度,并且将二阶微分的零交叉点作为被测物体轮廓的边缘点。

当被测物直径D<0.5mm时,若采用激光扫描法测量,扫描到的区间范围狭小有限,轻微旋转便可扫描完成,因此用音叉作为偏转驱动装置,测量精度达1%左右。而当被测物直径D>0.5mm时,使用双路径激光扫描传感器,其原理相同。如图4.3.3所示,

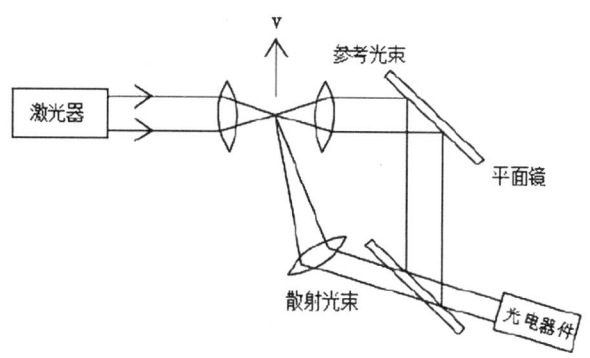

图4.3.3 激光多普勒测速示意图

激光作为一个发射光源照射到某一物体表面上时,在多普勒效应下,反射光的频率发生变化。将改变后的反射光拍频(作为参考光束),经光电转换后得到与物体移动速度成一定比例的电信号。由于激光频率和频率测量精度极高,因此在精度高和范围宽的非接触测量中

使用激光多普勒测速仪来测量。

2. 激光导航传感器的选型

激光导航传感器的代表产品有德国倍加福公司的R2000；德国西克（SICK）公司的NAV激光导航传感器；日本北阳激光测距扫描仪UST-05LN等。

德国倍加福公司的R2000激光扫描传感器是一种具有频率高、波长短、绕射现象小等优点的机械波。基于激光脉冲测距（PRT）的高精度测量技术，利用飞行时间原理来测量距离。测量半径可分为10m、30m、60m三种规格，设置高地标的反射装置测量半径会更大，可达到100m或更大；测量分辨率1mm，50Hz快速扫描，是高速应用中理想设备；全方位360°旋转扫描角度分辨率高达0.014°，每秒可以测量多达250000次。

R2000激光扫描传感器能够对二维平面的工作环境全方位扫描，具有四个可配置的检测领域，能够快速、轻松地定义设备类型管理器的直观字段编辑器。扫描平面确保只在平面上方几毫米的距离进行物体外轮廓检测，匀速运动地检测。见图4.3.4。

图4.3.4　倍加福R2000传感器

NAV激光导航系统为AGV导航方式提供了更多的选择，激光导航AGV主要利用路径线路两侧反射板及反射装置进行定位，并在计算机系统中预先设置好到达目标地的最优路径，以实现最大的自由性、灵活性及高效性为目的。NAV能够迅速获取360°全方位工作环境轮廓信息以及反射板位置坐标数据，再利用反射板坐标系自动计算出AGV的准确位置信息。见图4.3.5。

图4.3.5　NAV激光导航传感器

HOKUYO公司的UST-05LN 2D测距型障碍扫描传感器可测量270°范围，采用非接触式测量的方式，测量距离约5m，比激光反射型传感器性能更精准可靠，通常被用于环境区域内障碍物识别的工作环境中；紧凑型壳体的设计节约了安装空间，降低重量，降低能耗。见图4.3.6。

图4.3.6 北阳UST-05LN传感器

（二）反射板的布置与匹配

从激光定位算法的原理可知，无论采用哪种定位算法，都需要依赖于反射板，反射板是其能否实现的基础。定位精度的高低不仅仅取决于定位算法的选择，还受反射板规格和分布位置的影响。如果反射板的长度太短，AGV将无法在不平坦的工作环境中扫描到反射板；如果反射板过长，又会造成成本浪费。反射板的不合理分布且未按一定规则排列，会导致部分反射板被障碍物遮挡成为失效、无用的反射板，从而进一步影响测量结果，增大测量误差。因此，为了避免上述问题，必须按照AGV运动环境的路面状况、四周障碍物、光线等环境条件选择合适的反射板规格，并按照一定的规则进行布置。

1. 反射板的规格

生活中常见的反射板有平面反射板（也称为条形反射板）和圆柱形反射板两种，如图4.3.7所示。但平面反射板的测量角度有一定局限、会受限制，AGV只有在其中心的一定角度范围区域内才能接收到激光扫描器发射出的激光束，适用于工作环境范围足够宽阔的场所；圆柱形反射板由于其外形有一定的弧度在任意某个角度都能被探测到，适用于空间比较狭窄的走廊、过道。但是，一个工作环境中，一般只采用一种形状的反射板，不建议混合使用，否则会加大激光传感器的工作量。

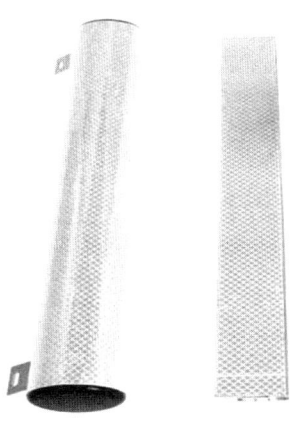

图4.3.7 反射板

2. 反射板的布置

反射板内部分布许多微小的棱镜结构，使表面的反射率高于普通物体，根据反射率的差异从工作环境中识别出有效反射板。AGV利用反射板进行反射定位时，需要先获取反射板的坐标。在工作环境中，激光扫描器上的扫描仪360°旋转扫描一周后，系统中心会获取到有效反射板的坐标信息。

根据反射板的内部结构原理和识别过程，反射板的工作环境中不应有反光强度优于反射板的物体存在，例如玻璃、镜子等，否则无法识别出反射板。所以，反射板的布置环境是一个相对封闭独立的空间。

反射板的布置通常会有如下规则要求：

（1）若AGV运动环境是90°直角区域范围，则在运动范围内采用如图4.3.8所示需要部署3块反射板才能最大程度地实现定位。直角点部署一块反射板，直角边两侧部署反射板的连线与AGV运动轨迹相切，这样才不会出现盲区，才能最大程度检测到直角形运动环境内的反射板。

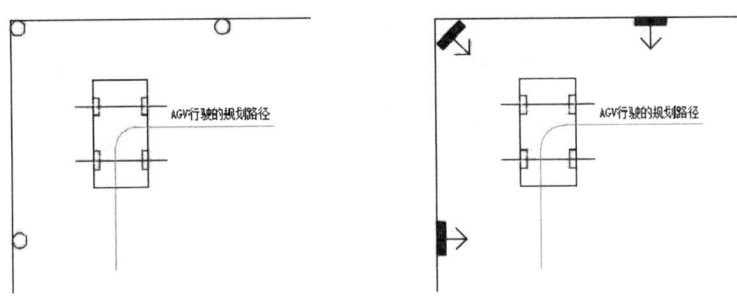

图4.3.8 直角环境反射板布置示意图

在直角形的工作环境内，直角位置一定要部署一块反射板，否则直角位置会出现盲区，如图所示的安装方式是不推崇的，该方式未能实现反射板在直角形工作环境中的最优覆盖。见图4.3.9。

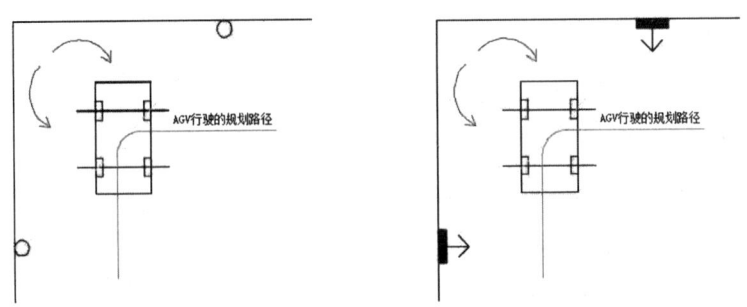

图4.3.9 反射板不推荐布置示意图

（2）双反射板布置情况

双反射板是指从激光扫描器角度会检测到两个角度相同的反射板，这两个反射板不能被准确地识别区分开来。激光扫描器进行预测计算时，要求两个反射板纵向距离大于4米，便能够被激光扫描器在一定角度范围内识别。逆时针检测时，首先检测到的反射板称为真反射板，而后是真反射板的阴影，而另一个反射板则无法被识别检测出来。根据上述布置原则，如果AGV行驶的路径规划线路与工作环境中布满反射板的墙面平行，则激光扫描器可以在一定角度范围内区分反射板，当然两个反射板之间的距离同样必须大于4米。如图4.3.10所示，反射板的位置相同，AGV所处的实时位置不同，则反射板的优选位置也不同。

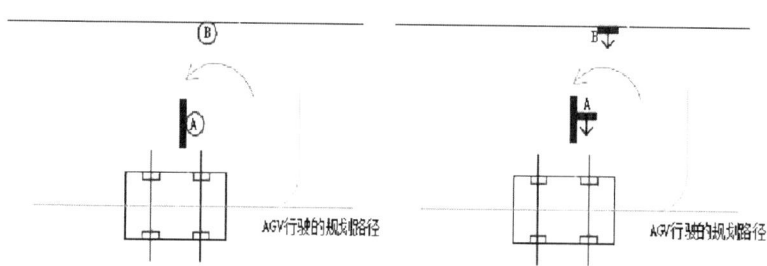

AGV在当前位置时，A反射板优于B反射板被识别

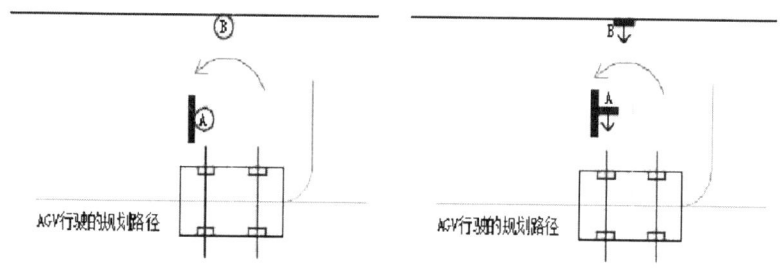

AGV在当前位置时，B反射板优于A反射板被识别

图4.3.10　双反射板的优选示意图

（3）反射板侦测距离

在AGV运行过程中，激光扫描器测量到的实际距离范围内，检测到足够数量的有效真实反射板，避免无效假反射板的影响。这就说明，辨别侦测真假反射板是激光扫描器的一个重要性能，尽量避免侦测到无效的反射板，因此在激光扫描器有限测量距离范围内有足够多的反射板是必要的，但也应考虑到反射板的部署间隔距离和成本价格。假设激光扫描器有限侦测距离是25米，那么圆柱形反射板被检测到270°范围内的区域面积如图所示。对圆柱形反射板而言，侦测距离是半径，有效的侦测距离越长可检测到的面积也越大。检测角度范围越

大，可检测到的面积也越大。要想达到最大化，必须激光扫描器上扫描仪的旋转和激光检测距离最优。见图4.3.11。

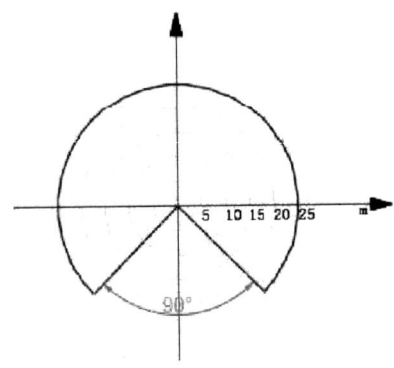

图4.3.11 圆柱形反射板被检测的区域（被检测到270度）

平面反射板的角度位置不同，检测到反射板的距离范围也随之变化。由图所示可以看出，平面反射板呈45°部署时，激光扫描器可以最远检测到25米远的平面反射板；呈60°部署时，可以最远检测到15米远的平面反射板；呈75°部署时，可以检测到5米远的平面反射板。随着平面反射板的角度越来越大，激光扫描器检测到反射板的距离越来越小。激光扫描器检测距离越长，适用户外场所越多，最长检测距离为70米。检测距离设置越长，激光扫描器的敏感度也越强。见图4.3.12。

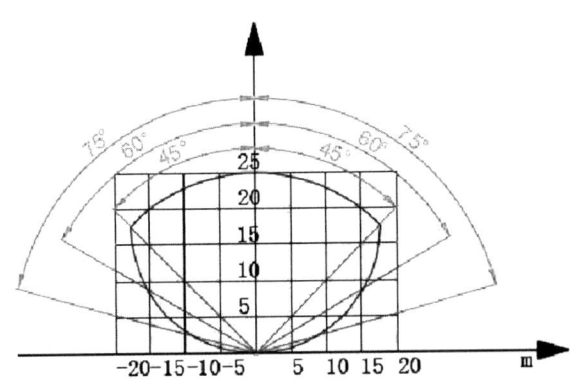

图4.3.12 平面反射板被检测的区域（检测距离为25米）

（4）在柱子上安装反射板的原则

若AGV运行环境有柱子，则在柱上安装反射板的原则：若要想激光扫描器在同一个位置同时检测到同一柱子上的2个反射板，那么最有效的方法就是让2个反射板相互背离式安装，如图4.3.13所示平面反射板和圆柱形反射板的背离式安装。图4.3.14所示是不推荐使用的错误背离式安装方式。

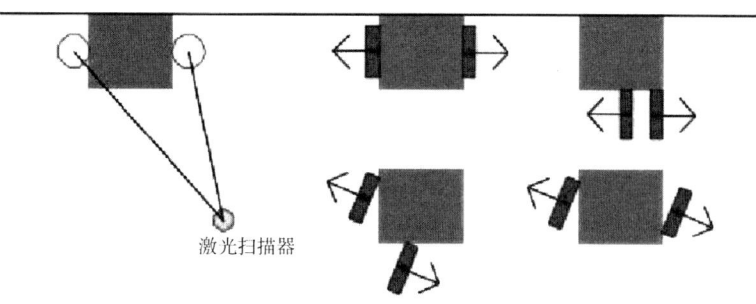

图4.3.13 反射板背离式安装

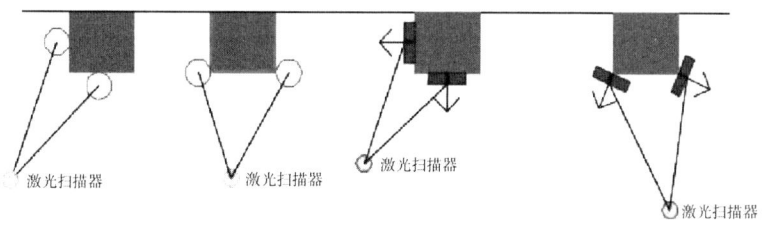

图4.3.14 不推荐安装方式

(5)圆柱形反射板与墙面布置要求

与平面反射板相比,通常圆柱形反射板需要使用的数量较少,圆柱形反射板由于表面是弧度,所以可以在任意角度被识别,那么在这种情况下,最重要的是解决不对称部署反射板位置的问题。当AGV行驶的路径规划线路与反射板部署的墙面平行时,如图4.3.15所示,AGV路线与墙体之间的距离$0.7 \leq DW \leq 20m$同时$DR \leq 10 \times DW$。

其中:DW是AGV路线与墙体之间的距离(单位:m);DR是反射板之间的距离。

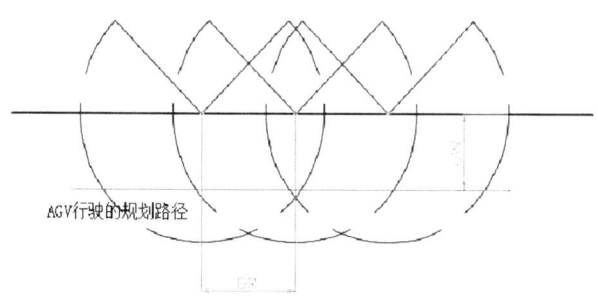

图4.3.15 圆柱形反射板部署

3.反射板的匹配

(1)反射板的静态匹配

激光扫描器以某一频率f进行旋转扫描,测量从发出到传感器接收到经反射板反射回来的激光单程所用总时间T，根据时间飞行原理（Time Of Flight简称TOF），计算出激光扫描器与所有检测到有效反射板之间的距离长度，计算出真实反射板与期望反射板之间的误差，从而确定出存在误差的反射板，并进行修正。见图4.3.16。

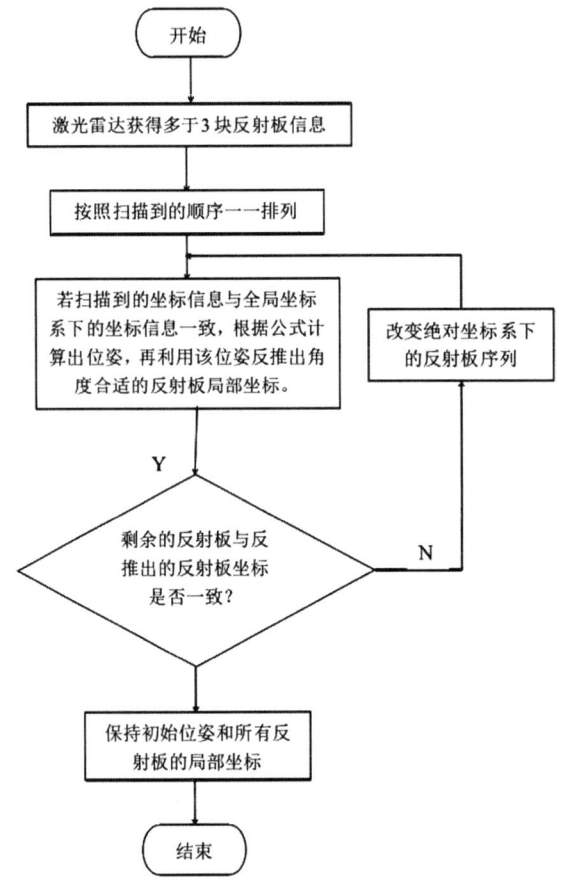

图4.3.16 静态匹配流程

（2）反射板的动态匹配

动态匹配其实就是当AGV连续不断地运动时，控制系统在预测时反射板的实际有效列表与理论列表匹配，并对有效的反射板计算位姿坐标。将反射板的动态匹配过程分为三个阶段：

第一阶段，先根据已知AGV位姿周期T和在周期T内的AGV速度和转向角度，计算出AGV的预期预估坐标（X_x，Y_y）。但该预期预估坐标是存在一定误差的，误差主要来源于控制系统误差，主要是AGV自身机械结构，例如车轮安装高度误差、车轮半径误差等。而另一个则是由非系统误差引起的，主要是外界环境因素，例如路面的平坦程度，环境中障碍物的出现等外界环境引起的。

第二阶段，反射板的匹配过程。已知AGV的期望预估位置坐标，再结合反射板理论坐标，计算出AGV扫描范围内的所有有效反射板之间的距离，生成匹配列表，进行匹配比对。

第三阶段，AGV位姿校正。通过将已知的AGV期望预估坐标与反射板的真实实际坐标匹配，结合位姿计算方法，校正AGV的位姿。

二、路径规划

根据激光导航定位原理可知AGV定位是采用激光传感器接收反射回的激光束，再通过定位算法计算出全局坐标和姿态角。所以，精确计算出AGV的实时定位信息尤为重要，根据不同的任务指令，基于格栅法规划并抉择出最优的路径规划。最后基于无迹卡尔曼滤波采用优化后的定位算法对路径规划进行计算，提高定位精度，使AGV路径规划更加趋于合、精准。

（一）路径规划的要求

AGV路径是基于全局路径线路基础上，在符合特定性能要求的情况下找到一条到达指定目标点的有效或最优线路。根据文要求考虑AGV实际情况和任务的重要程度，确定当前AGV的运动形式。全局路径规划主要包括静态路径规划和动态路径规划两种。对于规划出的这条路径而言除了要能完成指定工作任务外，还应简单、高效、易于测量计算，因此还需要满足以下几个要求：

（1）避开障碍物的前提下，AGV的路径规划应尽可能地经过整个工作环境中的多个目标工作站点。

（2）从简单的角度出发，AGV的路径规划长度应尽量长和运行时间应最短；尽可能没有循环、重复、相似的路径。

（3）路径形式尽量简单，如直线、圆弧等，以减少控制的复杂程度，易于计算、运行和实现。

除了上述几点之外，还应考虑AGV的实际工作环境，结合实际工作环境的要求再补充从而规划出合理的路径规划。

（二）路径规划分类

1. 全局路径规划

AGV行驶过程中会遇到各种行驶障碍和车辆冲突的情况，AGV全局路径规划并不是单纯的静态路径规划，而是动态路径规划。另外，对于不同的路径网络，全局路径规划的难度也不尽相同。在单循环路径布局和基于串联配置的路径布局的AGVS中，由于其路径布局拓扑结构简单，故路径规划问题很简单。相对地，在基于单向路径网络的AGVS、基于双向路径网络的AGVS和基于单双向混合路径网络的AGVS中，由于路径交叉纵横，因此路径规划相对困难。全局路径规划可以分为环境建模和路径搜索策略两个子问题。环境建模的主要方法有：可视图法、栅格法、拓扑法等。根据地图的建模方法有所不同，全局路径规划常用的路径搜索算法有图论算法、蚁群算法、遗传算法、神经网络、粒子群算法等。

2. 局部路径规划

在无法预知系统全局环境信息的情况下，AGV必须通过其传感系统实时采集局部环境信息，根据障碍物的尺寸、形状和位置等信息实现其路径规划和实时避碰。与全局路径规划相比，局部路径规划仅仅依靠局部环境信息，因此其规划的路径容易陷入局部极点，无法确保AGV能够顺利到达目标位置，其规划的路径也难以实现全局最优，同时，由于环境信息均由传感器采集，系统对传感器要求较高。然而，由于局部路径规划依靠的是实时信息，它具有更好的实时性，能够更好地适应环境的动态变化。常用的局部路径规划算法有：模拟退火算法、人工势场法、模糊逻辑算法等。近年来，随着人工智能和智能仿生算法的快速发展，局部路径规划得到了更好的发展，产生了遗传算法、人工神经网络算法、蚁群算法以及基于滚动窗口的算法等。

3. 混合型路径规划

全局路径规划建立在全局环境信息已知的基础上，其适应范围相对有限，对动态环境的适应性不高；局部路径规划能够适应动态未知环境。但由于未知全局环境造成反应速度不快，对规划系统品质的要求较高，因此，如果把两者结合即可达到更好的规划效果。混合型方法结合了全局路径规划和局部路径规划的优点，将全局规划的"粗"路径作为局部规划的子目标，从而引导AGV最终找到目标位置。

（一）路径规划的方法

于路径规划方法，国内外做了大量的研究并提出了许多方法，主要包括：栅格法、拓扑法、结构空间法等，下面分别介绍：

（1）栅格法：栅格法最早由H.P.Moravec提出，建模过程如图4.3.17所示，将完整的地图划分为一系列具有二值信息的网格单元，对于AGVS路径所在的网格，其信息值为"1"，反之，其值为"0"。该方法以栅格为单位来记录地图信息，地图被量化为具有一定分辨率的栅格，因此，栅格的大小将直接影响地图信息存储量的大小，其对AGV路径规划算法的复杂度具有直接的影响。如果栅格规模过大，则地图的信息存储量较小，缩短了路径规划的时间，但同时，由于地图分辨率较低，地图信息存储得不够完善，降低了路径规划的精确度。

反之，如果栅格过小，其路径规划精确度较高，但信息存储量过大，影响了路径规划的时间。栅格的规模一般以机器人自身的尺寸为佳。另外，栅格法建立的地图模型，其对于有向路径的方向信息描述不足，不适用于单向路径AGVS和单双向混合路径AGVS的地图模型的建立。

0	0	0	0	0	0	0	0	0	0	0
0	1	1	1	1	1	1	1	1	1	0
0	1	0	0	0	0	0	0	0	1	0
0	1	0	0	0	0	0	0	0	1	0
0	1	0	0	0	0	0	0	0	1	0
0	1	0	0	0	0	0	0	0	1	0
0	1	1	1	1	1	1	1	0	1	0
0	0	0	0	0	0	0	0	0	0	0

图4.3.17　栅格法环境建模示意图

（2）拓扑法：拓扑法建立环境地图由Kuipers于1978年首先提出，大都以图的形式来描述环境的连通性。如图4.3.18所示。拓扑地图没有明显的尺度的概念，而是选用环境中的某些具有特殊意义的点和表达点的拓扑关系的弧线，即节点间的路径来描述环境信息。拓扑法重在描述地图中各个元素之间的拓扑关系，是一种紧凑的环境表述方式，适用于结构化的环境，而对于非结构化的环境，其地点识别将会非常复杂。不同的建模方法将会导致不同的数据结构，不同的计算量和不同的建模精度，其应用场合也有很大差别，因此，针对系统环境的特点选择合适的方法非常重要。见图4.3.19。

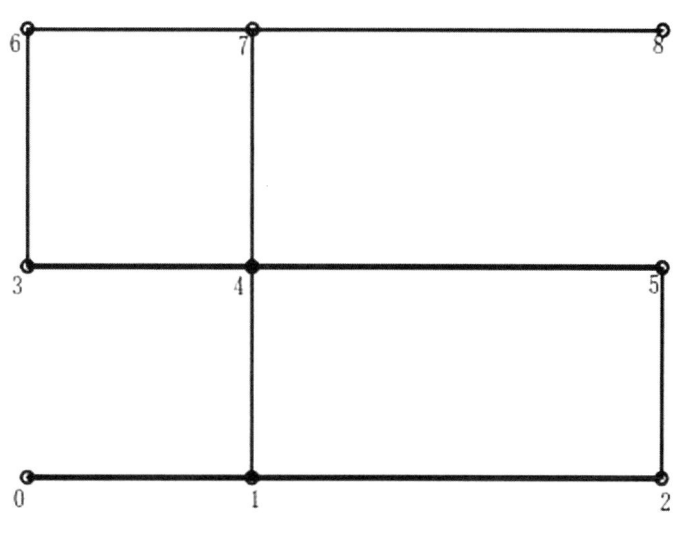

图4.3.18　拓扑图模型

$$\begin{bmatrix} 0 & 5 & \infty & \infty & \infty & \infty & \infty & \infty & \infty \\ 5 & 0 & 10 & \infty & 5 & \infty & \infty & \infty & \infty \\ \infty & 10 & 0 & \infty & \infty & 5 & \infty & \infty & \infty \\ \infty & \infty & \infty & 0 & 5 & \infty & 5 & \infty & \infty \\ \infty & 5 & \infty & 5 & 0 & 10 & \infty & 5 & \infty \\ \infty & \infty & 5 & \infty & 10 & 0 & \infty & \infty & \infty \\ \infty & \infty & \infty & 5 & \infty & \infty & 0 & 5 & \infty \\ \infty & \infty & \infty & \infty & 5 & \infty & 5 & 0 & 10 \\ \infty & \infty & \infty & \infty & \infty & \infty & \infty & 10 & 0 \end{bmatrix}$$

图4.3.19　拓扑图邻接矩阵存储结构

3. 可视图法

可视图法是将工作环境中的障碍物用凸多边形表示，AGV视为工作环境中的一个质点，将AGV的起点、障碍物顶点、终点进行组合连接，但是所有连线均不允许穿过障碍物，形成的环境地图称为可视图。可视图中任意连线都是可见的，路径规划就是从起始点沿着这些连线搜索一条到达终点的最短路径。但是，可视图法忽略了AGV车体尺寸，将导致AGV与障碍物顶点产生碰撞。而且在较为复杂的环境中，可视图中会存在较大数量的连线，将导致路径搜索时间过长、路径搜索速度较慢。切线图法和Voronoi图法对可视图进行了改进。切线图法用障碍物轮廓的切线表示路径（如图4.3.20），Voronoi图法用与障碍物轮廓一定距离的路径表示弧（如图4.3.21），避免了与障碍物的碰撞。

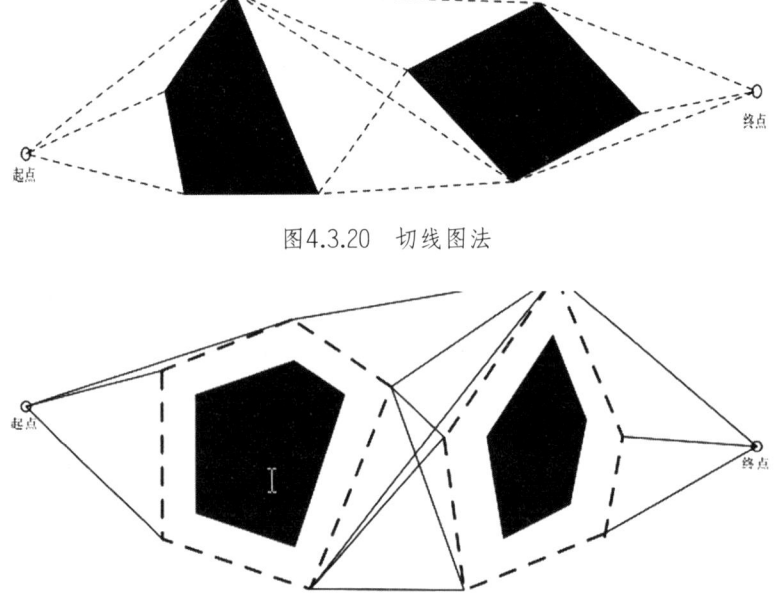

图4.3.20　切线图法

图4.3.21　Voronoi图法

（二）AGV调度算法

1. 单AGV路径搜索算法

单AGVS路径规划问题的核心就是路径搜索的问题，即在地图中找到当前位置到目标位置的路径，从而使得某一性能指标最优。由于单AGVS所处的环境是静态环境，因此单AGV路径规划属于静态环境路径规划问题。AGV的路径规划方法包括：状态空间法、离散事件仿真法、神经网络、图论法等。常用的基于图论的最短径搜索策略有深度优先搜索算法、广度优先搜索算法、Floyd算法、Dijkstra算法、D*算法等。

（1）深度优先搜索和广度优先搜索算法

深度优先搜索算法和广度优先搜索算法是广泛使用的图的遍历算法。深度优先搜索算法类似于树的先序遍历，从起点出发，利用规则搜索到下一层任一节点，若未搜索到目标节点，在该状态下利用规则搜索再下一层任一节点，重复以上过程，若搜索到叶节点时仍没有搜索到目标节点时，回溯到上一层，取该层的另一个分支，生成新状态节点，以此为起点搜索至叶节点，若仍没有搜索到目标节点，则继续采用相同的办法回溯到上层节点，扩展可能的新分支，重复以上搜索直到搜索到目标节点。广度优先搜索算法是从起点出发逐层搜索，搜索完某层所有节点后再搜索下一层所有节点，直到所有节点都被访问到为止，广度搜索算法适用于求最优解和判定是否有解的问题，其优点在于，若最优解存在，则一定能够搜索得到。

（2）Dijkstra算法

Dijkstra算法是图论研究中理论上最完善最具代表性的最短路径搜索算法之一，它是一种求单源最短路径的算法，即从一个点开始到其他所有点的最短路径，其主要特点是以元节点为中心，向外逐层扩展，直到扩展到终点为止。Dijkstra算法以极强的抗差性而广泛应用于智能车辆引导、紧急路径规划、GPS导航等领域。Dijkstra算法同传统的搜索算法不同之处在于不需对所有相连节点全面搜索，只需对部分节点进行查询即可确定最短路径。Dijkstra算法的基本思想是将所有节点分为两个集合：

集合S：已获得最短路径的节点集合。算法开始时只含有源节点。之后，每求出到某一节点的最短路径，就将该节点加入到该集合中，直到求得从源节点到所有节点的最短路径，即S=V。

集合U：未求出最短路径的节点集合。算法开始时除了源节点，其他节点均在该集合中。每求出源节点到某一节点的最短路径，就将该节点从集合U中剔除，加入到集合S中，直到目标节点加入到集合S中。不难看出U=V−S。

在集合U中节点逐步加入到集合S中时，源节点到S中任意点的最短路径长度均小于或等于源节点到集合U中任意点的最短路径长度。Dijkstra算法的运算过程为：

步骤一：初始化，使S中只含源节点，U中除了源节点外含有其他所有节点；

步骤二：集合U中距离源节点路径最短的节点iv加入到S中；

步骤三：以节点iv作为中间节点，更新源节点到U中所有节点的路径长度。方法是：若源节点到节点iv的最短路径长度与从节点iv到U中某节点的路径长度之和小于之前获得的从节点iv到该节点的路径长度，则以这路径长度和代替之前获得的路径长度值。

步骤四：重复步骤二和步骤三直到获得源节点到目标节点的最短路径长度。

若要获得源节点到目标节点的节点序列，需要在更新节点间路经长度的同时，记录下父节点，然后根据父节点逐步反求路径序列，因此需要额外的存储空间。

（3）Floyd算法

对于多源点最短路径问题，当然可以采用改变源节点的方法多次使用Dijkstra算法，但这样的方式比较繁琐。Floyd算法又名插点法，是Warshall算法的扩展，用于求已知加权图中多源点之间最短路径的算法，算法形式简单，容易理解。Floyd算法的基本思想是：由n个节点的图，以该图的邻接矩阵作为初始距离矩阵D开始，进行n次迭代获得一个矩阵序列D就是其最短距离矩阵。Floyd算法除了能够求得节点间的最短路径外，也可以同时求得从起点到终点的节点序列，方法是在迭代距离矩阵的同时，更新其路径矩阵R

（4）路径搜索算法的对比和选择

深度优先搜索算法和广度优先搜索算法属于盲目搜索算法范畴，其按照预定控制策略进行路径搜索，搜索过程中不改变控制策略。两种搜索算法虽然能实现路径搜索，但都具有很大的盲目性。深度优先搜索算法不能保证搜索到的路径是最优路径，广度优先搜索算法搜索效率很低，占用空间较大。

Floyd算法和Dijkstra算法是经典的求最短路径的图论算法。用Dijkstra算法求某一节点到其他所有节点的最短路径，时间复杂度为$O(n^2)$，若用它计算每对节点之间的最短路径，则时间复杂度为$O(n^3)$。Floyd算法是一种动态规划算法，算法的时间复杂度为$O(n^3)$，空间复杂度为$O(n^2)$，算法形式简单，对于稠密图，效率高于多次Dijkstra算法。从总体来看，Dijkstra算法通常用于寻找一个已知图的解或在离线情况下预先计算路径存储起来，当规划起始点位置改变，需要重新划分各阶段，重新编排程序，不利于计算机的实现；而Floyd算法，由于其良好的动态性能，使其在动态路径规划上表现了良好的性能。

2. 多 AGV 调度算法

（1）遗传算法

遗传算法是一种常用于解决复杂优化问题的启发式算法，其原理来自于生物的基因进化。遗传算法通过多次迭代模拟生物基因的选择、交叉、变异过程实现对于自然界中生物基因优胜劣汰的自然选择的模拟并以此寻找最优解，属于进化算法的一种。遗传算法的优化目标是寻找最优解，要求在迭代过程中使优化问题的候选解（即基因）组成的群体向最优解方向进化。遗传算法在使用时，首先通过基因编码描述问题所有可能的候选解，传统遗传算法的基因编码方式采用二进制编码，也即用0和1组成的字符串描述最优解。编码结束后开始模拟基因进化过程，这个过程是通过算法迭代实现的，每次迭代后产生的候选解集被称为一个种群，每次迭代的最优解从种群中选择，选择的方式是通过预先设计好的适应度函数。适应度函数在设计时要保证可以评估每个解对于理论最优解的接近程度，每次适应度函数的评估后，将种群中的最优解基因选择出来，通过选择、交叉、变异操作后形成新的候选解集合，进入下一次迭代。遗传算法迭代的终止条件一般为迭代次数达到最大值或种群适应度达到预先设定好的阈值，迭代终止后从最后的种群中选出最优解即为优化结果的最优解。

（2）蚁群算法

蚁群算法作为常用来解决图论问题的启发式算法，在复杂的AGV路径规划问题中使用率较高。蚁群算法的原理来自于蚂蚁寻路的方式，蚂蚁通过大量个体不同路线多次来往于洞穴和食物，以此获得洞穴到食物的最短路线。在自然界中，蚂蚁最初的寻路方式是随机的，每条路线被经过的可能性相等。蚂蚁经过某条路后会在路上留下信息素，信息素有两个特点，一是会吸引蚂蚁从信息素浓度高的地方行走，二是信息素会随着时间不断挥发导致浓度降低。蚂蚁在相同时间内往返较短路线的次数更多，同时留下的信息素浓度更高，由于信息素的特点会吸引更多的蚂蚁加入，同时其他的路线中信息素的浓度逐渐减少，最终使整个群体找到最短路线。蚁群算法通过模拟蚂蚁的寻路方式寻找最优解。首先初始化参数，蚁群算法的初始化参数主要包括蚂蚁数量、信息素因子、信息素挥发因子等。蚂蚁数量类似遗传算法中的种群规模，即每一次迭代算法找到所有可能候选解的集合，在蚁群算法中，种群规模的大小决定了算法搜索的速度和准确度。如果种群规模过大，会使蚂蚁在所有可能的道路上分配较为平均，无法使各条路径中的信息素出现明显差异，导致无法找到最短路径；相反规模过小则会使多条道路上的信息素过早减小到零，易使搜索结果陷入局部最优，通常蚂蚁数量取路径数的相关倍数比较合适。信息素因子影响信息素对于蚂蚁的吸引程度，过大会导致算法过早收敛，降低算法的搜索能力；过小会使信息素的影响过低，导致蚂蚁在各个道路上分配平均，无法找出最短路径。信息素挥发因子则影响信息素在道路上的消失速度，信息素消失过快或过慢导致的结果类似于信息素影响因子过低和过高，影响整体搜索效率。设置好相关初始化参数后，开始迭代，每次迭代后每个可行解的信息素开始变化，蚁群算法迭代的终止条件一般为迭代次数达到最大值或信息素浓度达到预先设定好的阈值，迭代终止后蚁群选择出的最优路径即为算法优化结果的最优解。

（3）粒子群算法

粒子群算法也是一种常用于解决优化问题的启发式算法，也被用于AGV的调度问题。粒子群算法的原理来源于鸟类寻找食物，粒子群算法最早被提出时假设鸟群搜索食物的场景：鸟群在指定空间进行随机搜索，搜索空间中只有一个食物，鸟群中的所有个体只有与食物的距离信息，鸟群通过一定策略寻找到食物。为了简化描述，用粒子代替鸟类，每个粒子都被视为一个搜索个体，粒子具有速度和位置两个属性，速度即下一步搜索的步长和方向，位置即当前粒子所在解空间的一个候选解。粒子群算法通过粒子群在解空间内的位置更新实现对解空间的探索。每次迭代后，评价函数计算每个粒子所在位置的候选解，比较所有粒子所在位置的候选解后得出本次迭代的全局最优解。粒子所有粒子下一步的搜索移动向量为随机方向加上全局最优解的方向和此粒子搜索过的所有历史点中最优点方向。随机方向保证了粒子搜索的随机性，全局最优解的方向保证粒子向可能最优点位置探索，为了防止陷入局部最优，搜索过程还加入每个粒子历史最优点的方向保证搜索的广度。在达到最大迭代次数或设定的误差阈值后，结束搜索，此时全局最优点的位置即为粒子群算法寻找到的最优解。

三、调度机制

AGV实际应用于自动化工厂时，由于单台AGV的工作效率难以满足应用场合的需求，因此在自动化工厂行业中投入多AGV系统已经成为行业发展趋势。以自动化工厂作为场景的多AGV系统主要需要解决三个问题：任务分配、路径规划与冲突调度。多AGV调度机制作为多AGV系统的核心问题，是保证多AGV系统安全、高效运行的关键。

（一）调度机制概述

调度机制主要是解决多AGV完成任务过程中的路径冲突问题，是多AGV系统完成任务的保证。随着科研人员对调度机制方法的重视，已经取得了很多研究成果。目前对于多AGV系统主要采用的调度控制机制有：速度修正法、几何修正法和时间窗法等。

（1）速度修正法：当系统监测到AGV的行走路径将要发生冲突时，通过增加或者降低将要发生路径冲突AGV的运行速度，以此方法来避免AGV之间的碰撞。这种方法非常适合解决AGV同向冲突问题，但是很难消解相向冲突问题。由于目前AGV的速度控制技术的不足，该方法经常会因为速度修正不够准确导致AGV之间发生碰撞。

（2）几何修正法：当系统监测到AGV存在路径冲突时，将冲突区域设置为不可通行区域或者增加冲突区域的路径权重，在此前提下通过上位机对需要进行冲突消解的AGV优先级进行判断，对优先级低的AGV进行路径重规划消除冲突。这种方法虽然可以解决路径冲突中的相向冲突问题和同向冲突问题，但是每次发生路径冲突的情况时都需要对冲突中的其中一辆AGV重新进行路径规划，导致路径规划过程中的数据资源的浪费。而且对于路径狭窄的区域，该方法经常会出现无法为低优先级AGV找到新路径的情况，从而导致该AGV卡死在冲突区前，造成路口拥堵。更严重的情况会造成系统死锁，严重影响整个AGV系统的任务执行。

（3）时间窗法：系统将存在冲突的区域设置为纵坐标，将时间设置为横坐标，以此构成了时间窗。分析并调整时间窗，实现AGV之间的冲突消解。时间窗法能够有效解决各类型的冲突情况，而且不需要对存在冲突的AGV更改路径以及速度，因此该方法逐渐成为解决多AGV路径冲突问题最常用到的方法。

（二）调度控制方法

AGV调度控制系统主要功能是监测正在执行任务的AGV中是否存在路径冲突。如果存在冲突，就通过预先设定的调度机制进行冲突消解，达到AGV在无路径冲突的前提下完成任务。系统调度控制方法的选取应综合考虑运行场合、工作效率等因素。AGV系统常用的调度控制方法有两种分别是：集中式控制方法和分布式控制方法。

1. 集中式控制方法

是指在多AGV系统中，由一台中央控制器承担对任务的全部计算，统一对环境中的AGV进行任务分配和路径规划。每台AGV只需要等待接收来自中央控制系统的指令，根据指令来执行运输任务。集中式控制方法能够在理论上找到最优解，为环境中运行的每台AGV计算出理论上的最优路径，达到总体最优的效果，该方法具有一定的稳定性和鲁棒性。所以目前大多数的企业工厂都倾向于选择采用集中式控制方法对AGV进行控制。集中式控制方法实现如图4.3.22所示。

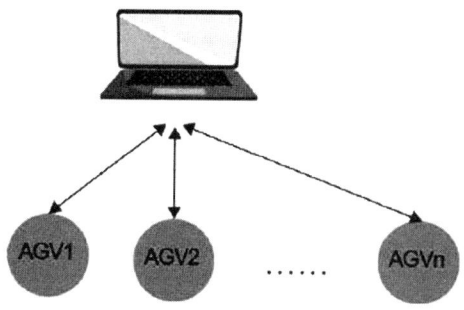

图4.3.22 集中式控制方法实现

2. 分布式控制方法

是指每台AGV之间能够互相进行通信，不需要中央控制器进行调度。每台AGV的存储器中都存储着当前运行环境的信息，并且在行走过程中实时对环境信息进行收集，同时与其他AGV实时通信。当遇到障碍物或者其他AGV时，能够自主作出对应的反应，从而避免冲突、碰撞等问题的发生。因为分布式系统无须等待中央控制系统下发命令，AGV运行速度和反应速度比集中式控制方法要快一些。多AGV系统使用分布式控制方法也同样存在一些问题，比如各个AGV之间复杂的通信机制，多台AGV互相防碰的情况中，容易导致AGV发生震荡，更严重的情况会出现死锁现象，导致AGV无法完成运输任务。基于分布式控制方法实现如图4.3.23所示。

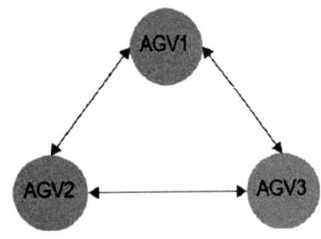

图4.3.23 分布式控制方法实现

（三）多AGV路径冲突分类

1. 正常行驶条件下的冲突

当多台AGV在自动化工厂中执行运输任务时，不可避免地会出现路径冲突的情况。自动化工厂的多AGV系统中常见的路径冲突类型有三种：正面相遇冲突、同向赶超冲突以及节点占用冲突。

（1）正面相遇冲突

正面相遇冲突的情况如图4.3.24所示。两辆AGV相向行驶在同一路段中，由于在同一冲突区间内只能允许一辆AGV通过，如果不进行冲突消解让其自行运行，就会导致两辆AGV在图4.3.24中节点1的位置发生碰撞。此类冲突是必须避免，因为一旦发生这种冲突就会造成系统死锁，需要人工搬运来解决。

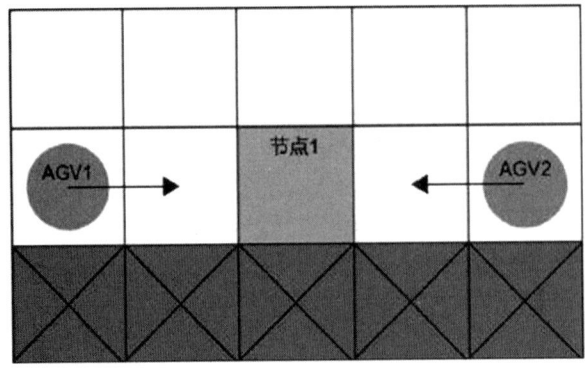

图4.3.24 正面冲突

（2）同向赶超冲突

赶超冲突也称为同向冲突。同向冲突的情况如图4.3.25所示。当两辆AGV沿着相同的方向运行时，由于后车的速度快于前车的速度，运行时间一长，后面的AGV就会赶超前面的AGV，从而造成追尾碰撞的事件发生。这种情况所产生的冲突称为同向赶超冲突。见图4.3.25。

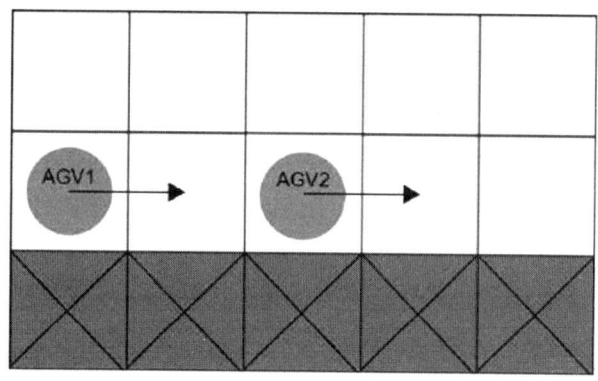

图4.3.25　同向冲突

（3）节点占用冲突

节点占用冲突就是指自动化工厂中的AGV在两条路径交叉点，出现同一时间交汇于同一节点的情况。这种情况下两辆AGV会因前面的避障传感器的作用同时停止在交会路口，导致路口出现死锁现象，更严重的情况甚至会造成整个AGV系统的瘫痪。节点占用冲突的情况如图4.3.26所示。

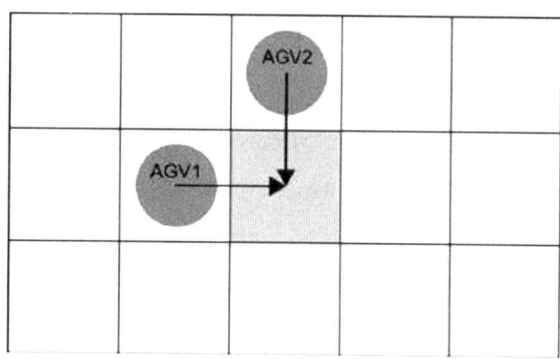

图4.3.26　节点占用冲突

以上三种冲突问题，由于每台AGV都设置有避障传感器，虽可以避免AGV之间发生碰撞损坏，但是会因停车而导致冲突路口死锁，更严重的情况会造成AGV调度系统瘫痪。解决这类冲突的方法一般采用两种策略：一是依据优先级进行等待策略，二是路径重新规划策略。

2.非正常条件下的冲突

（1）AGV自身发生故障或者突然断电

在执行任务过程中，AGV由于突然断电或者发生故障在执行任务的路径中停止，形成障碍物。系统对其他AGV进行路径规划时，依然会认为此路径中是通路没有障碍物而继续对其他正常的AGV在此路径上进行路径规划。AGV因其设置有避障模块可避免碰撞问题，只会在故障AGV前停车等待，从而造成路口死锁。

（2）突发障碍物

AGV在运行过程中，因路径中存在其他突发障碍物导致正常运行的AGV因避障模块的作用在障碍物前停车等待，但系统认为本路径还是可通行路径，依旧可能会对后续AGV此路径上进行路径规划，后续AGV经过此路段因避障模块的作用依次停车等待，造成此路口的死锁，甚至导致整个AGV系统瘫痪。

AGV系统中采用等待策略是最简单、有效地解决路径冲突的方法。但是如果在AGV系统运行过程中发生一些没法预见的突发状况，就如上述说明的AGV自身故障或者路径中有突发障碍物。采用等待策略就会导致路口死锁，造成整个AGV系统瘫痪。对于这样的情况，等待策略无法解决该类型冲突，需要采用几何修正法对路径进行重新规划，避开突发状况区域，消解冲突。

（四）正常行驶条件下的冲突消解

等待策略与路径重新规划策略是解决AGV路径资源冲突两种常用的策略，但是单一的策略无法在复杂作业场景中获得全局最优解，等待策略容易造成路口拥堵死锁，路径重新规划策略可能会因为无法找到其他的路径导致系统瘫痪。因此对于拥堵和死锁问题，将情况分为正常行驶情况的冲突和非正常条件下的路径冲突。针对正常行驶条件下的路径冲突采用平移时间窗的方法也就是停车等待策略进行消解。针对非正常行驶条件下的路径冲突采用路径重规划的方法进行冲突消解。

1.时间窗数学概述

时间窗就是使冲突路段和行驶时间窗口化，通常使用坐标轴进行标示。也就是说时间窗描述了每一辆AGV在地图模型中每个路段的驶入和驶出时间。

当存在路径冲突时，通过设置时间窗，并进行优先级对比。优先级高的AGV不需要停车等待，直接通过。而同一时刻也要驶入冲突区域执行任务的其他AGV由于优先级别低，在冲突区前需要停车等待一段时间。直到时间窗判定前一辆AGV驶离冲突区后，后续AGV继续运行执行运输任务，这样可以有效避免路径资源的竞争。所以存在两辆或两辆以上的AGV同一时间在同一路段执行任务的情况时，就可以采用时间窗的方法进行冲突消解。

2. 同向冲突时间窗排布

假设有两辆AGV正在执行运输任务。第一辆AGV的路线为a-b-d-e-f-g，第二辆AGV路线为c-b-d-e-f-h，如图4.3.27所示。两辆AGV同时出发，在这种情况下冲突区域路线为b-d-e-f，在栅格b和栅格f需要进行转弯，设定其通过转弯的栅格点的时间与直行通过栅格点的时间相同。假设任务中使用的两辆AGV为同一型号、匀速运动且速度相同，并且设定第一辆AGV的优先级高，第二辆AGV优先级低。

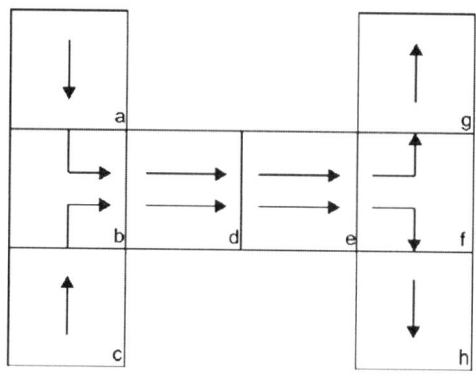

图4.3.27　同向冲突示意图

同向冲突时间窗排布如图所示，在时间窗排布的坐标中，黑色实线表示第一辆AGV，灰色实线表示第二辆AGV。由图4.3.28可知，两辆AGV在栅格点b-d-e-f这个路段出现了同向的路径冲突的情况。用一个单位时间来表示该辆AGV在栅格点的停留到离开的时间段。

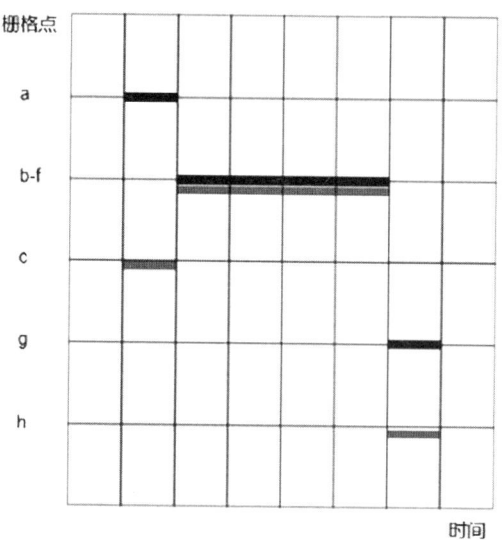

图4.3.28　同向冲突时间窗排布前

根据已经确定好的优先级顺序对两辆AGV进行时间窗排布，即命令优先级低的AGV（灰色实线表示）在栅格点c等待一个时间间隔，之后的路段全都后移一个时间单位，排布结果如图4.3.29所示。

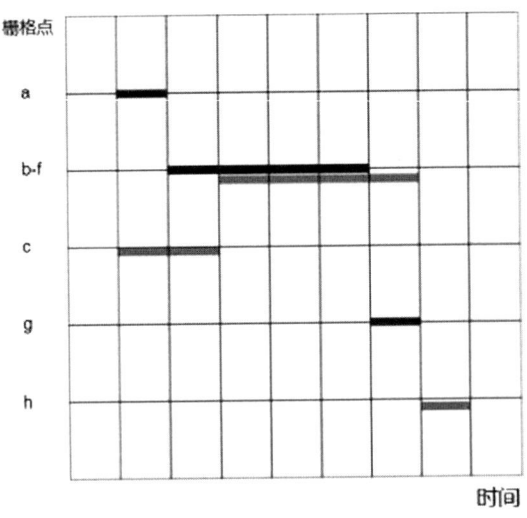

图4.3.29　同向冲突时间窗排布后

3. 相向冲突时间窗排布

假设有两辆AGV正在执行运输任务。第一辆AGV的路线为a-b-d-e-f-g，第二辆AGV路线为h-f-e-d-b-c，如图4.3.30所示。两辆AGV同时出发，在这种情况下冲突区域路线为b-d-e-f。设定AGV通过转弯的栅格点的时间与直行通过栅格点的时间相同。设任务中使用的两辆AGV为同一型号、匀速运动且速度相同，并且设定第一辆AGV的优先级高，第二辆AGV优先级低。

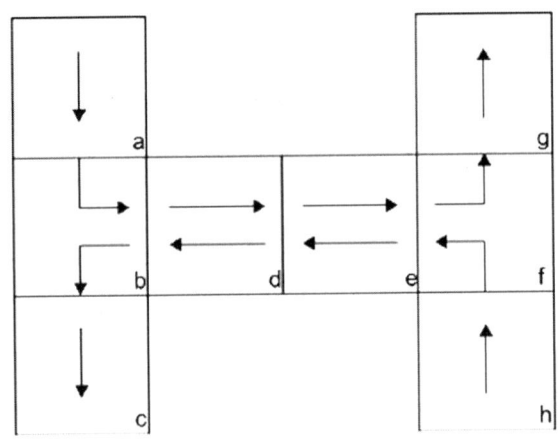

图4.3.30　相向冲突示意图

相向冲突时间窗排布如图4.3.31所示，在时间窗排布的坐标中，黑色实线表示第一辆AGV，灰色实线表示第二辆AGV。由图4.3.31可知，两辆AGV在栅格点b-d-e-f这个路段发生相向路径冲突。相向冲突和同向冲突的消解思想存在差异，同向冲突只需要错开进入路段时间，就能够保证安全距离避免冲突。而相向冲突需要避免两辆AGV同时出现在同一路段，否则就会发生碰撞。

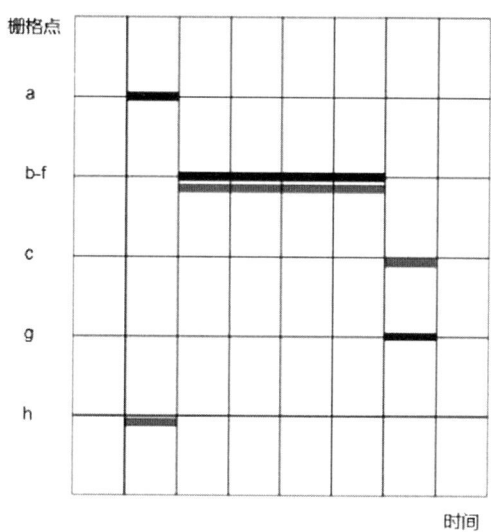

图4.3.31　相向冲突时间窗排布前

该类型冲突消解方法是以预先设定的优先级顺序为依据，对这两辆AGV进行时间窗排布，即命令优先级低的AGV（灰色实线表示）在栅格点h进行等待4个时间单位，直到第一辆AGV驶出冲突路径区域。第二辆AGV（黑色实线表示）的时间窗全部后移4个时间单位，就可以消解冲突，具体结果见图4.3.32。从图中可以看出，经过时间窗进行排布后，两辆AGV可以有序通过冲突的b-f路段，避免了路径冲突的情况发生。

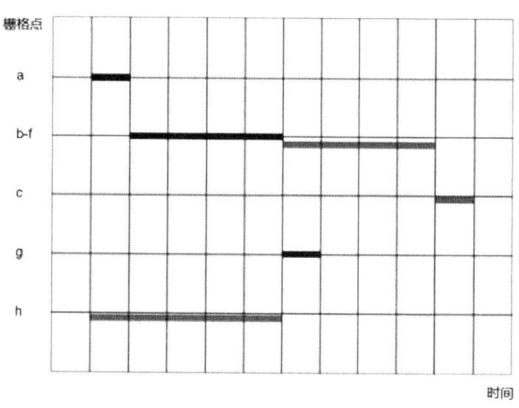

图4.3.32　相向冲突时间窗排布后

4. 节点占用冲突时间窗排布

如图4.3.33所示,假设有两辆AGV正在执行运输任务,第一辆AGV的路线为a-b-c,第二辆AGV路线为e-b-d,两辆AGV同时出发,在这种情况下会在栅格点b发生路径冲突。假设任务中使用的两辆AGV为同一型号,并且以相同的速度匀速运动。设定第一辆AGV的优先级高,第二辆AGV优先级低。

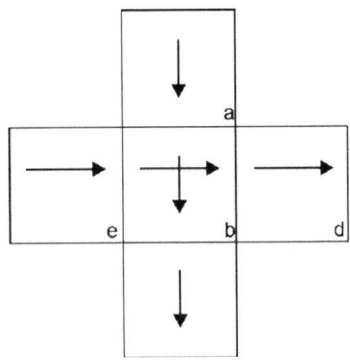

图4.3.33 节点冲突示意图

冲突未消解前的时间窗排布如图4.3.34所示,在时间窗排布的坐标中,黑色实线表示第一辆AGV,灰色实线表示第二辆AGV。由图4.3.34可知,两辆AGV在栅格点b处产生了节点冲突。假设用一个单位时间来表示该辆AGV在栅格点的停留到离开的时间段,根据之前指定好的优先级对两辆AGV进行时间窗排布。即命令优先级低的AGV在栅格点e等待一个时间间隔,等优先级高的AGV通过冲突节点后,低优先级AGV继续执行运输任务。

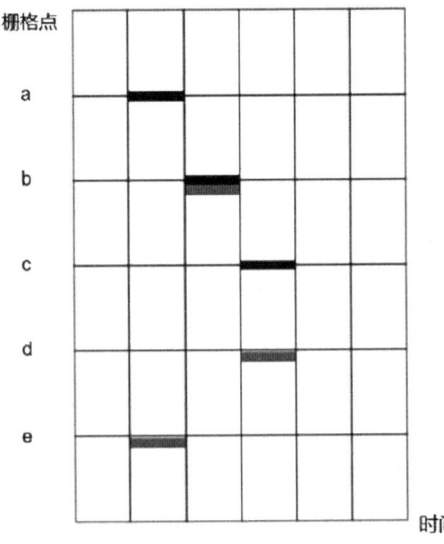

图4.3.34 节点冲突时间窗排布前

冲突消解后时间排布见图4.3.35。从图中可以看出，经过时间窗的排布后两辆AGV可以有序通过冲突栅格点b，避免了碰撞的情况发生。

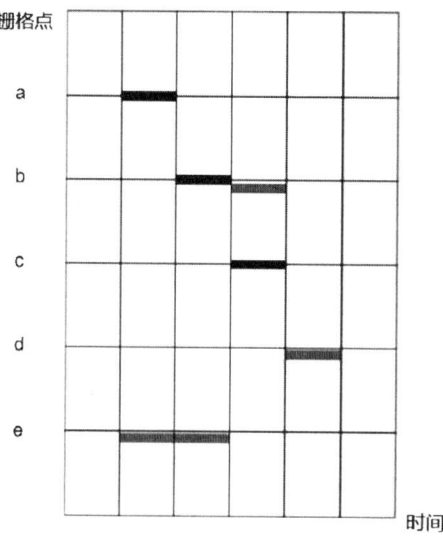

图4.3.35 节点冲突时间窗排布后

（五）非正常行驶条件下的冲突消解

路径重规划方法也就是上述的几何修正法。本文使用此方法用来解决非正常行驶条件下出现的冲突问题。假设AGV在执行任务过程中突发故障无法移动，相对于后续要在经过此路线的其他AGV就形成障碍物，或者正常执行运输任务AGV的运输路线中突然出现无法预知的障碍物。这两种情况都会造成正常执行任务的AGV无法沿着之前规划好的路线继续执行任务。这两种情况都能够采用路径重规划的方法，消解冲突。

1. AGV自身故障所导致的路径冲突解决

假设AGV在执行任务过程中突发故障，停止于任务路线的某个栅格点中，形成障碍物。其他的AGV仍然会按照之前下发的路线指令继续执行任务。但是到了故障AGV前面时，由于AGV的前置避障模块，可避免发生碰撞，但无法继续任务的执行，停止在故障AGV前。后续经过此路段执行运输任务的AGV依次停车等待，导致路径死锁。所述情况如图4.3.36所示，当AGV1在执行任务过程中发生故障，停在原地。就会造成后面在此路径上执行任务的AGV2、AGV3、AGV4因为前置避障模块的作用，依次停车等待。

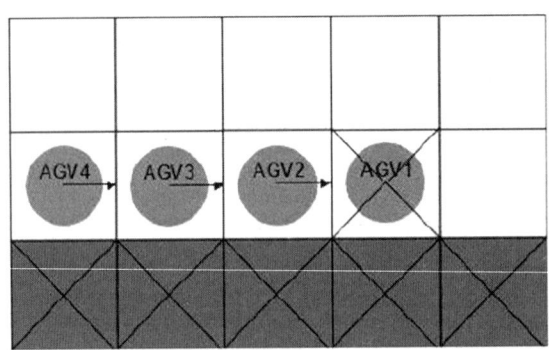

图4.3.36 发生故障示意图

针对这种情况，可以采用路径重新规划的方法，当前面的AGV在执行任务过程中突发故障，上位机无法接收到该AGV的信息，可以判定该AGV发生故障。在这种情况下，上位机将该AGV最后上传的路径信息位置点设置为不可通行。在此基础上对后续将要在此栅格点通过的AGV重新进行路径规划，使后面的AGV顺利绕过此故障区域，从而避免系统死锁的问题发生。

2. 突发障碍物所导致的路径冲突解决

假设在系统运行过程中，路径中出现突发的障碍物，导致路线中的某个栅格点无法通行。如图4.3.37所示。假设系统在运行过程中在栅格点a处出现系统无法提前预知的障碍物，而AGV1沿着该路线行驶，因其前置避障模块作用会使AGV1停留在栅格点b。后面行驶的AGV2、AGV3也随之在栅格点c和栅格点d进行停车等待。这种情况所导致的问题与AGV在行驶过程中出现故障停车所导致的问题类似。唯一不同的就是当AGV在行驶过程当中发生故障的情况，上位机系统能够根据传输的信号提前预知，而路径中出现突发障碍物这种情况是无法提前预知的。

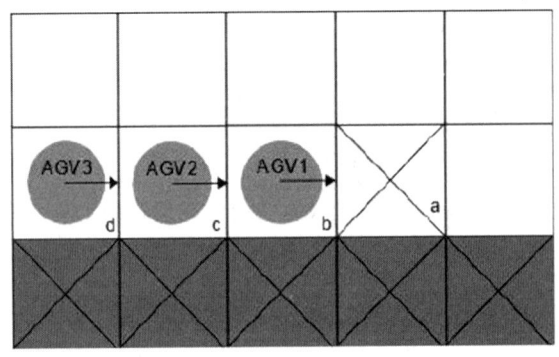

图4.3.37 突发障碍物示意图

针对这样的问题采用路径重新规划的方法，冲突消解逻辑为：当AGV的前置避障模块持续执行避障操作一定的时间后，系统判定该AGV前面出现无法预知的障碍物。然后将该点设为不可通行区域，对从该路径通过的后续AGV进行路径的重规划，使后续AGV能够绕开此障碍物。该方法提高系统整体的稳定性，同时也避免了系统死锁的问题出现。

（六）多AGV冲突消解流程

多AGV冲突消解总流程如图4.3.38所示。使用的改进A*算法对AGV的路径进行规划，得到各AGV的路径。然后进行路径冲突的判断，如果存在路径冲突，就进入路径冲突消解子程序，利用时间窗的方法进行冲突消解。接着将时间窗处理后的路径下发到各个AGV继续执行任务。判断AGV是否处于正常执行任务状态，如果没有处于正常执行任务状态，则说明执行任务路径中出现障碍物或者AGV出现故障等问题所造成路径堵塞，需要进入路径重规划子程序，通过对路径重新规划，绕开障碍物，保证系统正常流畅运行。如果执行任务中没有出现突发情况，则判断系统中所有AGV是否完成运输任务，如果系统中所有AGV都完成任务，流程结束。

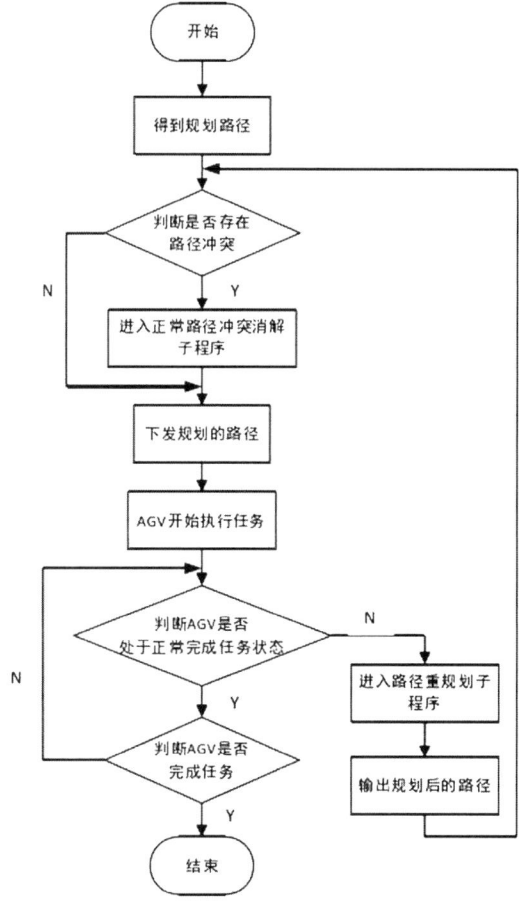

图4.3.38 多AGV冲突消解流程

1. 正常冲突消解流程

正常冲突消解子程序流程如图4.3.39所示。进入正常冲突消解子程序后，先提取规划路径和冲突范围，构成初始的时间窗。然后对存在路径冲突的AGV进行优先级判断。优先级别较高的AGV沿着原路径继续行驶，对优先级别较低的AGV进行冲突类型判断。将冲突类型分为同向冲突和相向冲突，节点占用冲突类型归属为相向冲突。如果判断为同向冲突，则该AGV停止行驶，等待前AGV行驶出一个时间单位间隔后，再继续行驶。如果判断为相向冲突，则该AGV停止行驶，等待前AGV驶出冲突路段后，继续前进。最后结束该子程序，输出规划后带时间窗的路径。

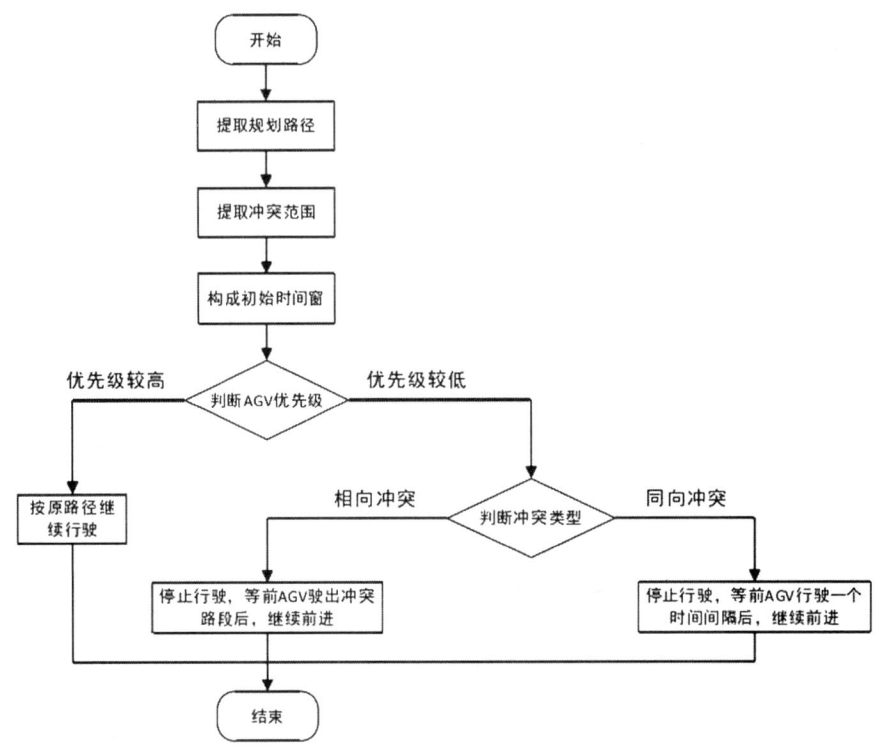

图4.3.39　正常冲突消解流程

2. 非正常冲突消解流程

非正常冲突消解流程如图4.3.40所示。进入路径重规划子程序后，需要先确定冲突路段，然后进行冲突类型判断。如果是AGV故障所导致的冲突，则将故障AGV最后上传的路径信息位置点设置为不可通行；如果是突发障碍物所导致的冲突，则判定避障模块进行工作的AGV所处位置的下一个位置点为突发障碍物的位置，将该位置更新为不可通行区域。执行完上述操作后，对要通过此区域的后续AGV进行路径重规划操作，输出重规划的路径。

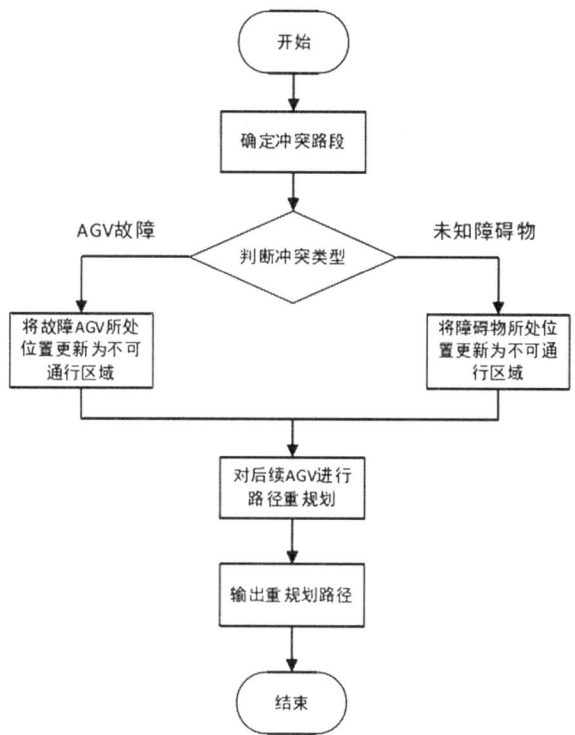

图4.3.40 路径重规划流程

第五章 AGV控制系统

> **学习要点**
> 1. 查看CWay 8与NT8000通信是否正常
> 2. 命令管理指令的学习
> 3. AGV自身管理
> 4. 事件的管理

第一节 图形监控系统（supervisory control system）

一、图形监控系统介绍

目的：AGV系统的操作接口，典型用户是操作员和技术支持人员。如图5.1.1所示。

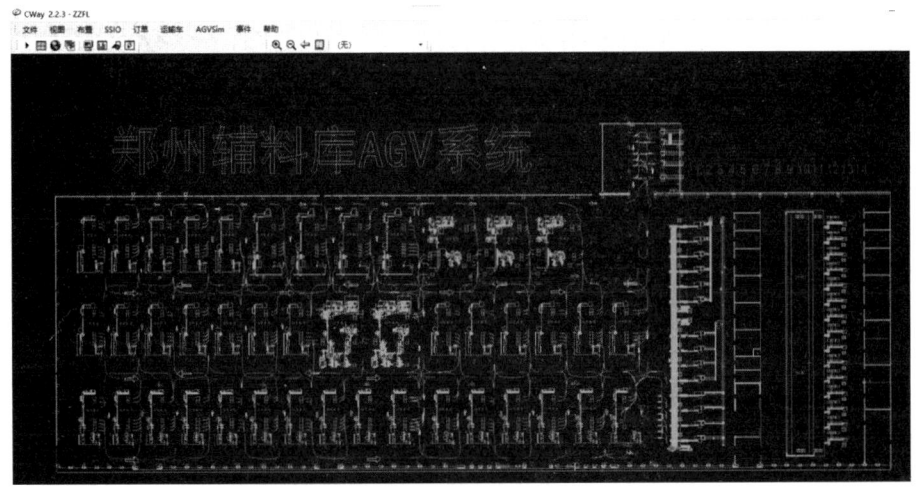

图5.1.1 图形监控界面

主要功能：
- 浏览AGV的位置和状态，I/O信号
- 开启和取消任务
- 浏览事件和错误信息

利用直观、形象的图形、动画和声音等多媒体方式，由实时采集AGV的运行信息，实现对整个AGV系统的监控，有效地维护系统的正常运行。

二、图形监控系统安装与设置

（一）运行环境

硬件平台：台式计算机、平板电脑等。

软件平台

（1）Microsoft Window2000、XP中文版或更高版本。

（2）CWay 8 2.2.3。

（二）系统安装与配置

软件安装

打开 CWay_41730_2.2.3 文件夹，运行 Setup_41730_2.2.3.exe （install.exe），安装程序将引导完成整个安装过程。

三、图形监控系统使用

（一）图形监控系统界面介绍

CWay 8启动后，将会打开整个系统的平面布置图，可以看到AGV的运行路线。通过垂直水平滚动条可以上下、左右移动这个平面布置图，也可以根据需要局部放大不同的部分。

主要显示AGV状态有：空载状态、载货状态、停止状态、急停状态、阻塞状态、充电需求、本地模式、丢失导航、手动状态。其中，有文字信息表示的有：

（1）Not：表示AGV没有丢失导航，但没有在系统的任何点和段上。

（2）C_L：表示AGV等待充电时间超过15分钟（计时从AGV产生充电需求开始）。

（3）总线故障：AGV CAN总线故障。

（4）Out：表示AGV超出安全区。

（5）Event Line用于显示系统在运行中向用户报告的消息，只有不被屏蔽的事件（Event）才能显示，在这里将显示事件发生的时间和事件描述。如果双击Event Line就可以详细了解事件。

（6）Status Line在整个屏幕的底部，它将显示以下信息：

日期和时间	显示当前的日期和时间
图形的缩放比例	显示当前的缩放比例值
存取控制	如果存取控制可用，其图标将会显示
跟踪	如果打开跟踪，就会显示Tracking Carrier #
任务请求答复	当开始一条任务，删除局部变量…时会出现一条ack 消息
通信状态	如果CWay 8与NT8000 通信正常，
	在NT8000中将会显示消息"Communication OK"。

如果CWay 8与NT8000通讯异常，将显示以下信息：

（1）"No connection" 表示在CWay 8与NT8000没有通信连接定义。

（2）"Not a CWay 8 line"表示在CWay 8与NT8000的通信连接类型定义错误。

例如：定义为ACI 连接Invalid CWay 8 key code 表示在Shenzhen.cnf 文件中CWay 8的key 码无效（Shenzhen.cnf 在Shenzhen.P8K目录中）。

（3）No communication 表示在CWay 8与NT8000之间没有任何通信协议可以利用。

（4）No available connections 表示打开太多的CWay 8企图与NT8000连接。

例如：如果的CWay 8许可证只允许有一条通信连接，而超过此数目并试图运用此通信连接，则将产生此错误信息。

单击通信状态，还可以看到CWAY所连接的NT8000主机的IP地址及通信端口（如图5.1.2所示），根据CWAY的授权情况，一个系统内最多支持16个CWAY。

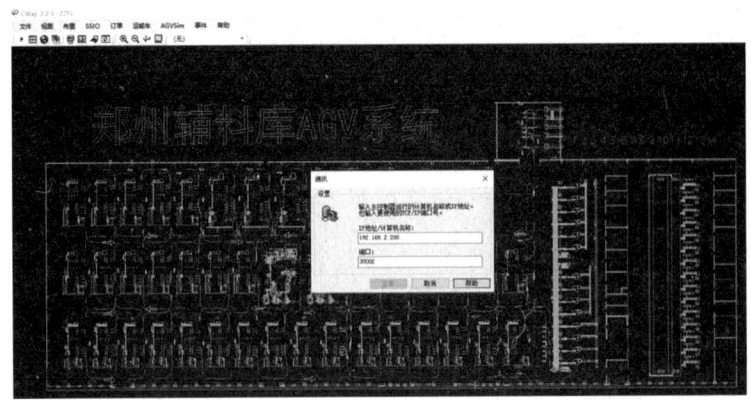

图5.1.2　AGV通信接口

查看CWay 8与NT8000 通信是否正常，可以通过如下方式进行操作。

第一步：点击管理控制软件NT8000的主界面，见图5.1.3。如果找不到此界面，可以多按几次键盘上，最左上角的"ESC"键。

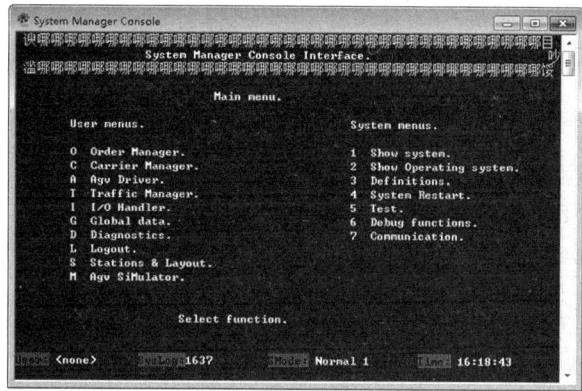

图5.1.3　NT8000界面

第二步：在键盘上，输入数字"7"，查看NT8000的通信状态，见图5.1.4。

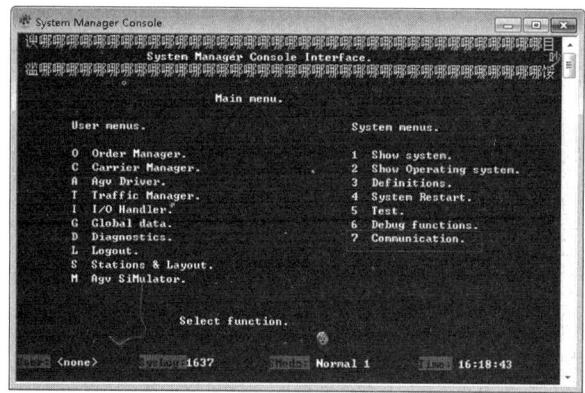

图5.1.4　NT8000界面

第三步：在键盘上，输入字母"O"，查看NT8000的通信状态。见图5.1.5。

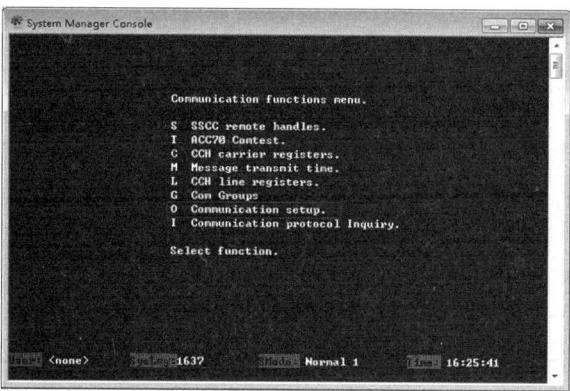

图5.1.5　NT8000通信界面

第四步：查看NT8000是否连上AGV、WCS、充电机信号。调节键盘上方向键，如果ACI栏显示Connected，才表示NT8000与WCS连上。如果显示为Listen表示未连上。此四项必须全显示Connected，才表示正常。见图5.1.6、图5.1.7。

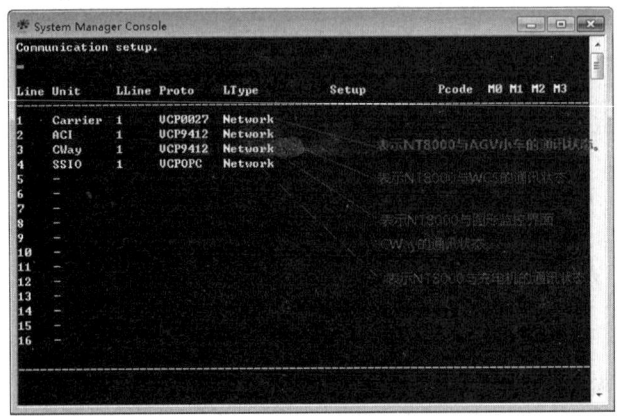

图5.1.6　查看网络通信

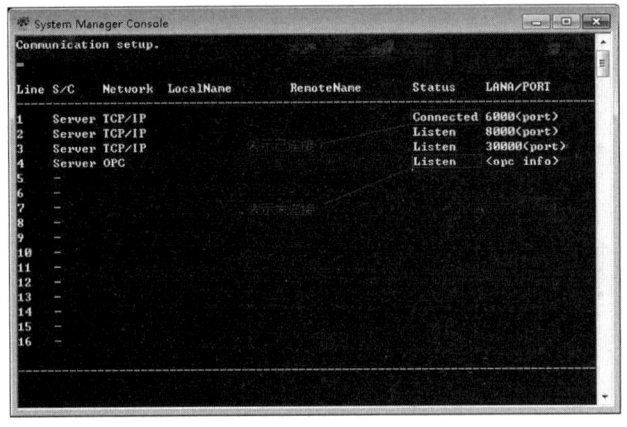

图5.1.7　通信连接状态

（二）图形监控系统任务管理

主画面的菜单中共有7项主要的管理内容：文件（CWay 8自身管理）、视图、布置（平面布局管理）、SSIO（输入输出管理）、订单（命令管理）、运输车（AGV管理）、事件（事件管理）。

1. 文件：CWay 8自身管理

（1）存取控制管理

利用Access Control窗口，可以对CWay 8的安全性进行管理，它包括创建和管理用户账户；创建和管理工作组。每个用户都属于一个用户组，在用户组里可以定义存取各项管理功能的权限。见图5.1.8。

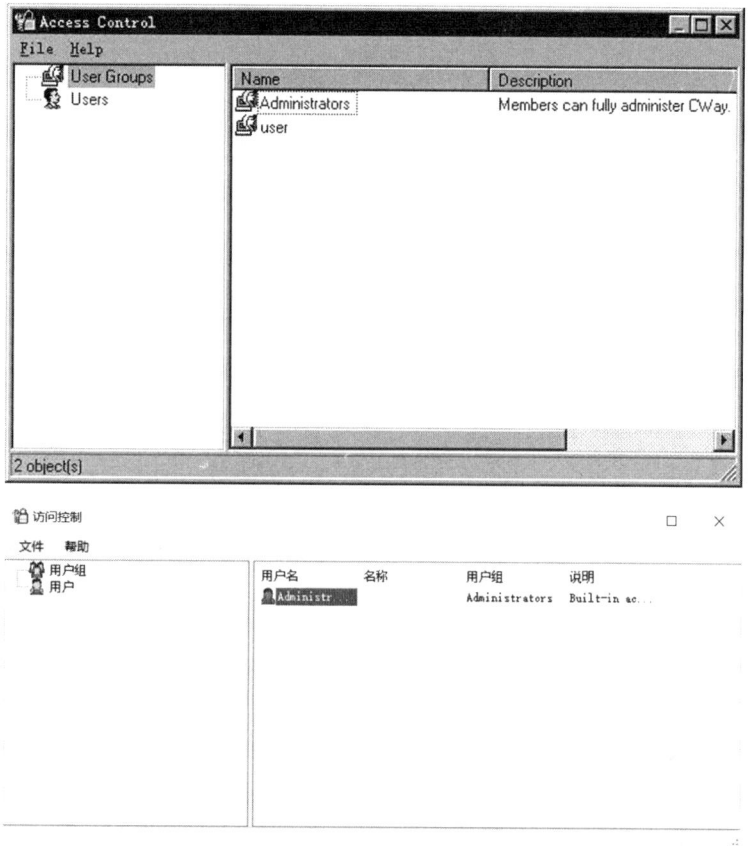

图5.1.8　存取控制窗口

（2）报表生成

利用Print可以产生事件日志、平面布局设置、通信设置、安全设置等报表。

（3）通讯设置

通信设置选择TCP/IP方式，计算机名或IP地址为：xx.xx.xx.xx（为本机IP），子网掩码为：xxx.xxx.xxx.xxx，端口为30000、30001、30002（视CWAY的授权而定）。

2. 视图

打开整个系统的平面布置图后，通过视图工具栏下垂直、水平滚动条可以上下、左右移动这个平面布置图，也可以根据需要局部放大不同的部分。

3. 布置：平面布局管理

利用Layout Properties窗口（图5.1.9平面属性设置），可以改变整个平面布置的属性。包括定义缩放级别，设置背景颜色，设置AGV显示方式等功能。

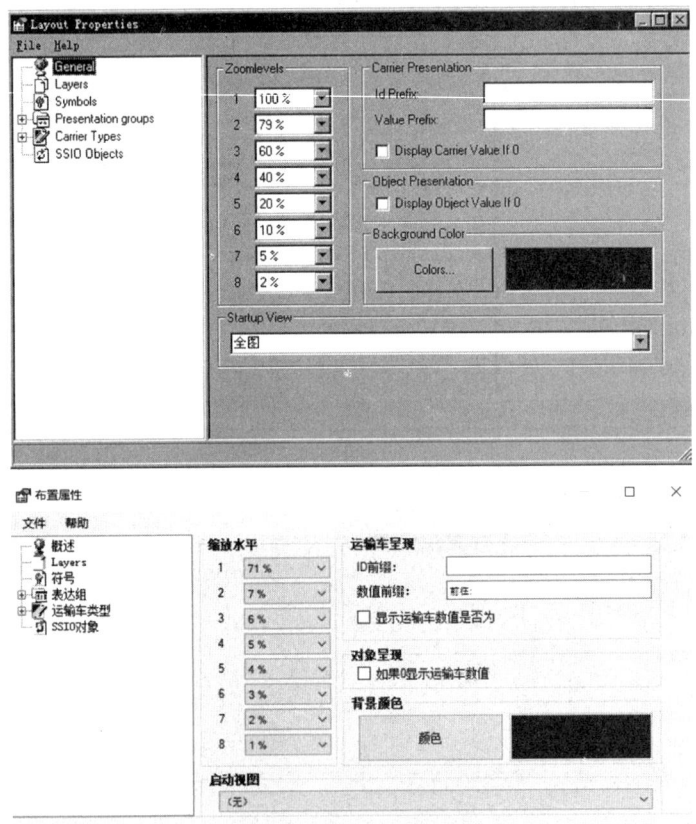

图5.1.9　平面属性设置

平面布局图由各种Layer（层）组成，可以根据不同的需要，在单击Layer后弹出的窗口中设置各层的属性（颜色，在各缩放级别上的状态）。

表示组（Presentation Groups）指定在不同缩放级别上如何显示AGV和对象。对不同缩放级别可以任意选择显示类型。在这里共有16个表示组。

为了使监控系统更加明了，不同类型车的不同运行状态应以图形方式被显示出来（在单击Carrier Types后弹出的窗口中设置）。除了一般正常情况下AGV的表示符号，通过定义AGV状态也可以显示AGV负载、AGV出错、AGV被急停、AGV需充电等等。AGV状态的定义有优先级顺序，优先级按Default，1-15的升序排列。

4. SSIO：输入输出管理

利用SSIO Buffer窗口可以查看和设置输入/输出的状态（见图5.1.10）。

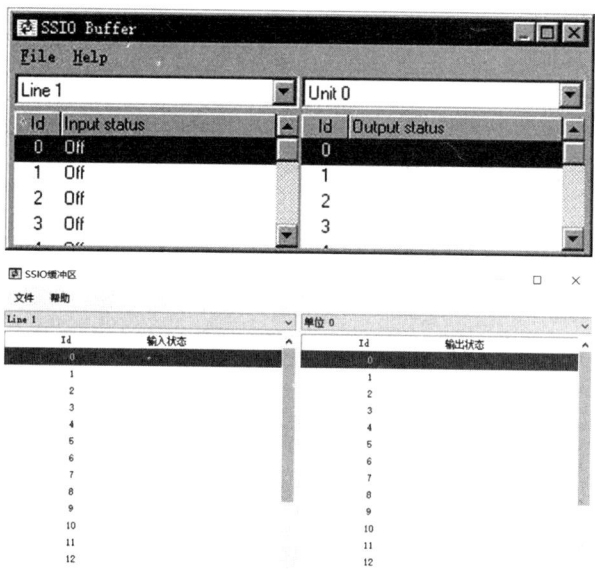

图5.1.10 输入/输出缓冲区

I/O点的含义如表5.1.1所示：

表5.1.1 I/O点的含义

BIV	传输方向	信号类型	含义
Line=1 Unit=0 Input0	←	充电器1	充电器1故障状态
Line=1 Unit=0 Input1	←	充电器1	充电器1充电完毕
Line=1 Unit=0 Input2	←	充电器2	充电器2故障状态
Line=1 Unit=0 Input3	←	充电器2	充电器2充电完毕
Line=1 Unit=0 Input4	←	充电器3	充电器3故障状态
Line=1 Unit=0 Input5	←	充电器3	充电器3充电完毕
Line=1 Unit=0 Input6	←	充电器4	充电器4故障状态
Line=1 Unit=0 Input7	←	充电器4	充电器4充电完毕
Line=1 Unit=1 Input0	←	充电器5	充电器5故障状态
Line=1 Unit=1 Input1	←	充电器5	充电器5充电完毕
Line=1 Unit=1 Input2	←	充电器6	充电器6故障状态
Line=1 Unit=1 Input3	←	充电器6	充电器6充电完毕
Line=1 Unit=1 Input4	←	充电器7	充电器7故障状态
Line=1 Unit=1 Input5	←	充电器7	充电器7充电完毕
Line=1 Unit=1 Input6	←	1号高速机	门已开、机器人正常
Line=1 Unit=1 Input7	←	2号高速机	门已开、机器人正常

5.订单：命令管理

（1）开始订单：在开始订单中，可以在CWAY中下达任务，自动装卸货、打开或关闭充电机、打开全部充电机、AGV移动到点、AGV在两点间移动等（见图5.1.11）。

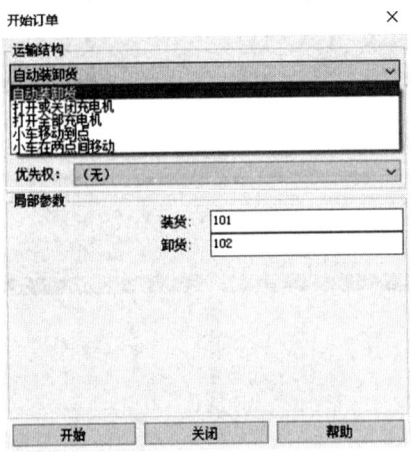

图5.1.11　开始菜单画面

直接在CWay 8中下达任务：

①自动装卸货

在一些特殊情况下，需要在CWay 8中直接下达装卸货任务（此种情况不推荐使用）。这时应首先将GP0参数设置为1（向Host发送消息，但不等待应答）或设置为2（不向Host发送消息）。打开"开始订单"窗口，如图5.1.12所示输入具体的装卸货地址，单击"开始"即可开始任务。任务完成之后应将GP改为0（向Host发送消息，等待应答）。

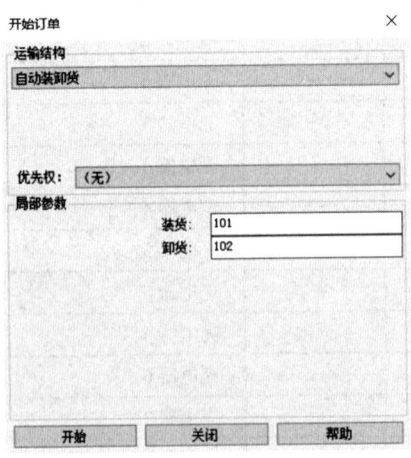

图5.1.12　下达命令画面

②打开或关闭充电机

启用、禁用充电器：

在充电机故障或有AGV在使用该充电机进行电池维护时，需要禁用该充电站，AGV上位机不会再指派AGV到此充电站充电。充电站恢复后，需要启用充电站。见图5.1.13。

注意：可根据CwayS中的显示看出AGV和充电站的关系，若充电站在正常且空闲的情况下，充电站的颜色为绿色，正在充电时为蓝色，禁用时为红色，故障时为红色。若充电站为正常时但显示的状态不正常时，就需要在此启用充电站了，否则在运行过程中系统会一直认为此充电站被占用或故障，从而不再使用此充电站。并注意在充电站被置为红色时，如果是由硬件信号报上来的信号，应立即检查此充电站的运行情况，不可草率地将此充电站直接启用，应确保此充电站工作正常。

NT8000冷启动后，所有信息全部清除，包括充电站全部变为可用。如果有故障的充电机，需要重新禁止该充电机的使用。

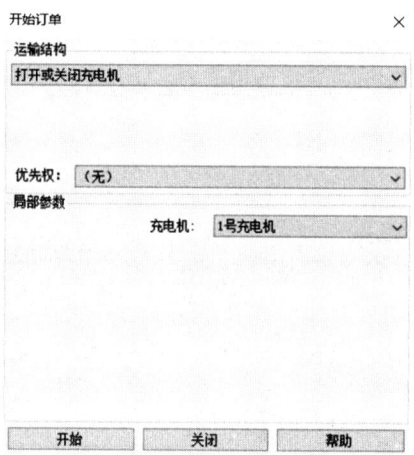

图5.1.13　充电桩命令画面

③打开全部充电机（见图5.1.14）

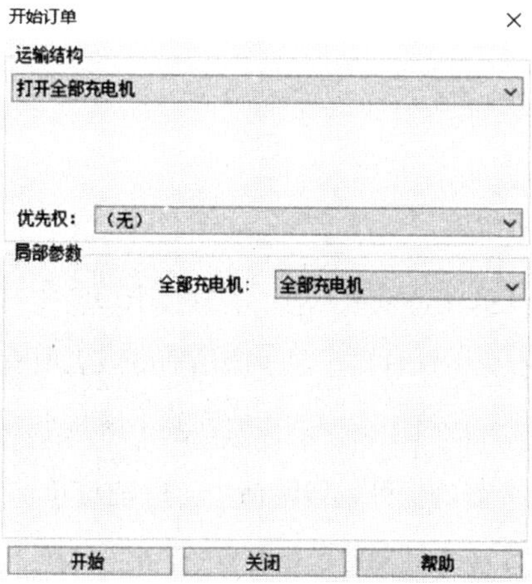

图5.1.14　充电桩命令画面

④AGV移动到点（命令见图5.1.15）

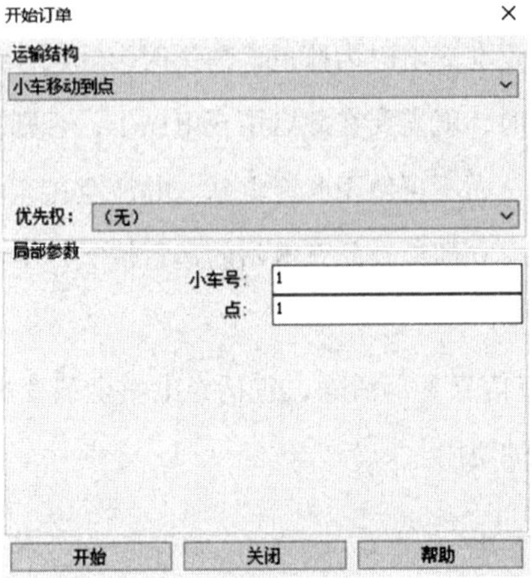

图5.1.15　AGV移动到点命令画面

⑤AGV在两点间移动（见图5.1.16）

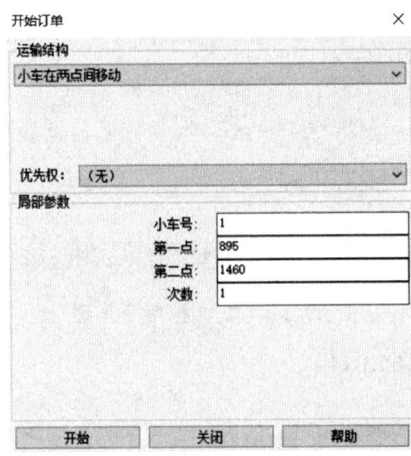

图5.1.16　AGV两点间移动命令

（2）订单缓冲区：

命令缓冲区窗口（Order Buffer window）显示了系统中的命令列表。它将会根据收到的状态消息不断被更新。可以设置在命令缓冲区中显示激活命令或者所有命令。如果选择激活命令，可以按开始时间、AGV号、优先级排序命令。需要详细了解某个index（线程），可以双击它，打开Order detail窗口。在这个窗口中可以删除命令（取消订单），了解AGV具体的装卸货地点，改变局部参数。命令缓冲区的最大容量是255条任务（订单），如果超过这个容量，AGV将接收不到计算机的任务，这时需要重新冷启动NT8000，将命令缓冲区清空。见图5.1.17。

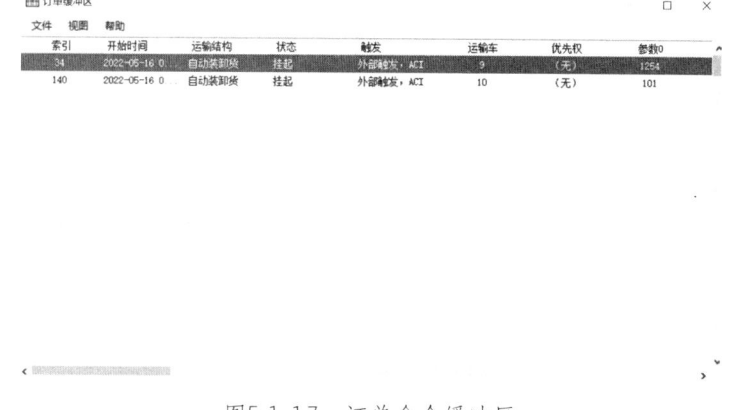

图5.1.17　订单命令缓冲区

全局参数是在所有命令线程中共享的参数。它可以在命令结束后依然存储信息。只有在系统冷启动后或用指定的命令才能清除全局参数值。

6. 运输车：AGV 管理

利用Carrier Buffer窗口可以查看在系统中的所有AGV的状态（PLC状态）、物理位置（所在的段以及在段上行驶的距离）、AGV当前所用的模式（自动、手动、上位控制、本地控制）等信息。

利用Carrier Diagnostic窗口可以查看AGV的逻辑位置、交通状态、执行的线程号、通信状况等信息。通过这两个窗口可以进行一些管理的操作。如：跟踪指定的AGV、取消已不在系统的AGV、释放AGV间的阻塞。

图5.1.18列出了AGV PLC的各种含义。在Cway主界面中右击所要查看的AGV，选择Carrier Detail项将出现以下窗口：

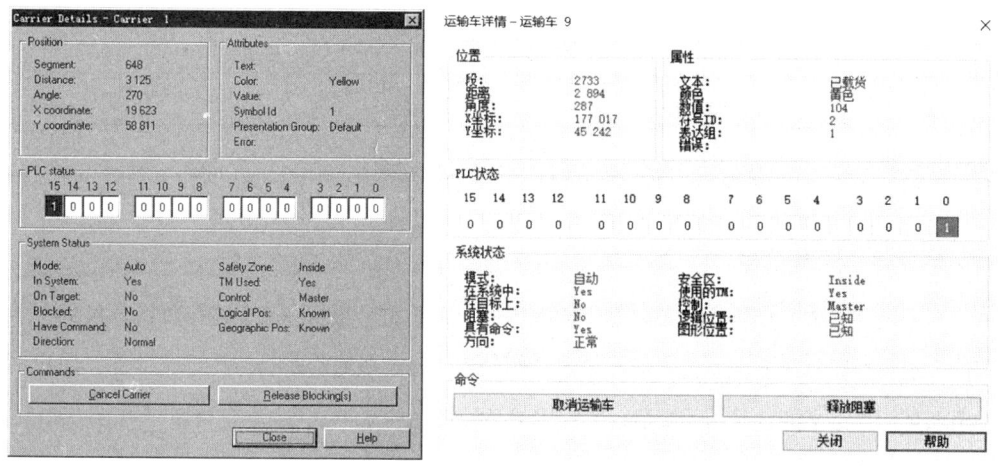

图5.1.18　AGV状态查询

Control：Master表示此AGV被上位控制

Control：Local表示此AGV被本地控制，上位无权管理

如果某辆AGV被人工拖出系统进行修理，或进行补偿充电，应及时将此车删除。点击Cancel Carrier即可。在System Status中的 In System状态应为YES，若为NO时，请将AGV重新插入系统，否则AGV的状态为Canceled，将出现AGV停止不动状态，系统也不能对其分配任务。并有可能引起交通管理异常。见表5.1.2。

表5.1.2　PLC位状态

PLC Status	含义（1有效，0无效）
Bit 0	AGV 载货
Bit 1	AGV 到达目标点
Bit 2	
Bit 3	
Bit 4	AGV 需充电
Bit 5	总线故障
Bit 6	
Bit 7	
Bit 8	等待充电时间过长
Bit 9	AGV 充电时间过短
Bit 11	AGV 在人工控制下
Bit 12	AGV 被急停
Bit 13	STOP（如SICK探测器停止区域内有障碍物）
Bit 14	AGV 丢失位置
Bit 15	

7. 事件：事件管理

在系统运行中，如果系统某处发生意外事件，系统将会报告一个系统事件。软件的不兼容性、定义程序不兼容性、无效的对象值、例如AGV号、段号等都会产生系统事件。用户事件消息是用户定义的，显示系统运行中发生的某种情况。

定义的常见用户事件如表5.1.3：

表5.1.3　AGV事件代码

事件代码	事件说明
304	AGV 充电
305	AGV 等待充电时间大于15分钟
1000	AGV 命令被取消
1001	调度下达装货、卸货地址无效
1002	调度下达装货、卸货地址没有定义
1005	AGV 充电时间少于3分钟

在事件日志中双击想查看的事件，可以了解事件的详细信息，其中Unit组框中如果TYPE是VMC500则ID表示这个事件是由几号车发送的。

如果想查看特定的事件可以利用事件过滤器，打开Filter Events窗口，选择过滤的条件，只有满足过滤条件的事件才能显示。

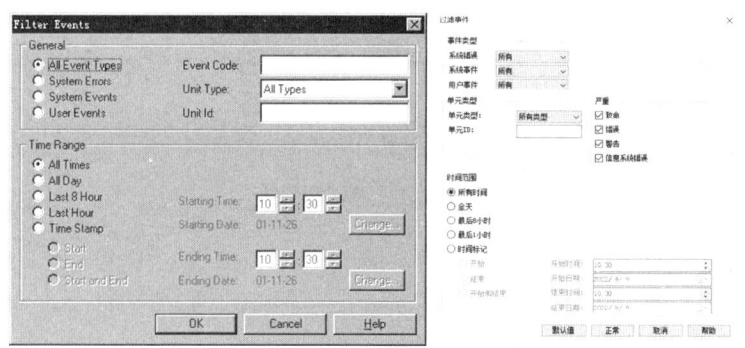

图5.1.19　事件过滤设置

图5.1.20　事件菜单命令

事件日志记录了整个AGV系统出现的任何事件，比如AGV正常执行的装卸货，AGV出现的急停、通信、导航、充电等状态。每条被记录的事件会显示该事件类型、事件代码、事件发生时间、关于事件的描述等。通过查看事件日志，技术人员可以查看AGV系统发生过的各方面状态和信息，查找出问题的原因。见图5.1.21。

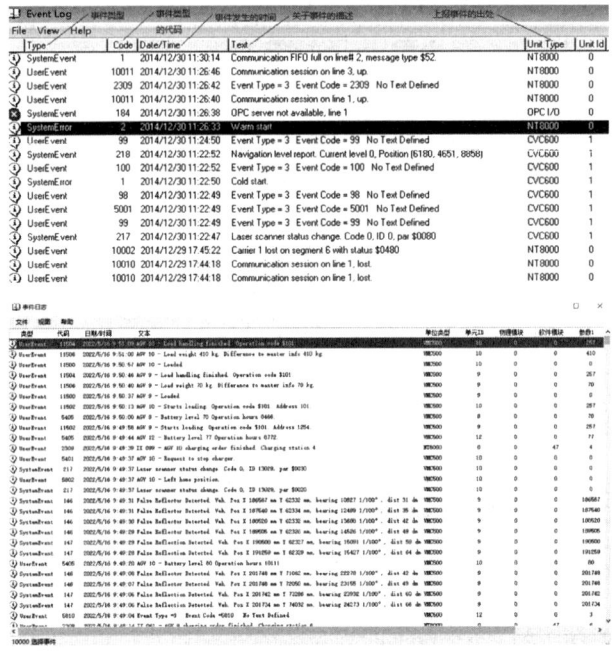

图5.1.21　事件日志

（三）图形监控系统开关机

1. 系统开机

打开CWay 8监控计算机在登录后注意还原到NT8K服务器的网络连接。如果网络暂时不通，也应在打开CWay 8前还原网络连接，启动NT8000 CONSOLE。

2. 系统关机

一般情况下CWay 8监控是否运行都不影响整个系统的正常运作。在休息时，应先将系统运行模式转为休息模式再关机。

第二节　管理控制系统（NT8000）

一、管理控制系统介绍

管理控制系统根据调度计算机下达的命令产生AGV装卸货任务，并通过对整个AGV系统的命令管理、交通管理、AGV管理、输入输出管理,实现AGV系统的正常运行。

(一)管理控制系统运行环境

1. 硬件平台

(1)服务器或台式计算机。

(2)NDC DALLAS DONGLE(瑞典NDC公司专用NT8000软件保护狗)。

(3)BIV(瑞典NDC公司专用输入输出通信块)。

(4)无线AP。

2. 软件平台

(1)Microsoft Window2000、XP中文版。

(2)NT8000控制软件(产品号41728,版本1.20)。

(二)系统所用程序及软件

1. 系统所用程序:

csfl.p8k　NT8000运行所需定义文件。

csfl.cwy　CWAY 8运行所需定义文件。

注意,所有的程序都位于默认文件夹d:\Base8下面。同时,需要在WINDOWS XP中定义一个环境变量,如图5.2.1所示。

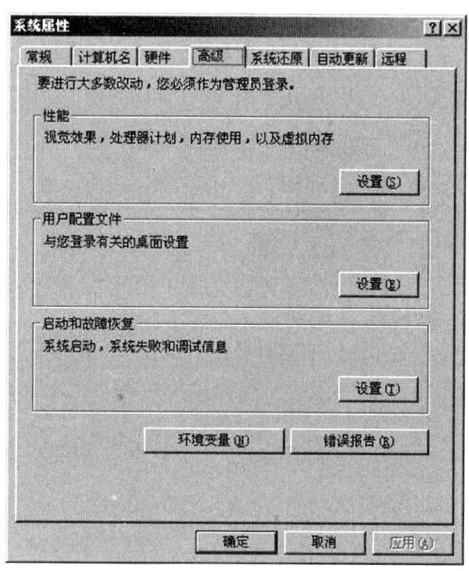

图5.2.1　属性设置

点击环境变量，如图5.2.2所示。

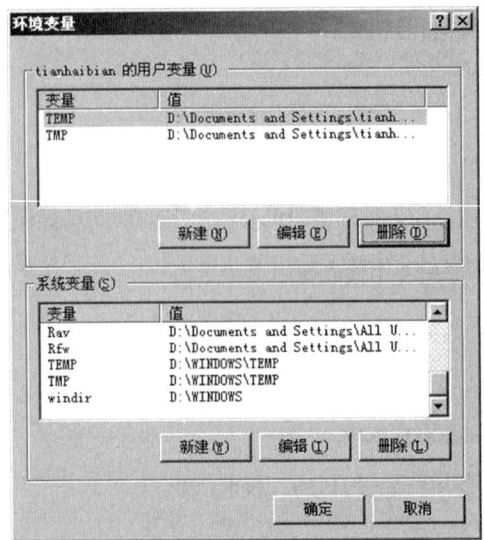

图5.2.2　环境变量设置

在系统变量选项中，选择新建，如图5.2.3所示。

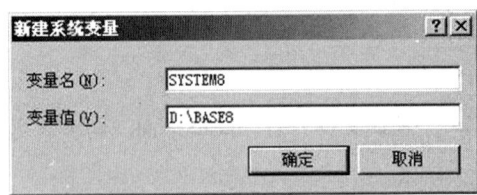

图5.2.3　建立系统变量

按确定后，需要重新启动机器才能生效。

2. 系统所用软件

CWAY 8　AGV图形监控软件。

NT8000　AGV控制管理软件。

3. 装机说明

装机过程中所需要的程序复制到NT8000服务机的D：\Base8文件夹中，所需要的软件复制到D：\安装软件 文件夹中。

（1）计算机安装WINDOWS2000操作系统，SP版本2.0以上，或XP操作系统，配置好网络协议，IP地址为xx.xx.xx.xx。子网掩码为：xxx.xxx.xxx.xxx。

（2）确保csfl.cwy，csfl.P8k文件夹位于D：\BASE8目录下。

（3）配置好系统的环境变量。设置完成后重新启动计算机。

(4)插上软件狗。

(5)安装NT8000,安装过程中提示需要Owner ID、Serial Number等信息,参见备份软件资料信息,输入即可。安装过程会提示选择系统名,选择csfl。

①安装CwayS,按提示可顺利进行。安装过程会提示选择系统名,选择csfl。

②右键单击NT8000 INSTALL,更改属性。见图5.2.4。

图5.2.4 更改属性

③安装NT8000服务:运行NT8000 INSTALL。如果安装的服务没有按照第7)项来设置,需要将安装的服务卸载掉(运行NT8000 REMOVE),再重新进行安装,否则NT8000与AGV之间将不能建立连接。

④更改NT8000服务为自动,运行NT8000 START,启动服务。

⑤关闭WINDOWS防火墙。防火墙的开启会阻挡NT8000服务机与AGV、调度之间的通信。

⑥确认AGV系统的通讯及信号采集部分的连线正确无误。特别是注意串口线的连接。至此,系统安装基本完毕,从NT8000上查看与调度计算机的通信,与AGV的通讯,与BIV的通信,一切正常则OK。

4. 软硬件安装方法

(1)硬件安装

①插入DONGLE软件保护钩,位置在计算机USB口上。

②安装并连接无线AP。

③安装并连接BIV。

（2）软件安装

NT8000安装：

运行setup.exe，安装程序将引导 完成整个安装过程。安装缺省目录如图5.2.5所示。

图5.2.5　目录生成图

安装后主要生成表5.2.1所示文件。

表5.2.1　安装后生成的文件名列表

文件名	说明
NT8000.EXE	产品运行文件
SAMPLE.CNF	配置文件的范本
DNG\DS1410.SYS	DONGLE的驱动程序
DNG\DSD_TST.EXE	DONGLE的测试工具

系统运行还需要表5.2.2所示的定义文件（D：\base8\ Shenzhen.P8K）。

表5.2.2　系统运行所需文件列表

文件名	说明
csfl.P8K	系统文件所在目录
csfl.P8K csfl.img	内部数据文件
csfl.P8K csfl.bin	定义文件
csfl .P8K csfl.cnf	配置文件

（3）配置文件csfl.cnf

配置文件csfl.cnf文件可由notepad打开，以下是它的主要配置内容，其中";"表示注释。"x"表示"狗号"，可在资料"NT8000 Product Management Guide"中查到。

```
PRODUCT = 41728              ;   Product number for NT8000
;  Dongle codes for NT8000
    KEY_K            = xxxx xxxx ;
    KEY_O            = 0000 000x    ;
    KEY_N            = 000x 0x0x    ;
    KEY_S            = 0000 0000    ;
```

; The following sample is used for the disk backup functionality.

; Remove and modify one of the following examples.

; Disk backup at fastest backup rate.
BACKUP_FILE_FREQUENCY = 0

; Disk backup with backup rate of each 10 second.
; BACKUP_FILE_FREQUENCY = 10000

; Disk backup with backup with an alternate backup file location.
BACKUP_FILE_LOCATION = d：\backup

; Disk backup with backup rate of each 2 second and
; an alternate backup file location.
; BACKUP_FILE_FREQUENCY = 2000
; BACKUP_FILE_LOCATION = d：\mirror

END

二、管理系统使用

（一）NT8000的运行

1. 交互式的运行模式

交互式的运行模式不是NT8000的正常运行方式。它主要是用来测试和调试环境。只有用户登录到NT8000中，服务才启动。退出NT8000控制台，服务停止。

（1）服务启动

双击NT8000 RUN 图标

命令方式：*nt8k <system name>*

NT8000 RUN

（2）服务停止

① 正常退出

在NT8000 Console的主菜单中选择系统重新启动4

请求热（冷）启动　W（C）

确定热启动　Y

这个系统将保存数据并且停止

②强制退出

按键Ctrl_Break后，系统将提示是否要停止系统

按键Y两次作为回答　YY

这个系统将不保存数据并停止服务

2. 服务式的运行模式

服务以后台方式运行，不需用户登录。在NT8000运行的机器上禁止设置屏幕保护程序。

（1）服务安装

双击NT8000 INSTALL图标，正常操作系统会提示success。

命令方式：*nt8k –install –install –h –s= csfl defaultsite*

安装后在控制面板的服务中可以找到NT 8K Service这个服务，此时服务还没有启动，这种安装方式缺省为手工启动服务。

（2）服务启动

双击NT8000 START图标，正常操作系统会提示success。

命令方式：*nt8k –start*

它的启动首先为热启动，如果无热启动信息，将执行冷启动。如果系统不能启动，其原因将记录System Event log文件中。

（3）打开服务的控制台

双击NT8000 CONSOLE图标，正常操作系统会提示success。

命令方式：*nt8k –console*

与交互式模式相似。通过它，可以查看系统的所有实时信息。

（4）建立服务的远程控制台

通过网络连接，可以在其他运行NT的计算机上打开 NT8000 CONSOLE。

命令方式：*nt8k –console xxx-xxx*

如果采取了远程控制台的方式。在图形监控的计算机上可以打开控制台。但需注意的是对于一个NT8000服务同时只能打开一个控制台。

（5）服务的停止

双击NT8000 STOP图标，正常操作系统会提示success。

命令方式：*nt8k –stop*

这种停止方式将保存数据

（6）服务的卸载

双击NT8000 REMOVE 图标，正常操作系统会提示success。

命令方式：*nt8k –remove*

这个服务将从控制面板的服务中删除

（7）设置服务的启动方式

进入计算机控制面板\管理工具，选择服务如图5.2.6所示：

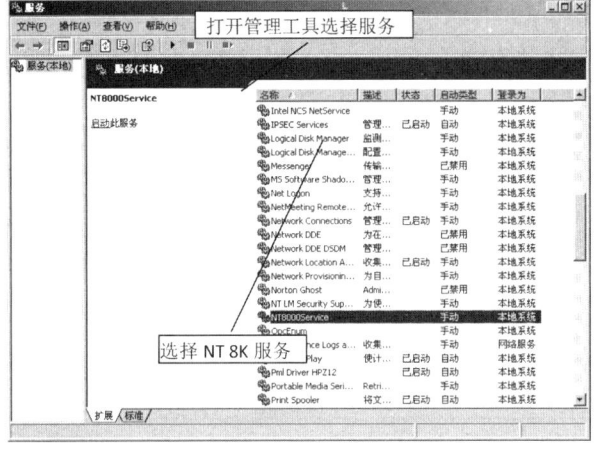

图5.2.6 设置服务

更改服务的启动方式为自动（见图5.2.7）：

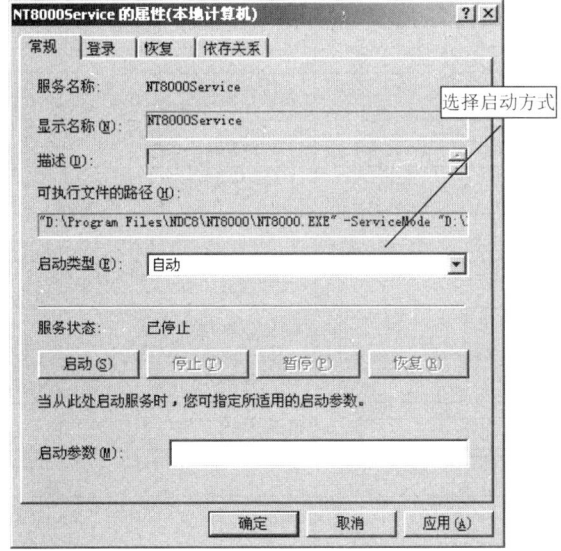

图5.2.7 设置服务的启动方式

(二)NT8000控制台界面介绍

NT8000控制台的主菜单界面如图5.2.8所示。它包含两个主要的菜单:用户菜单和系统菜单。各子菜单的含义如表5.2.3所示。

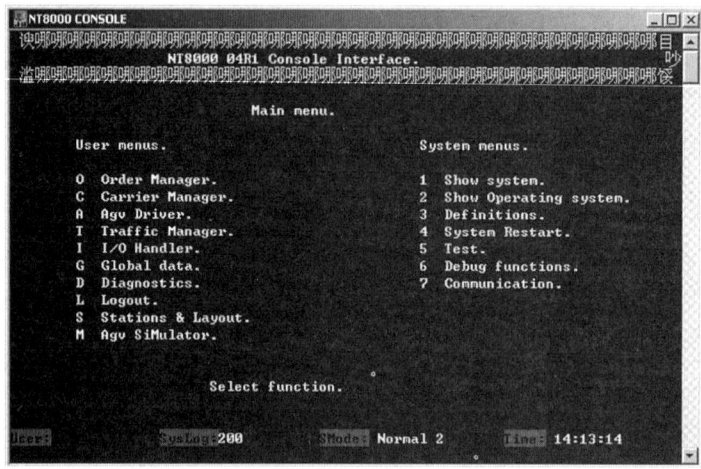

图5.2.8 NT8000控制台的主菜单界面

表5.2.3 子菜单含义

函数	含义
O Order Manager	命令管理
C Carrier Manager	AGV 管理
A AGV Driver	AGV 管理(在本系统中没有功能)
T Traffic Manager	交通管理
I I/O Handler	数字信号的管理
G Global date	全局参数
D Diagnostics	AGV 诊断
L Logout	登录
1 Show system	系统信息
2 Show Operating system	操作系统信息
3 Definitions.	定义管理
4 System Restart.	重启系统
5 Test.	检测
6 Debug function.	调试管理
7 Communication.	通讯管理

主菜单下有一行状态栏，User：表示当前登录的用户；SysLog：表示当前系统日志的长度；Smode：表示系统当前的模式；Time：表示系统当前的时间。

关于系统模式如表5.2.4描述。

表5.2.4 系统模式

系统模式	含义
Normal X=2	工作模式
Normal X=1	休息模式

注：模式的区别主要是AGV在完成任务后停止点的不同X=1，2，3，4…

1. 命令管理

命令管理的功能是查看线程的状态。线程共有五个主要的状态：空闲（Free）、等待（Pend）、申请AGV（Creq）、AGV移动（Cmov）、申请指定AGV（Calc）。在选择命令管理后将出现图5.2.8所示的窗口，选择不同的快捷键，查看不同状态下的线程执行情况。其中U-Used instanced 表示所有的线程。按空格键可实时更新查看的信息。主要的命令见表5.2.5：

表5.2.5 几种命令信息

TS	含义	CWAY 中显示的运输结构号
11	AGV 正在进行装货任务	装卸货
21	AGV 正在进行卸货任务	
100	下达 AGV 充电任务	
110	向调度计算机发送消息	
120	AGV 执行任务出错处理	
121	AGV 执行任务 PLC 报故障处理	
200	AGV 没有卸货命令，但 AGV 载货，	

2. AGV 管理

AGV管理的功能是查看AGV的状态。在此系统中3辆车。其中A-Active carrier 表示正常使用的AGV；Canceled carriers表示被取消的AGV；U-Used carriers表示所有的AGV。

3. 交通管理

查看AGV交通管理的信息，即段、点、簇被占用的信息，见图5.2.9。

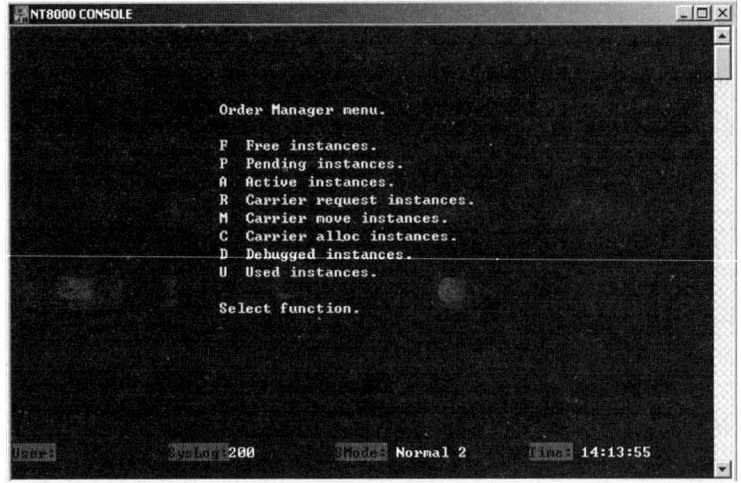

图5.2.9 命令管理子菜单

4. 数字信号的管理

查看输入/输出数字信号的信息，即BIV的信号。

5. 全局参数

查看全局参数的数据。包括队列的数据（队列使用的也是全局参数），如表5.2.6.

表5.2.6 全局参数的数据

全局参数	含义
GP0	向调度计算机发送消息（0为正常发送并等待响应，1为发送但不等待响应，2为不发送），正常使用过程中禁止改动。
GP1	充电站1信息（1为禁用，0为启用）
GP2	充电站2信息（1为禁用，0为启用）
GP3	充电站3信息（1为禁用，0为启用）
GP4	充电站4信息（1为禁用，0为启用）
GP5	充电站5信息（1为禁用，0为启用）
GP6	充电站6信息（1为禁用，0为启用）
GP7	充电站7信息（1为禁用，0为启用）
GP23–GP32	AGV 充电队列

6. AGV 诊断

查看AGV的状态，解除阻塞。

7. 登录

登录进入NT8000控制台。

各菜单使用的权限说明如表5.2.7。

表5.2.7 菜单使用的权限说明

功能	操作者	管理员	超级用户
O Order Manager	√	√	√
C Carrier Manager	√	√	√
A AGV Driver	--	--	--
T Traffic Manager	√	√	√
I I/O Handler	√	√	√
G Global date	√	√	√
D Diagnostics	√	√	√
L Logout	√	√	√
1 Show system	√	√	√
2 Show Operating system	-	--	√
3 Definitions.	-	--	√
4 System Restart.	-	√	√
5 Test.	-	--	√
6 Debug function.	-	--	√
7 Communication.	-	√	√

注：√ 表示完全拥有此菜单中各项功能的权限

- 表示完全不拥有此菜单中各项功能的权限

-- 表示不完全拥有此菜单中所有功能的权限

8. 系统信息

查看系统版本、系统类型、系统日志。当选择I后将出现如图5.2.10系统信息图的窗口。

9. 操作系统信息

查看NT8000内部的一些信息，见图5.2.10。

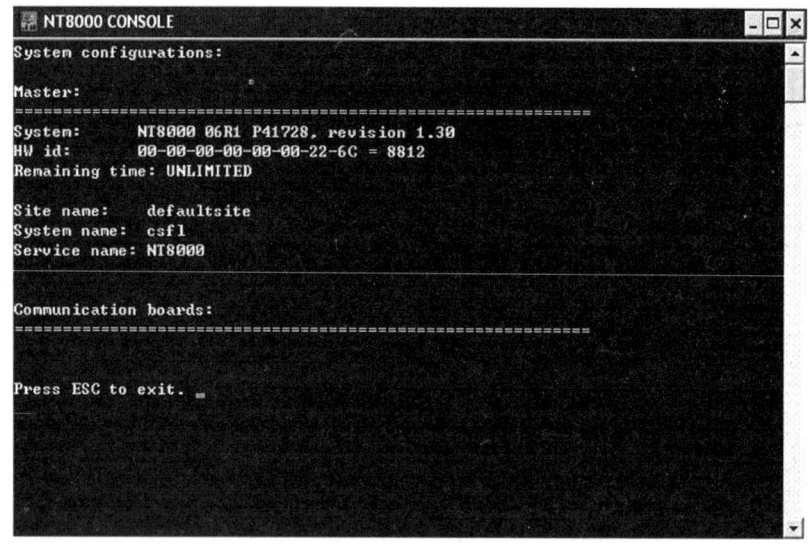

图5.2.10　系统信息图

10. 定义管理

显示、清空、重载参数表。

11. 重启系统

系统包括两种启动方式：热启动、冷启动。热启动保留原来的任务和参数值。冷启动重新初始化整个系统，不保存原来的任何设置。启动后需重新登录。

12. 检测

包括一些检测通信、ROM、BUS的工具。

13. 调试管理

用于程序的调试。

14. 通讯管理

查看、检测通信状态。在AGV系统中上位与AGV之间的通信至关重要。通过图5.2.8可以查看系统的通信效率（选择C，按右键翻篇）。

其中perf是个可以检验通信效率的参考值。perf表示每秒传送的消息量（以字节为单位），正常为3000—4000之间。当这个参数量小于80时表示通信效果较差，必须检查相关的设备状态。见图5.2.11。

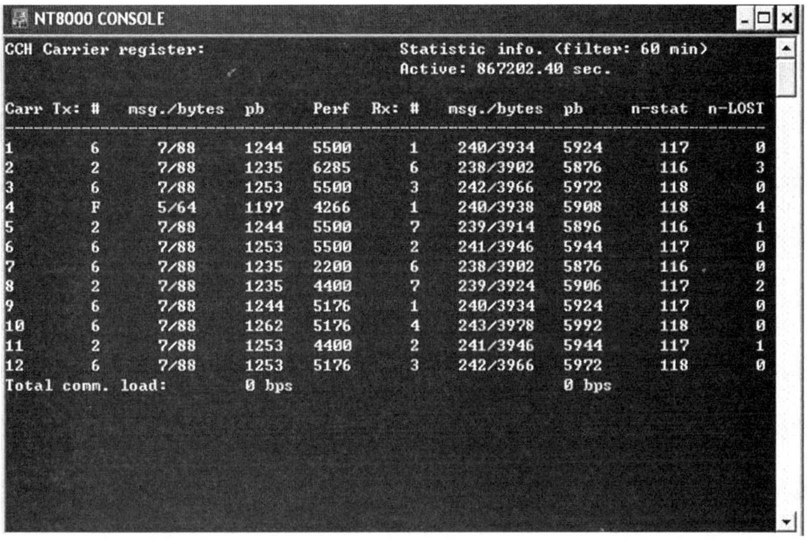

NT8000 CONSOLE

CCH Carrier register:　　Statistic info. (filter: 60 min) Active: 867202.40 sec.

Carr	Tx: #	msg./bytes	pb	Perf	Rx: #	msg./bytes	pb	n-stat	n-LOST
1	6	7/88	1244	5500	1	240/3934	5924	117	0
2	2	7/88	1235	6285	6	238/3902	5876	116	3
3	6	7/88	1253	5500	3	242/3966	5972	118	0
4	F	5/64	1197	4266	1	240/3938	5908	118	4
5	2	7/88	1244	5500	7	239/3914	5896	116	1
6	6	7/88	1253	5500	2	241/3946	5944	117	0
7	6	7/88	1235	2200	6	238/3902	5876	116	0
8	2	7/88	1235	4400	7	239/3924	5906	117	2
9	6	7/88	1244	5176	1	240/3934	5924	117	0
10	6	7/88	1262	5176	4	243/3978	5992	118	0
11	2	7/88	1253	4400	2	241/3946	5944	117	1
12	6	7/88	1253	5176	3	242/3966	5972	118	0
Total comm. load:			0 bps				0 bps		

图5.2.11　通讯状态1

（三）故障处理

1. 通信故障

利用NT8000 CONSOLE查看通信，在NT8000控制台的主菜单中选择“7 Communication”。出现子菜单后可选择“O Communication setup”。查看NT8K服务器与调度计算机，CWay 8监控计算机的通信状态，如图5.2.12所示。也可选择“C CCH line registres”。查看NT8K服务器与AGV的无线通信状态，如图5.2.12所示：

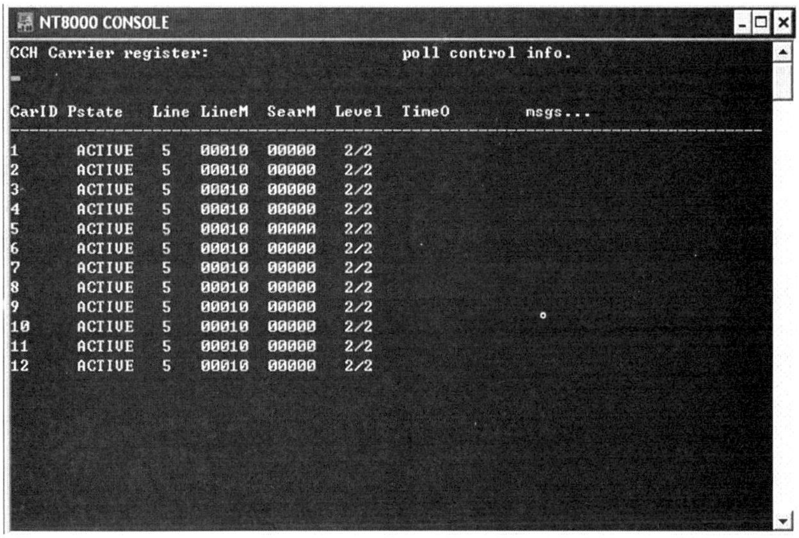

NT8000 CONSOLE

CCH Carrier register:　　poll control info.

CarID	Pstate	Line	LineM	SearM	Level	TimeO	msgs...
1	ACTIVE	5	00010	00000	2/2		
2	ACTIVE	5	00010	00000	2/2		
3	ACTIVE	5	00010	00000	2/2		
4	ACTIVE	5	00010	00000	2/2		
5	ACTIVE	5	00010	00000	2/2		
6	ACTIVE	5	00010	00000	2/2		
7	ACTIVE	5	00010	00000	2/2		
8	ACTIVE	5	00010	00000	2/2		
9	ACTIVE	5	00010	00000	2/2		
10	ACTIVE	5	00010	00000	2/2		
11	ACTIVE	5	00010	00000	2/2		
12	ACTIVE	5	00010	00000	2/2		

图5.2.12　无线局域网通信状态2

如果Pstate的状态为ACTIVE，则表示通信正常。如果Pstate的状态为Lost，则表示通信不正常：AGV自身没有打开电源，或者无线网络故障，二者都可能导致通信不正常。请查看具体原因进行处理。SEARCH表示寻找该辆AGV，1分钟过后还没通信上的话，就转成LOST。见图5.2.13。

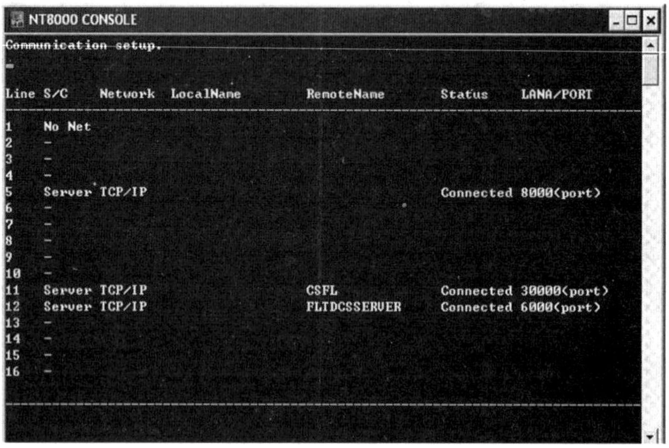

图5.2.13 网络通信状态

FLTDCSSERVER是与上位调度计算机的通信通道，通过 Status查看连接状态（连接正常状态为connected， listen表示没有连接正在监听）。CSFL是与监控的通信通道。如果不正常，查看网络是否连通，通信设置是否正确。

2. AGV 互相阻塞问题

在NT8000控制台的主菜单中选择D-Diagnostics。 出现子菜单后选择S-Slave level。 选择被阻塞的车号，按回车键在Action栏下将出现阻塞信息，Y键可以解开阻塞。见图5.2.14。

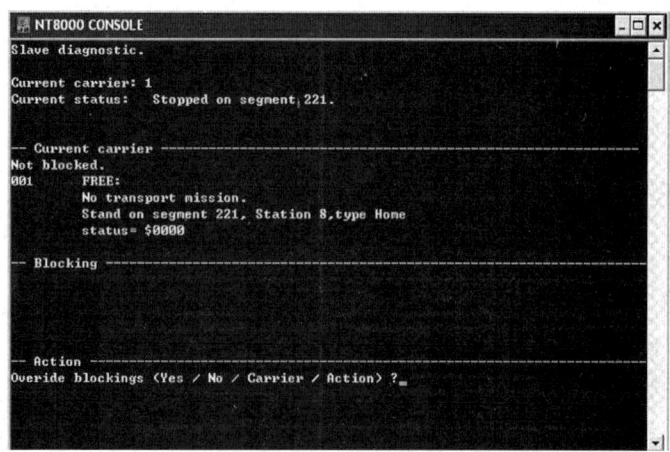

图5.2.14 AGV状态

按空格键可以选择采取的方法。

解锁注意事项（以2号车被1号车阻塞为例）：

（1）选择被阻塞的AGV号（即2号车），按<ENTER>键。

（2）在Action一栏中通过按<SPACE>或A键选择解锁的方法。

①Remove forward blockings for carrier 1（Yes / No/ Carrier/ Action）?

释放AGV1将要占用的段和点？

②Remove all blockings for carrier 1（Yes / No/ Carrier/ Action）?

释放AGV1，AGV1将变为"不知道"状态，它不占用任何点和段？

③Overide blocking（Yes / No/ Carrier/ Action）?

不考虑其他信息，让被阻塞的AGV继续前进？

④Remove blockings for all lost carriers（Yes / No/ Carrier/ Action）?

将所有状态为"丢失"的车占用段和点的信息清除？

⑤Remove forword blockings for currrent carrier（Yes / No/ Carrier/ Action）?

释放当前AGV将要占用的段和点，给其他车解锁？

⑥Remove blockings for currrent carrier（Yes / No/ Carrier/ Action）?

释放当前AGV，它不占用任何点和段？

一般选择选项2即可。

其中Yes表示采用提示解决办法；No表示不做任何处理；Carrier表示回到a）选项 Action表示选择解锁的方法。

在解锁时一定要特别注意，确定两车不会相撞时才可以解锁。发生死锁NT8000自身已不可解的情况下（在CWay 8的状态栏中出现Can not solve deadlock的提示信息），必须人为进行干涉，将一辆车手动拖到不影响另一辆车前进的区域（手动拖动时一定要将周围运行的AGV按住急停，预防撞车，手动拖出AGV后才可打开急停），对另一辆车进行解锁。

3. AGV任务执行中途停止处理

在NT8000控制台的主菜单中选择O-Order Manager。出现子菜单后选择U-Used instance。查看调度计算机下达的任务执行情况，如图5.2.15所示。按左右箭头可滚动屏幕查看命令状态。

当List为Pend时，表示此线程在等待一个信号，此时AGV停止。

对于本系统，AGV中途停止的原因大概有以下几个：

（1）调度计算机停止响应或与AGV上位控制系统失去连接。

此时，程序执行TS号为110（通过NT8000 Order Manager查看）。

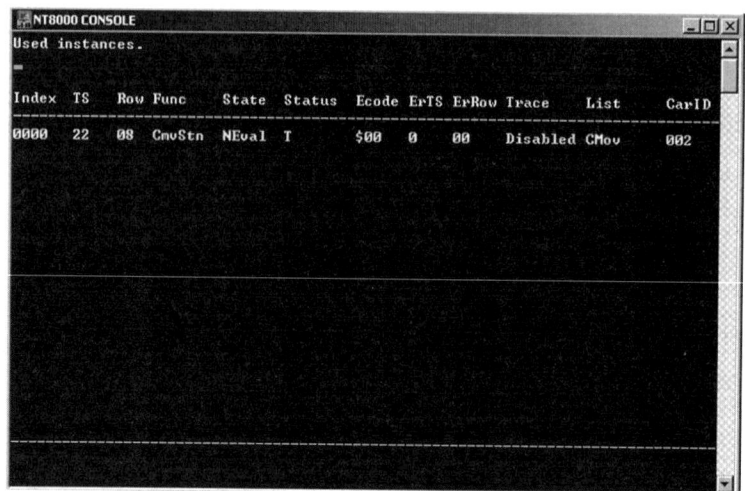

图5.2.15 命令执行状态

（2）AGV执行装货任务：到达装货站台前点会向调度报告几号车已经连上了这条任务；装货成功，向调度报告装货完成；

装货过程出错，向调度报告AGV装货故障。

当AGV发送以上消息时，需要得到调度的响应。如果调度由于各种原因没有响应AGV发送的消息，将一直等待下去。

（3）AGV等待充电结束信号。

AGV快速充电，时间一般为5~8分钟。充电结束后，充电机会给BIV报充电结束信号。如果AGV在充电站显示充电时间过长，需要查看AGV是否充上电，或BIV与AGV上位机是否失去连接（BIV的Tx灯是否亮）。

4. 管理控制系统开关机

（1）系统开机

正常情况下，开机后，NT 8K服务已装载，并且已启动NT 8K服务（在控制面板中已设置NT 8K服务为自动启动），不需任何操作。操作如果不正常，则需重新安装、启动NT 8K服务。

（2）系统关机

NT8K服务器原则上不关机，休息时应待所有AGV都停止在休息点后并且确认没有任务后方可关机。

5. 自动充电系统

（1）安全综述

为了您和设备的安全，请在开始充电操作前仔细阅读本手册和生产厂家的使用手册（随机文件），所有的操作都必须严格遵守有关规定。

请妥善保存使用手册。

（2）安装与连接

充电器设计要求不能安装在辐射器或其他热源附近，也不能暴露在有腐蚀性化学物质或过多灰尘的空气中。

在充电器的周围要留有足够的空间以保证冷却空气自由流通。

当充电器与充电触头连接时，要确保电极（正和负）连接得正确。

当电池充电时，会产生易燃气体。必须在通风良好的地方进行充电，要避免电火花；

电解液有很强的腐蚀性，必须遵守操作规程，戴上保护镜，防护手套和穿上防护衣。

为了安全起见，充电器和电池至少要相隔一米的距离。

电源电缆和充电电缆必须妥善摆放，如果连接的电缆发生损坏，必须将其更换。

电源电压必须符合充电机的电源电压标示值。

在与充电器相连的电路上必须要有保险。

保险的大小由充电器的额定电流来确定。

（3）开始充电

①打开开关

将充电器上的电源开关打开，充电器打开后，面板上有显示。

②连接电池

当得到或探测到一个电池正确的反向电压并且开动一个外部自动输入/输出转换电路，充电器经过一个短暂的时间后自动打开。

要确保充电器与充电电缆之间连接的正确性。如果连接不当，如充电接触器与充电板之间接触不良，将引起充电操作的中断并经常出现故障。

当与电池相连接时要注意电池的电压，要注意极性的正确性。

（4）测量设备

充电器柜门上装有一个液晶显示屏，显示值在电池电压及充电电流之间变化。

（5）保养与维护

充电器不需要特殊的维护，但是应该定期断开充电器的电源，适当的将其中积累的灰尘清除。

6.信号采集系统

（1）基本组成

当NT8000与BIV之间通信连接后，BIV的Tx红灯亮。

MA-21实现20mA电流环协议与RS232串口协议之间的转换。

BIV3是信号采集系统中的主要组成部件,它可以通过采集输入信号,设置输出信号与充电器等地面设备进行通信。如图2.5.16所示。

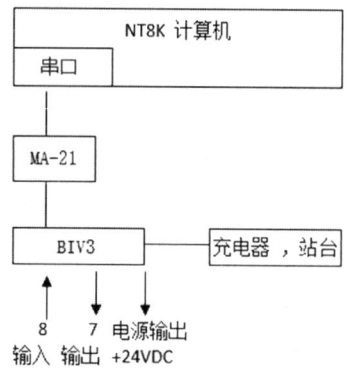

图5.2.16 信号采集基本组成

(2) BIV的基本参数

电源:24V(DC),最大电流为200mA

串行适配卡接口:20mA电流环,传输率为4800B,最多可连接8个BIV。

输入:8个数字量输入,可设置NPN或PNP模式

输出:7个继电输出,可通过240V(AC),2Amps

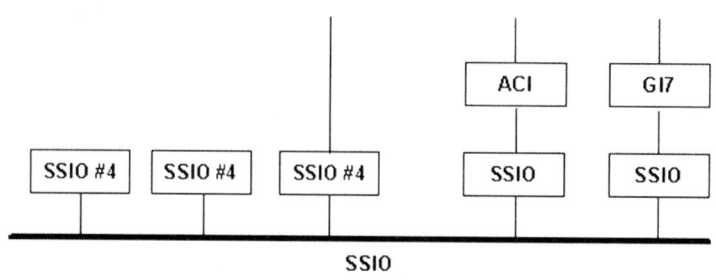

图5.2.17 SSIO服务功能图

(3) 工作原理

信号采集系统主要利用了SSIO服务。SSIO服务控制整个AGV系统的IO单元。

它的主要功能有:实时更新输入状态、实时更新输出状态、控制各输入线、输出线的轮循和更新。工作原理图如图5.2.15所示。

(4) BIV信号的含义

参见7.3.2.4章节。

（5）充电机信号接线图（见图5.2.18）

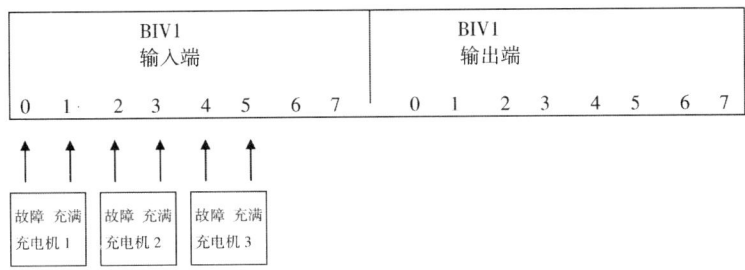

图5.2.18　BIV与充电器连线图

（6）信号采集系统接线图（见图5.2.19）

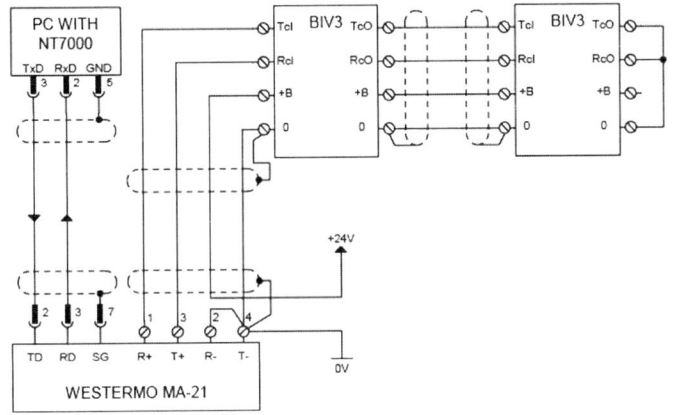

图5.2.19　信号采集系统接线图

MA21的跳线设置需如下设置（见图5.2.20）

MA21 Switch	1	2	3	4	5	6	7	8	9
S1 On	X				X			X	X
S1 Off		X	X	X		X	X		

Transmitted signal TD, CTS always high.

MA21 Switch	1	2	3	4
S2 On	X		X	
S2 Off		X		X

Transmitter/receiver normal mode.

MA21 Switch	1	2	3	4	5	6
S3 On			X	X	X	
S3 Off	X	X				

Receiver active.

MA21 Switch	1	2	3	4	5	6
S4 On			X	X	X	X
S4 Off	X	X				

Transmitter active.

图5.2.20　MA21跳线设置图

第三节　无线网络系统

一、无线网络介绍

(一)无线网络分类

无线网络是对一类用无线电技术传输数据网络的总称。根据网络覆盖范围不同、网络应用场合不同和网络架构不同等，可以将无线网络划分为不同的类别。下面将从以上三个角度来具体阐述无线网络的分类况。

根据网络覆盖范围的不同，可以将无线网络划分为无线广域网（WWAN：Wireless Wide Area Network）、无线局域网（WLAN：Wireless Local Area Network）、无线城域网（WMAN：Wireless Metropolitan Area Network）和无线个人局域网（WPAN：Wireless Personal Area Network）。无线广域网是基于移动通信基础设施，由网络运营商，例如中国移动、中国联通、Softbank等运营商所经营，其负责一个城市所有区域甚至一个国家所有区域的通信服务。无线局域网则是一个负责在短距离范围之内无线通信接入功能的网络，它的网络连接能力非常强大。目前而言，无线局域网络是以IEEE学术组织的IEEE802.11技术标准为基础，这也就是所谓的Wi-Fi网络。无线广域网和无线局域网并不是完全互相独立，它们可以结合起来并提供更加强大的无线网络服务，无线局域网可以让接入用户共享到局域之内的信息，而通过无线广域网就可以让接入用户共享到局域之外的信息。无线城域网则是可以让接入用户访问到固定场所的无线网络，其将一个城市或者地区的多个固定场所进行连接起来。无线个人局域网则是用户个人将所拥有的便携式设备通过通信设备进行短距离无线连接的无线网络。

根据网络应用场合的不同，可以将无线网络划分为无线传感器网络（WSN．Wireless Sensor Network）、无线Mesh网络，也称为多跳网络（Multi—hopNetwork）、可穿戴式无线网络和无线体域网络（WBAN：Wireless Body AreaNetwork）等。

根据无线网络拓扑结构的不同，无线网络又可以划分为不同的类型。众所周知，在有线网络中，有五大网络拓扑结构，分别是总线（Bus）、令牌环（Ring）、星形（Star）、树形（Tree）和网状（Mesh）。但是，不同于有线网络，在无线网络中，只有星形和网状两种拓扑结构。在星形架构中，主要由一台中心计算机来负责各客户机之间的通信，每两个客户机之间通信都要经过这台中心计算机。网状拓扑架构不同于星形架构，其没有负责各客户机之间通信的中心计算机，而是每个客户机与其通信范围内的客户机进行直接通信。

（二）无线网络特点

1. 可移动性强，能突破时空的限制。

无线网络是通过发射无线电波来传递网络信号的，只要处于发射的范围之内，人们就可以利用相应的接受设备来实现对相应网络的连接。这个极大地摆脱了空间和时间方面的限制，是传统网络所无法做到的。

2. 网络扩展性能相对较强。

与有线网络不一样的是，无线网络突破了有线网络的限制，人们可以随时通过无线信号进行接入互联网，其网络扩展性能相对较强，可更加便捷地实现网络配置与扩展，用户在访问信息时也会变得更加高效和便捷。无线网络不仅扩展了使用网络的空间范围，而且还提升了网络的使用效率。

3. 设备安装简易、成本低廉。

通常来说，安装有线网络的过程中是较为复杂繁琐的，有线网络除了要布置大量的网线和网线接头，而且其后期的维护费用非常高。而无线网络则无须布设大量的网线，安装一个无线网络发射设备即可，同时这也为后期网络维护创造了非常便利的条件，极大地降低了网络前期安装和后期维护的成本费用。

与有线网络相比，无线网络的主要特点是完全消除了有线网络的局限性，实现了信息的无线传输，使人们更自由地使用网络。同时，网络运营商操作也非常方便，首先，线路建设成本降低，运行时间缩短，成本回报和利润生产相对较快。这些优势包括改进了管理员的无线信息传输管理，并为网络中没有空间限制的用户提供了更大的灵活性。

（三）无线网络关键技术

无线网络可以有效地感知外界环境出现的变化，进而更深次地进行理解与学习，高效调整与配置通信网络内部的相关资源，以此来迎合外界环境发生的转变。通过充分借鉴无线认知网络技术，既能解决频谱日渐增长的需求和有限频谱资源之间的冲突，还能有效解决频谱资源紧缺的问题，促使频谱应用效率的合理提高。

1. 频谱共享

频谱共享可借助于管理干扰项让用户最大化提升对频谱的应用概率。频谱可从不同层面进行分类，依据不同的网络构架划分成分布式与集中式。集中式是指以中心服务器集中式处理广大用户的信息，分布式由认知终端计算来明确其空闲的频谱。通过分配频谱的不同方式可将其分成协作式与非协作式。频谱共享过程中采取填充式的共享方法，在频谱空闲的同时可促使主用户形成的干扰最大化降低。

2. 频谱感知

在无线网络技术中,频谱感知作为核心的技术之一,此种技术可以通过频谱空洞、时域、发现频域为广大用户供应有价值的频谱。实质上,可自主检测主用户的信号方法包含三大种类,即检测循环平稳特征、检测匹配滤波器、检测能量。其中对能量的检测既具有良好的性能,并且操作简易,但极易受到客观因素的制约,使得主信号很难辨识。检测匹配滤波器在明确用户信息的基础上,可有效且快速的检测用户的信息,但在此过程中,需诸多条件的确保,如专用接收器、频率、同步定时。检测循环平稳特征能够对噪声能量进行辨识,对主信号进行检测,但计算流程较为复杂。

3. 动态接入

在无线网络技术中,动态频谱接入技术既能划分成开放式共享形式、多层接入形式、动态专项应用的模式。其中专用动态模式中主用户能够完全支配频谱,同时还能随意选择技术与服务方式。开放式共享模式能够共享多样化的系统,并且他们相互之间不存在任何干扰。相较以上两种模式,多层接入模式可以彻底摆脱此用户发射功率遭受的影响,既能实现应用范围的有效拓展,还信息容量与吞吐量的进一步提升。

(四)无线网络安全服务要求

无线通信网络中的不安全因素给移动网络用户与网络经营者带来了巨大的威胁,要维护无线通信网络用户和经营者的权益就必须做好无线网络安全防护技术工作。无线网络安全服务要求主要包括保密性、身份认证、数据完整性和服务不可否认性四点。

1. 保密性

保密性是无线通信网络信息安全防护的主要方式。无线通信网络系统的保密性业务主要包括语音与数据保密性、用户身份与位置保密、用户和网络间信息保密性等。采用保密性方式之后,除了信息的参与者之外,其他人即使截获了信息也不能破解其中的含义。

2. 身份认证

应对身份假冒的最有效的方式就是身份认证。通过对无线通信中的双方或一方身份进行认证来保障网络资源与服务访问用户的真实性和有效性。无线通信网络中的身份认证主要包括移动用户身份认证和网络端身份认证两种。其中,移动用户身份认证主要是确保访问用户的合法性,避免非法用户身份假冒问题的出现;网络端身份认证主要是对网络端身份进行认证,避免攻击者假冒网络端欺骗用户。

3. 数据完整性

数据完整性是应对数据篡改的主要方式。数据完整性主要包括连接完整性、无连接完整性和选域完整性三种。其中，连接完整性主要是对连接中数据完整性的保护；无连接完整性则主要针对无连接中的数据完整性进行保护；选域完整性则是针对具体数据单元中某个区域中数据完整性的保护。

4. 服务不可否认性

服务不可否认性主要针对服务后抵赖问题。服务不可否认性实施的重点是避免系统内部欺诈行为，具体包括源不可否认和接收不可否认。源不可否认是指确保信息发送方在完成数据传送后不能否认曾经的数据发送行为；接收不可否认是指信息接收方在接收到数据之后不能否认曾经的数据接收行为。

（五）无线网络安全威胁

1. 无线窃听风险

无线通信网络中网络通信的内容是通过开放性的无线信道传送的。在这个开放性的通道上所有具有无线设备的人都可以对无线信道上的信息进行获得，加大了信息窃听风险。在有线通信网络上要进行信息窃听只能通过搭线的方式来实现，同时还要对通信电缆进行特殊处理，操作难度大，且容易被发现。无线通信窃听相对容易，因此无线通信网络信息外泄的风险也更大。移动用户信息泄露后会导致用户被无线跟踪，或者被攻击和干扰，给用户带来不必要的危害与损失。

2. 假冒攻击

无线通信网络中，移动站和移动站之间、移动站和网络控制中心之间的信息传递都是通过无线信道来进行的。但是无线信道的开放性使得用户身份信息完全曝光在信道中，攻击者可以通过信道获得合法用户的身份信息，然后假冒合法用户身份进入网络，并假冒合法身份进行网络资源访问、使用通信服务，或者假冒网络端基站欺骗其他移动用户。

3. 信息篡改

在无线局域网络中，两个无线站之间的信息传递需要其他无线站与网络中心进行转发，此时可能会在中转站发生信息篡改行为。攻击者将窃听到的信息进行篡改之后再将其发送给接受者，引导、诱使接收者按其意愿进行网络操作，给移动用户带来很大的危害。

4. 服务后抵赖

服务后抵赖主要在电子商务中。移动用户通过网络商店和电子支付系统进行商品的选择和支付，但是其中一方在交易完成中不承认参与了交易行为。服务后抵赖行为包括两种：一种是客户收到商品后不承认参与过交易行为，拒绝支付费用；一种是客户支付后商家不承认收到货款拒绝交付商品。

5. 重传攻击

重传攻击是指攻击者将窃听到的信息经过一段时间之后再传给接收者，通过信息滞后重传改变信息传输情形，进而达到自己的攻击目的。比如攻击者通过截获合法用户口令来获得网络资源访问权限。

（六）无线网络安全防范

（1）普及网络安全知识，进行网络安全知识的学习，提高用户对网络安全的认识；运营商定期维护网络服务器，终端用户对自己的重要资料不定期检查、备份，保证自己数据信息的安全。

（2）无线网络防火墙技术：无线网络防火墙技术目前是对进出无线网络服务器的信息进行控制，无线网络的防火墙可以检查网络中传输的数据的服务类型、源代码、数据传输地址以及端口数据等信息，而防火墙则检测这些信息的合法性，来确定是否让其通过。

（3）在网络安全的防范中，用户自身应该加强对网络安全的维护。不少用户使用设备进行无线网络设置时贪图方便常常采用默认设置进行操作，使得设备安全等级较低。一般情况下可以通过安装较常用的网络防火墙软件，提高客户端的安全性来解决。

（4）无线局域网络加密技术：在无线网络传输的过程中，存储过程进行信息数据的加密技术，加密系统既可单独实现，也可以集成到应用程序或者无线网络服务内，加密工作可以通过专业人员完成。

（5）在无线网络中增加检测系统，对网络数据进行实时监测。通过对数据包充分分析，检查网络接入点以及用户安全技术定义标准，对合规数据信息审核放行。

（七）无线网络安全技术

1. WPKI 技术

WPKI（Wireless Public Key Infrastructure）技术是在有线网络中的PKI（公开密钥基础设施体系）基础上发展起来的。在有线网络中，可以通过标准密钥管理平台为用户透明地提供通信网络应用所需要的加密、数字签名等密码服务，从而确保用户网络中数据的机密性与有效性。WPKI技术是在无线网络中为用户提供与有线网络PKI相同的安全服务机制。

公钥证书是WPKI的核心，是由证书认证机构签发的，主要包括用户姓名、数字签名、有效期等。证书中心所签发的CA证书内容不可更改，主要用来确认用户公开密钥的正确性和用户身份的合法性。PKI门户主要负责WAP客户对审核系统与签发系统发送请求的转换，完成无线网络中WAP设备和有线网络中CA的交互工作。

WAP终端设备的处理能力较低，且无线网络数据传输带较窄，所以WPKI与传统PKI技术有很大的区别，WPKI系统对数据和加密的简洁性要求较高。两者在编码方法、证书格式、加密算法和密钥中均存在一定的差异性。

2. IBC技术

WPKI技术是保障无线通信网络信息安全的有效方式，但是WPKI系统的建立需要强大的基础设施作支撑，且其证书状态管理难度较大、新增用户过程较为复杂。所以，在此基础上，一项名为IBC技术的新的无线通信网络安全技术得到了较大的发展，并被广泛应用于政务与私人领域。

IBC技术的最大特点是以用户公开的字符串信息作为公钥。PKI技术可以随机地生成对公私密钥，而IBC技术则可以由用户自己选择字符串作为自己身份识别的公钥，私钥则通过密钥生产中心计算产生，并以一定的方式传递给用户。

（八）无线网络加密措施

1. 服务区标示符的安全措施

在局域网连接时，服务区标示符就是一种简单的，可以给用户提供基本信息保障的口令。当接入时，必须出示正确的服务区标示符才能进行正确的无线访问。但在日常的使用中，用户极易将自己的服务区标示符泄露，从而使非法之人有可乘之机，导致其信息安全得不到保障。同样，如果客户端在设置时没有注意无线工作站的服务区标示符，很有可能是自动跳过的，导致其并没有发挥安全保障的作用。

2. 物理地址过滤的安全保障措施

物理地址过滤是一种硬件认证，不同于用户认证。硬件认证需要对无线访问接入点中的物理地址进行实时地更新，从而达到对用户信息进行物理过滤的效果。但目前，物理地址过滤的技术的扩展能力较差，难以大规模地应用。

3. 有线等效保密技术的应用

目前，在有线等效保密技术的发展过程中，也在逐渐进行创新和改革，从传统的钥匙长为40位，到128位。且这种技术有两种认证方式，分别为开放式认证方式和共有键认证。目前通常采取的共有键认证是指，键相当于钥匙，用户通过局域网内共有的钥匙进入网络，从而获得相关的服务。但在如今看来，这种有线等效保密技术的应用的安全性仍然值得质疑。

4. 虚拟专用网络技术

虚拟专用网络技术是近年来企业通常使用的一种网络技术，其有效地解决了物理过滤技术中的一些问题，为企业的管理者提供更多的解决方案。在虚拟专用网络技术的使用中，其重要的特点是关于验证服务的使用以及用户认证，更好地保障用户的信息安全。

5. 端口访问控制技术的安全措施

端口访问控制技术的认证技术是目前使用比较频繁的一种认证协议。它可以对于未经许可的用户加以限制从而达到保障信息安全的目的。端口访问控制技术具有公共无线网络接入的保障，一方面其可以通过端口来进行访问设置，另一方面，其对基于认证系统的认证及计费提供相关信息及解决措施。

（九）无线网络建设

1. 无线网络发展方向

（1）提高无线网络的覆盖率，为大众提供使用便利的无线网络

近些年来，无线网络在我国的发展是非常迅猛的，人们对其的依赖程度也在逐渐增加。相比移动网络，人们更加喜欢无线网络，那是因为无线网络其速度很快以及便于连接。就目前我国公共场所来看，几乎所有的消费场所比如说购物商场、餐厅、宾馆、咖啡厅等都为其顾客提供了免费的Wi-Fi服务，供消费者上网，这在很大程度上就提高了消费者的满意度，也吸引了消费者的消费。近些年来，5G的研发与试用趋势是非常明朗的，据了解，5G上网的速度大大超过了现有的4G网络的速度，进而能为顾客提供更好的网络体验。总的来说，现在无线网络设备的安装是比较简单的，只需要路由器或者是无线网卡就能实现网络共享的目的，并且在很大程度上无线网络的建设成本是远远低于有线网络的，可见其经济性和实用性都是比较高的。除了公共场所的无线网络的覆盖之外，无线网络还在家庭和学校覆盖。一般家庭是通过路由器和网线连接，再进行后续相应的设置，就能够实现整个屋子的网络的覆盖；学校覆盖是现代高校内常使用的一种方式，学生通过使用校园网可以获取到很多的学习资源，这在很大程度上促进了教育的信息化发展。

（2）简化无线网络的管理方式，建设管理方便的无线网络

现如今，无线网络的用户数量在常年增加，这就在很大程度上增加了无线设备的工作压力，在此时管理人员需要做好对无线网络设备的管理工作，进而为人们提供稳定安全的网络体验，提供的管理方法最好是一种简单方便的方式，这样能够在很大程度上减轻管理人员的工作压力，能够较为轻松的解决与无线网络相关的问题。如果想要做到简单方便的管理工

作，就要对系统做好配置工作，选择正确的无线设备。当出现问题时，直接对系统进行维护和管理就可以。与此同时，在网络设备方面，需要相关人员加大对系统的稳定运行的重视程度，并做好系统内部各个部分的配合与兼容。在对网络设备进行选择的过程中，要根据实际情况选择较为完备的无线设备，并且要合理地去分配流量，以满足用户的需求。

2.无线设备维护

（1）设备维护工作是设备正常运行的基础

根据维护工作的性质分类，可以将设备维护工作分为日常维护、设备的保养以及清洁和更新设备。日常维护指的就是对每种设备进行周期性的检查，根据设备的运行状况适当调节周围的环境，时刻了解设备的运行状况，熟悉设备的参数、噪声以及温度，并及时发现存在的隐患，在实际的检查过程中可以利用一些辅助的设备进行检查。在对设备检查之后要做好标记，保证能够方便地、明显地分辨已经检查过的设备和未被检查过的设备，只有加强对设备的日常维护，才能够及时发现问题，及时解决存在的问题，避免重大事故的发生，有效地保证设备的运行；设备的维护和保养工作，还需要工作人员定期对设备的运行状况进行检查，做好设备温度检测以及性能的监督工作，按照每台机器的实际运行情况采取最为合适的保养和维护工作；设备的清洁，设备的运行是会受到周围环境的影响的，影响设备散热的主要问题就是积灰，积灰过多会造成设备的重大损耗，降低设备的性能，影响到用户的实际使用感。因此要对设备进行定期的清洁，这样不仅能够为用户提供稳定的网络，还能够延长设备的使用时间。设备的更新，一般来说随着无线网络的发展，用户数量的增加，是需要相关人员对设备的建设模式和管理模式进行更新，更新过程中要以用户体验为中心，对设备进行更新和完善，去除用户在体验过程中不满意的部分。除此之外，无线网络还存在被黑客入侵的情况，给无线网络的安全性和稳定性带来了很大的影响，因此管理人员在更新的过程中要注重安全模式的建立，进而提高无线网络的防御抵抗能力。

（2）无线网络设备常见的故障及解决对策

导频污染是无线设备中常见的一个问题，导频污染指的是一些无线网络通信在设备内部某一地方存在大量的强导频。对于导频污染的解决策略就是调整导频功率以及设置无线电磁波天线。在设置电磁波天线的过程中要根据实际的测试结果进行调整，在进行调整的过程中也要适当地去调整主导频。

（3）调整无线覆盖，确保无线网络的安全性

无线网络一般在经济较为发达，信息交流频繁的地区有所覆盖，在这之中较为重要的是无线网络的安全性。为了能够有效地提高无线网络的安全性就要利用相应的数据加密手段以及网络登录认证，从而做好安全防御。除此之外，保障无线网络安全还需要做好无线设备的监管和维护，对无线网络设备的运行状况进行实时的监控，当出现异常时，立即采取相应的措施。

二、AGV系统各单元IP地址（见表5.3.1）

表5.3.1　AGV系统各单元IP地址分布

AGV 系统		
Wlan Access point Wi-Fi	IP Address	网关
AP1	192.168.2.101	255.255.255.0
AP2	192.168.2.102	255.255.255.0
AP3	192.168.2.103	255.255.255.0
AP4	192.168.2.104	255.255.255.0
AP5	192.168.2.105	255.255.255.0
AP6	192.168.2.106	255.255.255.0
AP7	192.168.2.107	255.255.255.0
AP8	192.168.2.108	255.255.255.0
AP9	192.168.2.109	255.255.255.0
SSID：ZZFLAGV		
Encryption Key：		
AGVsAGV		
AGV 1AGV	192.168.2.201	255.255.255.0
AGV 2AGV	192.168.2.202	255.255.255.0
AGV 3AGV	192.168.2.203	255.255.255.0
AGV 4AGV	192.168.2.204	255.255.255.0
AGV 5AGV	192.168.2.205	255.255.255.0
AGV 6AGV	192.168.2.206	255.255.255.0
AGV 7AGV	192.168.2.207	255.255.255.0
AGV 8AGV	192.168.2.208	255.255.255.0
AGV 9AGV	192.168.2.209	255.255.255.0
AGV 10AGV	192.168.2.210	255.255.255.0
AGV 11AGV	192.168.2.211	255.255.255.0
AGV 12AGV	192.168.2.212	255.255.255.0
AGV 13AGV	192.168.2.213	255.255.255.0
AGV 14AGV	192.168.2.214	255.255.255.0
I/O unitI/O 子站		
BeckHoff BC10	192.168.2.7	255.255.255.0
BeckHoff BC11	192.168.2.3	255.255.255.0
Computers 控制工控机		
System PC	192.168.2.200	
	192.168.25.73	与 WCS 通讯

第六章　AGV项目建设与升级

学习要点

1. 布置反光板的原则
2. 反光板的测量
3. Layout软件的使用
4. NDC8软件的使用
5. 路径规划相关知识

第一节　建立反光板系统

系统中AGV是由激光导引，因此，在AGV的行驶和作业过程中，反光板导航系统起着重要的作用。通过在Layout程序中定义好的导航区和预先布置好的反光板，AGV在定义好的路径上行驶，作业并保持一定的精度。

反光板是整个AGV运转的关键，它的准确与否，直接影响AGV在行驶过程中的可靠性、稳定性和准确性。如果反光板发生问题，轻则导致AGV在进入机组停靠站台时定位精度不准或进入巷道时走偏，影响装卸货，重则使AGV在行驶过程中迷失导航，从而导致整个系统的阻塞。故而对反光板的维护与保养就显得很重要。

在AGV中，反光板的位置都经过科学规划，且经过精确测量，由于反光板的精度对整个系统十分重要，故在随后的维护和保养中，需要主要注意以下几个问题：

（1）凡是已经布置好的反光板，未经专业技术人员许可，不得擅自移动。

（2）在反光板的附近尽量不要安装或停靠一些高大的物体，如果不可避免，要注意不要将反光板遮住，以免影响导航精度。

（3）在反光板的附近，不要放置高度与反光板相近的强反光物体，如不锈钢管、玻璃等。

（4）凡安装在机组或其他设备上的反光板，如因检修而必须移动的，应事先通知AGVS控制管理人员，事后作复原处理。

（5）所有在玻璃窗、不锈钢管、有机玻璃、不锈钢板、铝板、反光较强的油漆面板等处粘贴的屏蔽物（窗花纸）或喷涂的亚光漆是专门为消弱干扰光所采取的措施，任何人不得自行撕毁和取消。

（6）要定期对反光板进行检查（一个月一次），如反光板是否松动、反射条是否脱胶脱落、反射条是否损坏等。

（7）由于反光板的洁净与否对AGV的导航性能有很大的影响，所以要对反光板进行定期的清洁，规定每两周清洁一次。在清洁的过程中，对反光板上的污垢不能用尖锐的物体进行刮除，只能用软布进行擦除。

（8）所有与反光板有关的事件，都应详细记录在案，以便出现问题后能及时分析解决。

反光板是AGV的指引路标，它是整个AGVS运行的基础。保护，维护好反光板是每个职工的责任。只有通过对反光板进行正确的维护与保养，才能保证系统的正常运行，产生大的效益。

对于AGV系统，在进行平面布置与路径规划时，要综合考虑多方面的因素。如是否便于机组操作人员操作、AGV在整个系统中的运行效率、不同车型之间的路径规划、车与车之间的交通管理等。只有对平面布置与路径规划进行了科学的设计，才能使整个系统的运行效率达到最高。

平面布置决定了整个AGV系统运行的环境基础。在进行平面布置时，主要应注意以下几个方面：

（1）平面布置对反光板布置的影响。AGV要在系统中运行，就必须依靠有一个工作良好的反光板系统，而反光板系统工作的可靠性受平面布置的影响很大。在进行平面布置时，不仅要给反光板的布置留下足够的空间和位置，还要充分考虑是否能使反光板的分布达到最优，只有做到了这一点，才能为整个系统的运行打下一个最优的基础。

（2）平面布置对AGV的行走及作业空间的影响。尽管AGV是一种智能化的机器人，但是毕竟不如人灵活，因此，在进行平面布置时也应考虑对AGV行走空间的影响。首先，作业点应尽量靠近主干道，以最大限度地提高作业效率。其次，平面布置时应考虑到在AGV运行时，所摆放的设备是否有利于操作人员的操作和维修，是否有一个好的人机适应性。另外，在一些交通要道上，要注意是否有足够的空间便于AGV与AGV之间尽量互不干涉地运行。

（3）在规划路径时，要注意多种路径的合理利用，以便提高整个系统的作业效率。在一些比较繁忙的交通路口，要尽量减少路径的交叉。另外，在规划路径时，还要尽量保证路径的周围有分布良好的反光板。

一、反光板布置的原则

（1）具体而言，在安装之初要仔细审视设计图纸，按照车辆行走路径确定反光板安装点，AGV沿着路径行走时，在每90°的扇形扫描区域内都应该至少检测到一个反射点，左右各两个，通常建议在激光探头探测范围内应该布置4~7个反光板。如图6.1.1、图6.1.2所示。

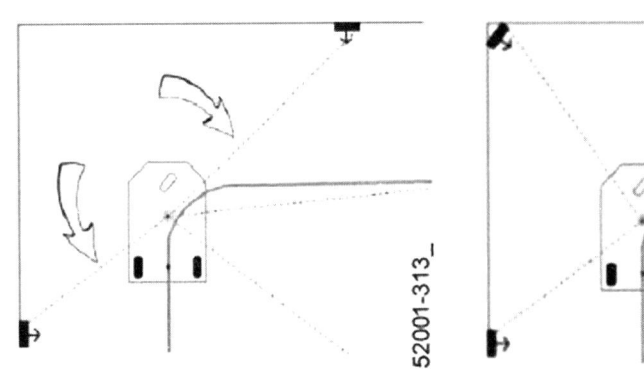

图 6.1.1　错误的安装范例　　图6.1.2　正确的安装范例

（2）所谓的双反光板，就是探测头扫描时，两个反光板角度非常接近，导致探测头无法有效通过系统区别开这两个反光板。当反光板之间前后距离超过四米时，探测头是可以通过角度值来区分的，但是这样子，探测头在扫描过程中会优先选择最先扫描到的那个反光板，另外一个就不会使用，这样优先探测到的反光板会对后面那个产生反射阴影。如图6.1.3、图6.1.4所示。

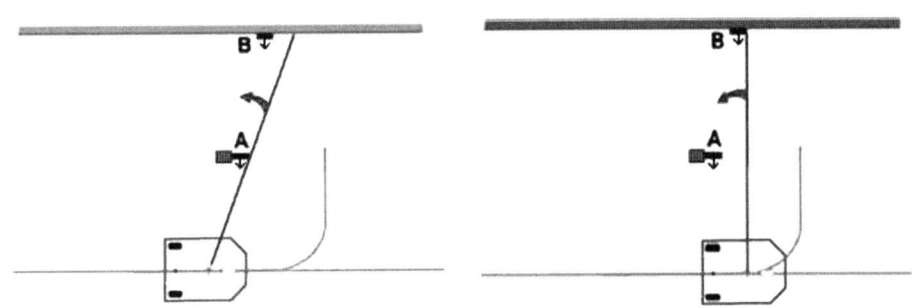

图6.1.3　在这个点，A反光板优先被探测到　图6.1.4　在这个点，B反光板优先被探测到

（3）当对测量精度要求较高时，可以适当缩小间距。

（4）每个反光板都具有唯一性，或者说是独立性。

（5）系统内反光板数量要精简合理。

（6）平面反光板和圆柱反光板不要使用在一个系统内。

二、反光板安装的高度及角度

（一）反光板的类型

反光板的类型主要有两种：平面反光板，圆柱反光板。就目前所使用的AGV系统，绝大部分是采用的平面反光板，因此主要也是针对平面反光板的安装进行说明。反光板是激光导引系统中的路标。平面反光板标准长度：750mm，标准宽度：37mm。反光板的类型、平面反光板和圆柱反光板的比较如图6.1.5、表6.1.1。

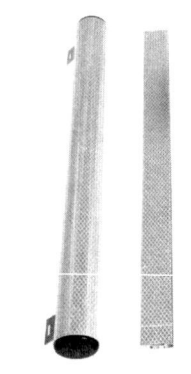

图6.1.5 反射板的类型

表6-1 平面反光板和圆柱反光板的比较

比较项目	平面反光板	圆柱反光板
辨别虚假反射能力	好	很好
反光板安装面是高光表面，如窗户，钢板表面等	可以	不行
探测距离	70m	50m
转角安装最佳选择	不好	好
激光探头探测时的重要边缘	右	左/右

（二）反光板安装高度

（1）LS5激光头实物及接线如图6.1.6、图6.1.7。

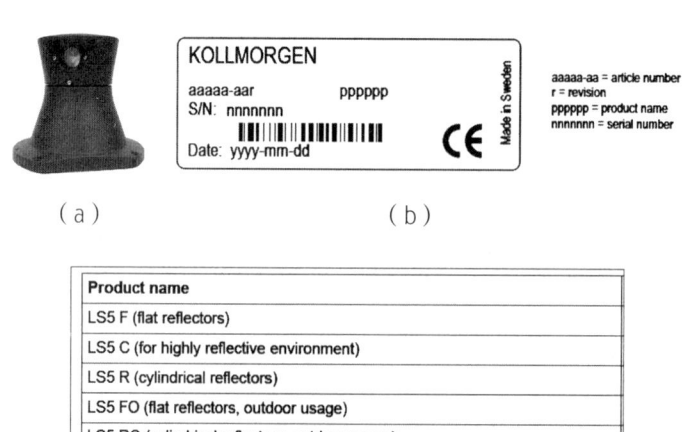

图6.1.6 LS5激光头实物

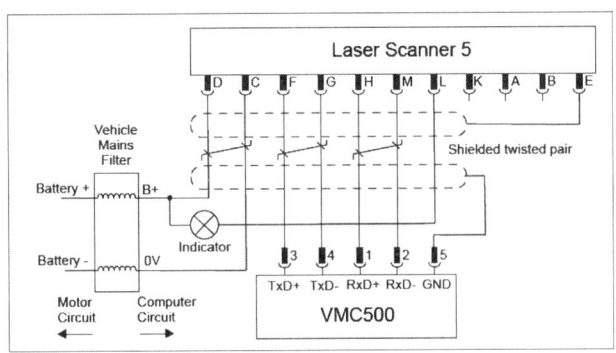

图6.1.7 LS5激光头接线

（2）如激光头的高度为2050毫米，反光板的长度为750毫米，反光板顶端的安装高度不低于2150毫米且不高于2700毫米。在安装条件允许的情况下，反光板的中心位置为激光头的高度，即反光板底端距离地面1675毫米，顶端距离地面2425毫米具体安装高度视现场条件而定。如图6.1.8所示。

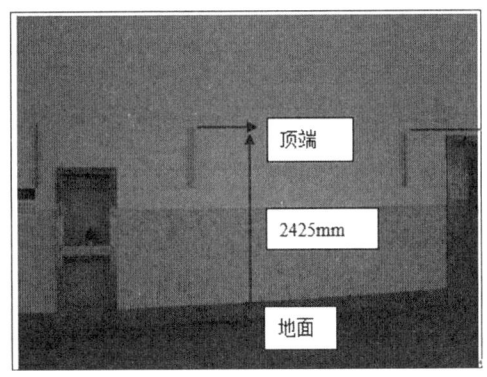

图6.1.8 反光板安装高度示意图

（三）反光板安装的角度

反光板的安装角度有三种：45°、90°和180°。

（1）当采取45°安装反光板时，沿着AGV路径的一个方向上的各处都能检测到反射点存在，最远距离如果对精度要求不高可以达到25米，如图6.1.9所示。

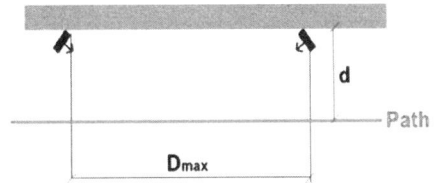

图6.1.9 反光板45°安装

（2）当采取90°背靠背安装时，在很长一段距离上都能探测到一对反射器，但是缺点也是显而易见的，由于角度问题，会存在一个探测盲区Db，大概为0.5米，如图6.1.10所示。

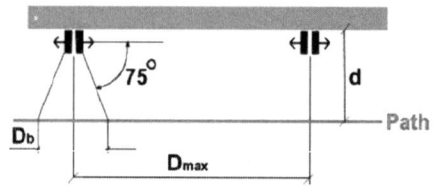

图6.1.10　反光板90°背靠背安装

（3）当采取180°安装时，探测范围有限，Dv = d*tan（75°） = 3.7*d，如图6.1.11所示。

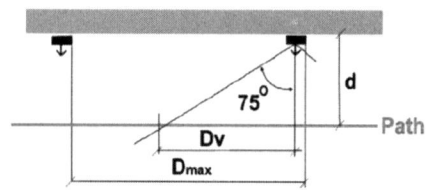

图6.1.11　反光板180°安装

（4）实际系统中，反光板是采用三种角度混合安装布置的。采用多种角度混合安装，在这条路径的大部分点上，探测头都能检测到4~6个反光板的存在，当然这条路径比较简单，是直线行走，如果AGV路径需要穿过圆柱之间，还需要在柱子上再安装必要的反光板，如图6.1.12混合安装布置AGV在A、B、C点时的探测情况。

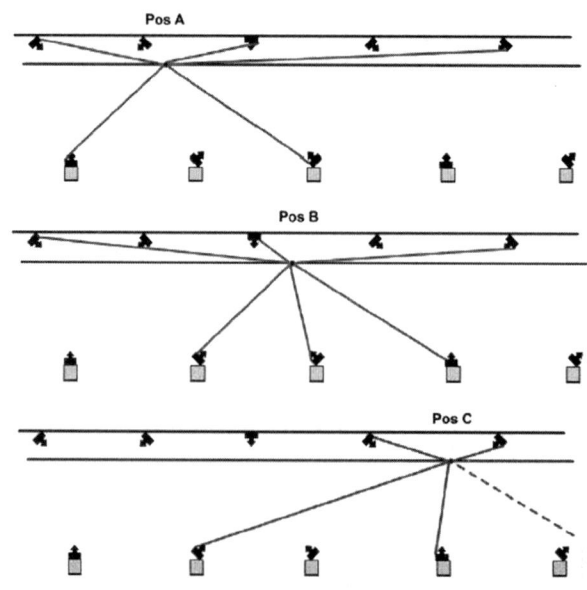

图6.1.12　混合安装布置AGV在A，B，C点时的探测情况

（四）安装反光板注意事项及问题

当反光板成列安装并且距离很近时，应该保证当AGV在路径上进行导航时，激光探头在任意时间点，任意位置上，这两个反光板应该是不能同时被探测头探测到的，故这种情况下的反光板应该背对着安装，如图6.1.13所示。

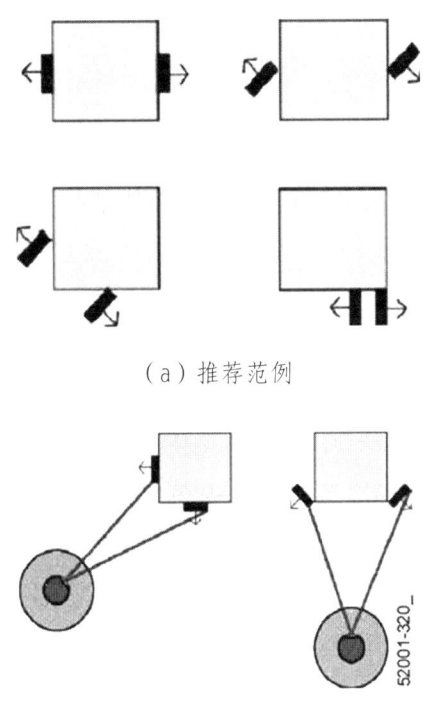

（a）推荐范例

（b）不推荐范例

图6.1.13 反光板成列安装并且距离很近时的图例

（1）在安装反光板时，任意一个反光板都应该具有独立性和唯一性，采用非对称模式，因为当反射器处于一个对称模式中时，AGV激光探头会无法确认其初始位置，举个例子，在一个方形房间四个角上对称安装反光板，AGV无法通过计算找出自己的初始位置，因此在安装时通过简单变化间距，或者加入新的反射器来构建非对称模式，形成个体差异性。如图所示当反光板间距约为5d的时候，其他的一些反光板应该按照4d或者6d来布置，如图6.1.14所示。

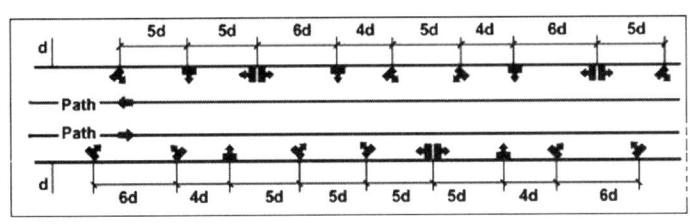

6.1.14 反光板按间距布置示例

（2）当在直线走廊布置反光板时，对精度要求不高，因此在这种区域布置反光板数目可以适当减少，并采用不同角度混合安装。

（3）当在站台安装反光板时，由于对精度要求较高，为了保证探测效果，可以适当增加反光板数量，并减小反光板间距，同时除了以墙作为安装载体时，还可以利用柱子等，如图6.1.15所示。

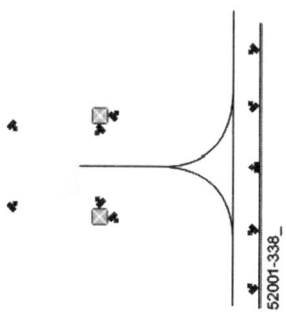

图6.1.15 站台处安装反光板示意图

（4）虚假反射。在AGV运行环境中，有些物体表面光滑，类似于反射膜，可以垂直反射激光光束，例如窗户（玻璃），瓷砖，不锈钢管材和板材等，探测头在接收到这些反射光束后会评估并比较这些虚假的反射信息，并且能通过系统预设筛选掉大部分虚假的反射点，但是有时候也会有很少一部分通过筛选，形成虚假反射，对系统导航产生影响，因此在实际安装过程中，应该删除或者减少这些事物对导航的影响。

区分虚假信息原理：激光探头发出激光光束，进行扫描后会收集反射回来的数据，并进行处理，通过与系统预设值进行比较，当数值较低时则为真实反射点，数值较高时则为虚假反射点，因此这种方法的关键在于反射膜材料的选择，如选用的是DG3970。

下面举例说明以下几种情况下的解决方法：

（1）窗户（玻璃） 如图6.1.16所示，当窗户形成虚假反射时，只要探测头在路径扫描的过程中，在108°范围以内都能检测到真实的反射点，那么虚假反射点对导航不会产生影响，其中Dmax = 2*d*tan（54°）= 2.8*d，Dmin = 0.2*d。

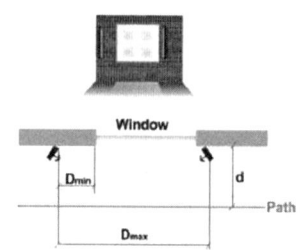

图6.1.16 窗户反射示意图

(2)管材 这种情况,通常来说探测头能辨别出大部分的虚假反射信息,但是当有些无法辨认时,可以在管右边加装一个反光板就能消除影响,如图6.1.17所示,其中Dmax = 2*d*tan(54°) = 2.8*d。

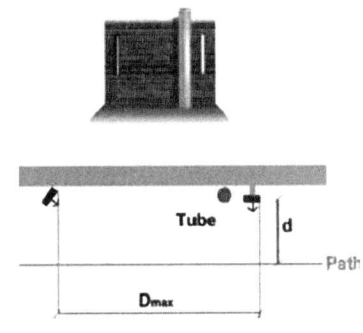

图6.1.17 管材反射示意图

(3)反射器部分阻塞,如图6.1.18所示。

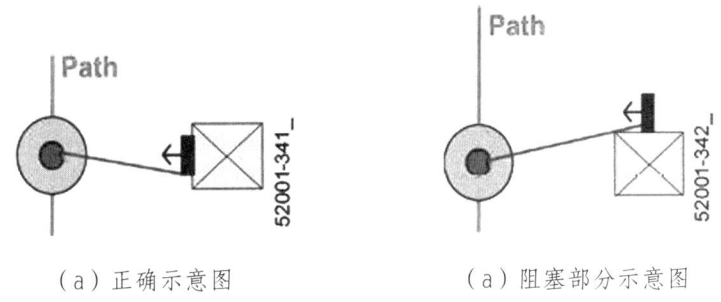

(a)正确示意图　　　　　　(a)阻塞部分示意图

图6.1.18 反射器部分阻塞示意图

5.反光板的安装要求,高度满足高度安装要求;反光板应与地面保持垂直(包括水平方向和竖直方向);反光板安装完毕后,反光板应是稳定牢靠的,不会轻易地偏移和晃动(除非受到巨大的外力时),如图6.1.19所示。

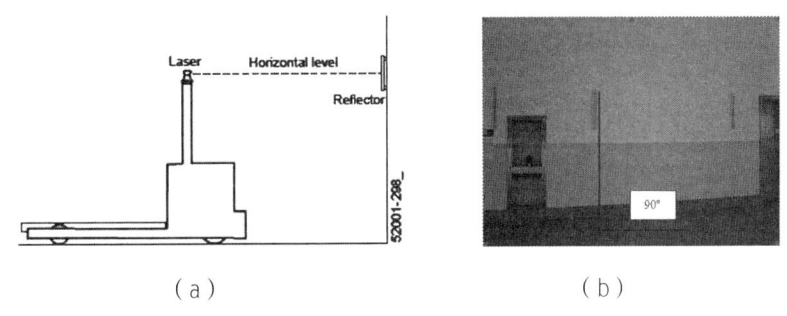

(a)　　　　　　　　　　(b)

图6.1.19 反光板的安装要求

三、获取反光板位置（Reflector Surneyor）

（一）反光板测量软件的用户界面

（1）反光板测量对象，AGV的激光导航性能强烈依赖反光板的位置。而反光板测量软件是一个功能强大和易于测量反光板位置精度的软件。测量软件可以测量一个新反光板系统，也可以测量一个已经存在而需要加装新反光板的系统。

（2）反光板测量的基本原理：测量采用常规AGV连接到计算机。让AGV在反光板安装区域行走。当启动AGV的时候，测量软件会接收和记录所有探测到的反光板及其位置相关的数据。测量的过程和结果可以在软件界面实时监控和显示。当测量完成后，测量的细节可以通过不同的指令显示在电脑屏幕上，同时，也可以进行一些编辑。反射图是记录的反光板在AGV系统中的一系列坐标参数。测量结果以text的形式保存下来，并导入到路径规划图里，反光板的位置就可以在图上显示出来了。

（3）基本配置 查看产品规格的硬件和软件要求。

（4）兼容性 查看到兼容性产品规格。

（5）测量前准备 一个成功的测量需要以下条件：

①反光板按计划安装在系统中。

②运行正常的AGV。

③安装了反光板测量软件的电脑。

④一台电脑连接到车辆控制器，通过LAN电缆或任何一台PC通过无线局域网连接。改WLAN替代需要有良好的覆盖布局。

⑤加密狗连接到USB端口。

⑥有足够的ticks进行测量。

（6）启动程序 工程师点击软件"开始"菜单。该程序可以发现任务栏上的"程序">"NDC8应用>反射测量软件。若要运行程序，单击反射测量软件。至此 就可以开始进行测量了。

（二）反射测量软件构成元素

在反射测量软件中的所有操作都是在图6.1.20这个操作界面中完成的。

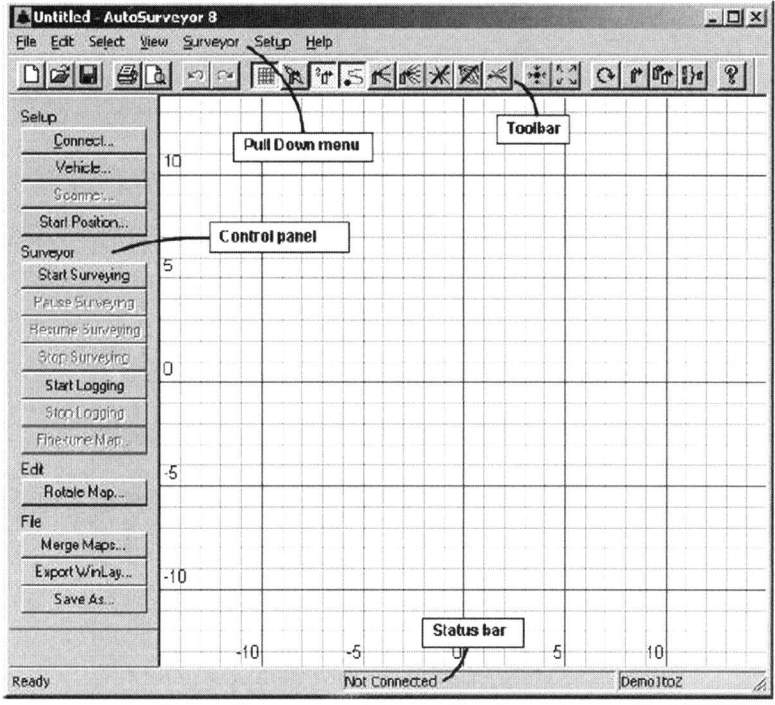

图6.1.20　反光板测量软件界面

1. 文件菜单

Figure 2-2:The pull-down menus in Reflector Surveyor

（1）新建　创建一个新的测量活动。快捷键：Ctrl + N。

（2）开启　通过标准的windows浏览器打开一个已经存在的测量图。快捷键：CTRL + O。

（3）恢复　将文件恢复为上一次保存的状态。

（4）保存　将测量数据保存在as文件夹里面。关键命令：按Ctrl + S。

（5）另存为　保存当前的调查数据。

（6）合并反光板图　将测量的反光板图，与现有的反光板图进行合并。在进行合并操作时，两个测量的反光板图形里必须至少有两块反光板是相同的（物理地址相同），其中一个图作为固定图（底图）。合并选项可以使两个大图合并并且解决由于一次测量区域过大而难以测量的情况。当测量图合并以后，与结构的连接会消失。下面看看合并项的基本操作步骤。

以图6.1.21合并图作为参考图。

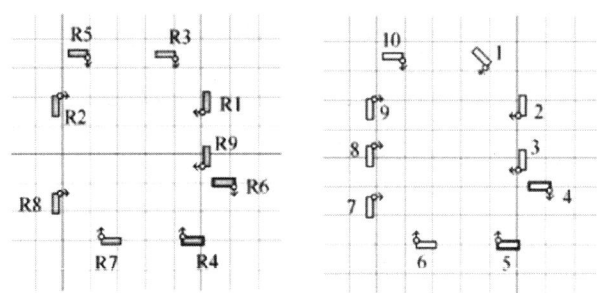

图6.1.21　合并图示例

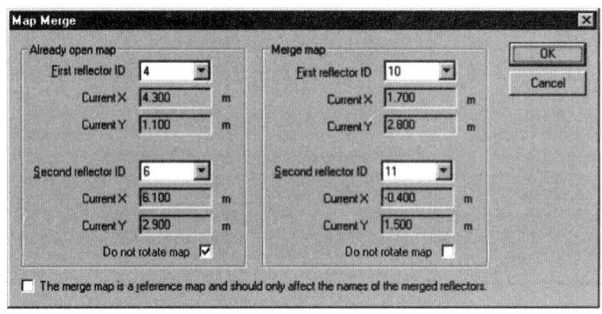

图6.1.22　合并图示例

图6.1.21、图6.1.22两个图是来自同一地区的两个不同的测量结果。合并地图包含所需的数据信息。进行合并以后就如图6.1.23所示。

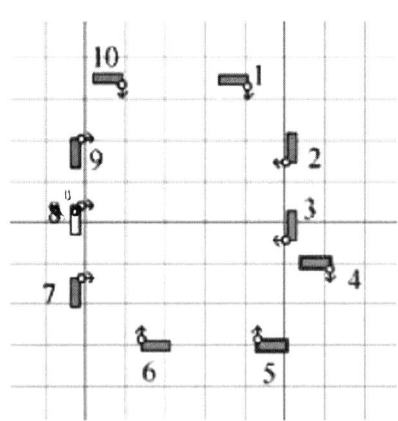

图6.1.23　合并后的反光板图

合并之后的图具有合并地图的特性。由于反光板8在已打开的图（底图）里面是没被探测到的，因此它会显示为一个输入反光板（白色）。所有其他的反光板将仍然有自己的原来的位置和方向，即反光板1将会按其测量方向。一个图固定示例如图6.1.24、图6.1.25。

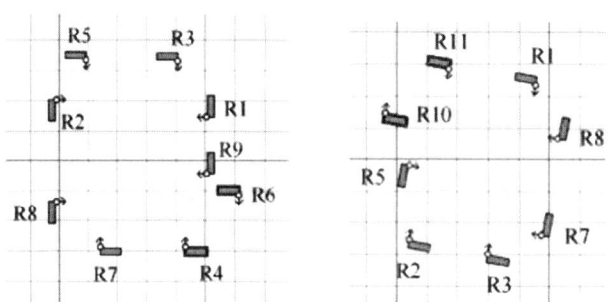

Figure 2-5: Already open map and Merge map

图6.1.24　一个图固定示例

Figure 2-6: The merge map dialog

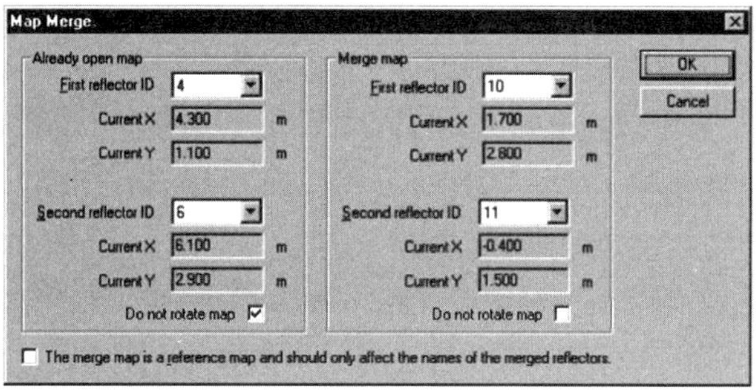

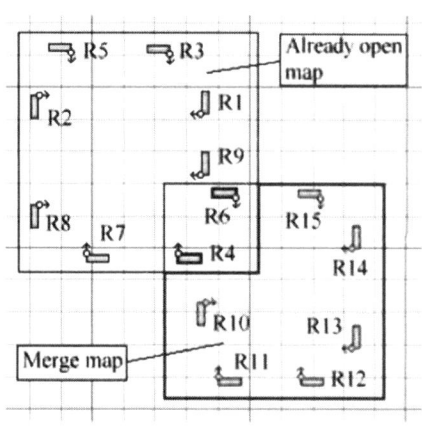

图6.1.25　一个图固定示例

图6.1.26的合并操作是针对于部分区域重叠的两个测量图进行操作的。将“已打开图”作为固定底图。在对话框的R4和R10是作为“第一反射器ID”。“已打开图”作为固定，R10将得到和R4相同的坐标。反光板R6和R11作为“第二反射器ID”。反射器R11将得到和R6相同的坐标。这意味着R10、R11 将会旋转和缩放。剩下的反光板也会按照相同的值进行旋转和缩放。

图6.1.26　有区域重叠测量图合并

在合并之后的图中Merge map中原有的反光板将会有新的坐标和编号。原Merge map中的R10和R11会和原底图中的R4和R6拥有相同的坐标。

两个图固定，两个图可以选择作为固定图，前提是它们已经旋转和缩放到正确的坐标。在图6.1.28中反光板R4在"已打开地图"中，R7在"合并图"中。图6.1.27、图6.1.28、图6.1.29合并之前的情况，并且介绍了在测量软件中进行合并选项的过程。

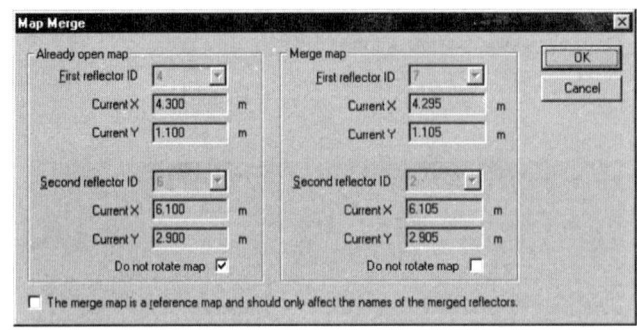

图6.1.27　两个图固定示例

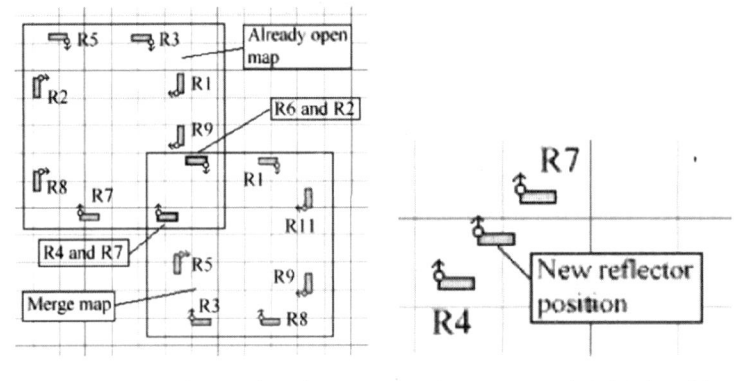

图6.1.28　两个图固定示例　　　图6.1.29　两个图固定示例

如果两个图都作为固定图那么在合并过程中会取R4和R7坐标值的平均值作为新图里面反光板的坐标值，R6和R2也是同理，而其他的反光板的坐标值将不会发生变化。

（7）输入："Layout Designer"用于打开text格式的反光板数据文本。"Vehicle Presets"用于输入车辆的参数设置。如果输入AGV的名称已经存在，该程序会要求用新的代替旧的车辆预置。"Expert Settings"仅用于科尔摩根专家内部设置。

（8）输出："Layout Designer"用于以test文本文档形式输出反光板测量数据，注意文本要保存在as文件夹里面。"Vehicle Presets"用于输出AGV参数设置，"Expert Settings"仅用于科尔摩根专家内部设置。

（9）打印反光板测量图和反光板数据。快捷键：按Ctrl + P。

（10）打印预览：对要打印的图和数据进行预览。

（11）打印设置：允许在打印机设置的变化。

（12）适合图页：输出页面选择要合理。

（13）最近的文件：最近使用的文件列表。

（14）退出：从软件退出。

2. 编辑菜单

（1）撤消：撤消最后一次操作。默认值是3"撤销"步骤。设置根据个人习惯可以自行设置一些撤销步骤。快捷键：按Ctrl + z。

（2）重复操作：重复操作被撤销前的操作选项。快捷键：按Ctrl + Y。

（3）删除反光板：删除选定的反射器。快捷键：Del。

（4）旋转图形：通过选择两个反光板可以重新缩放，旋转和平移反射图，如图6.1.30。

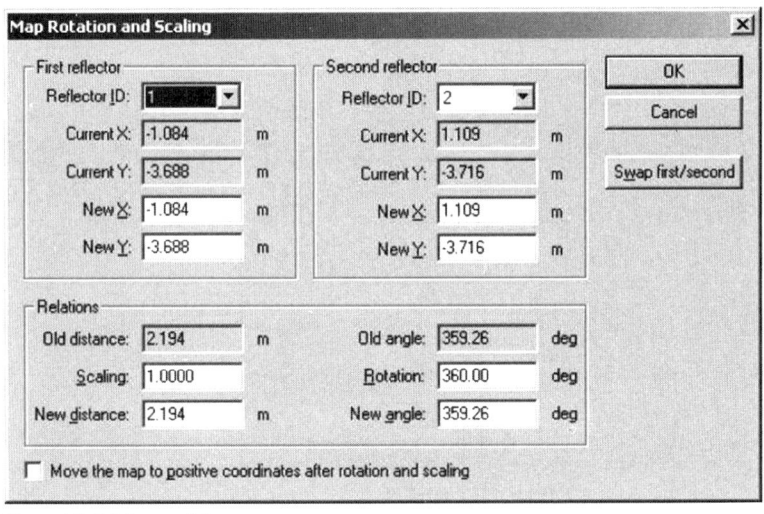

图6.1.30　旋转示例

在旋转选项因为反光板的坐标值是一个相对值，可以改变。请注意，所有变量都是相关。一个变量的变化将影响其他变量，使之产生变化。平移测量图，改变X，Y值可以平移测量图，例如：反光板坐标是（-2500，770），该反射器将被移动到坐标（1000，770）。反射器被移动3500毫米。所有其他的反射镜将被移动在X方向3500毫米；Y坐标的移动同理。改变反光板间距，缩放因子改变的是反射器之间的距离。如图6.1.31所示，第一反光板保持固定，改变缩放因子，则反光板间距发生变化。除了固定的反光板，所有反光板的位置都会发生变化。

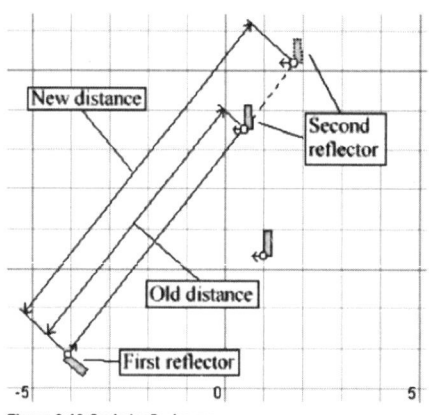

图6.1.31 平移示例

旋转角度，选取了两个反光板，第一反射器是固定的，然后在选项框Rotation里面输入想要的角度值，该值也可以是负的，接着点击ok即可。旧的角度和新的角度是指x轴和线之间的夹角。这里旋转之后所有反光板的角度也会发生变化。如图6.1.32所示。

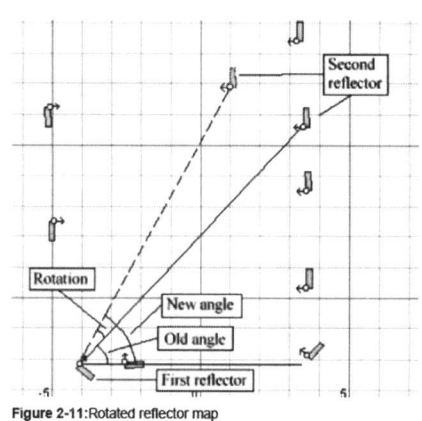

图6.1.32 旋转示例

有序反射编号，根据反光板的相关物理地址，软件会对有序的反光板进行编号，如果一个反射器被选中，该反射器将得到编号R1。其与内部结构的连接丢失。

（6）合并反光板ID，在合并两个反光板测量图之后新得出的测量图中可能会有某个或是几个反光板并不符合基准图的要求，造成这种情况的原因可能是这个反光板没有安装在基准图的同一个位置。如果是这样的，只是一个反光板，可以采用人工编辑的方法，选择测量，参考反光板进行编辑，合并反光板的ID。

（7）合并选定的反光板，选定的反光板的合并之后，新形成的反光板会采用其中一个反光板的数据参数。

（8）修改反光板状态，修改反光板状态如固定，输入，测量等。

（9）反光板特性，双击或右键单击反光板标志，打开此对话框。这里的反射器的位置，角度和标志可以手动更改。一个"R"代表一个测量反光板或反射器解锁的身份。反光板的身份只是一个号码代表锁定身份或输入反光板。Associations显示了和反光板相关联信息的数量，如果提示"Unknown"则代表内部结构丧失。Angle spread代表了反光板反射扩散的角度范围，如果提示"Unknown"则代表内部结构丧失。Fixed代表该反光板是否固定。Show as green则代表该反光板精度较好，如果显示的颜色是黄色或者是红色则说明测量结果不是很理想，这个标志对实际测量是很有帮助的。Imported则代表着该反光板是从已有的测量结果输入的，并且反光板颜色应该是由白色。见图6.1.33。

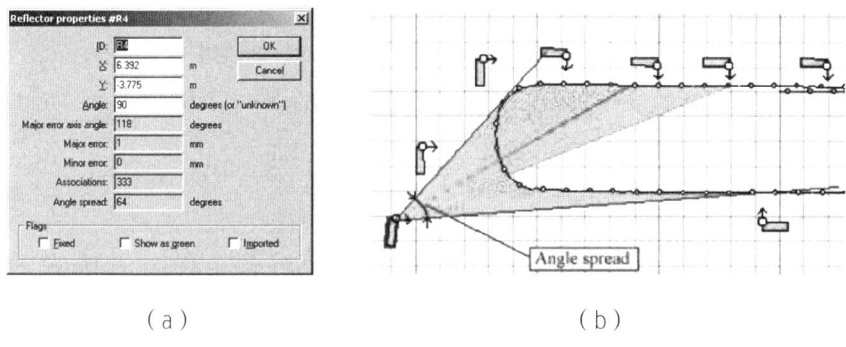

（a） （b）

图6.1.33 反光板特性示例

反光板的相对特性，如图6.1.34所示可以看出两块反光板之间的间距，相对角度以及在系统中的相对坐标值。

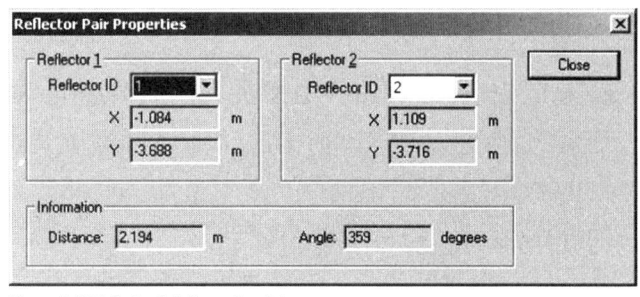

图6.1.34 反光板的相对特性

3. 选择菜单

（1）选择所有 选择所有反射器和段，快捷键：Ctrl + A。

（2）取消选择所有 取消所有选择。如果鼠标点击外部反射器或分部，所有的选择将被取消。快捷键：按Ctrl + Shift+ A。

（3）所有反光板　选择所有的反光板。快捷键：CTRL + R。

（4）取消选择所有反光板　取消选择所有反光板。快捷键：按Ctrl + Shift + R。

（5）以前的反光板　选定一个比当前选定的反光板低一个单位的反光板，比如当前选择R9，按下快捷键则会选定R8。快捷键：F7键。

（6）下一个反光板　选择一个反光板身份高于当前选定的反光板，例如选择R6，按下快捷键，则会选定R7。快捷键：F8键。

（7）特殊反光板　这个选项选择特殊特性的反光板。可以选择红，黄，绿反射器，所有特殊符号和输入反射器。

（8）节段　选择所有的段。快捷键：按Ctrl + E。

（9）取消选择所有的段　取消所有段的选择。快捷键：按Ctrl + Shift + E。

（10）前一段　选择段为当前选定的前一段。快捷键：Shift+Tab键。

（11）下一段　选择对当前选中的下一段，快捷键：Tab。

4. 视图菜单

（1）工具栏　包含有用的反射测量工具的工具栏显示。反射测量在线指南，反射测量元件。

（2）控制面板　将控制面板，包括最常用的命令，测量一个新的区域。

（3）状态栏　添加在屏幕底部的状态栏。

（4）网格　添加尺寸的网格反光板的地图。

（5）误差　显示反射面上的符号误差。介绍了剩余误差的不确定性在两个轴的方向和大小方面的反射器的位置。

（6）反射编号　显示反光板在反射图上的身份。第一次测量时，测量图上的反射器标示为"R"，即"R12"。射镜反射后合并的身份从旧地图合并后的反射镜的身份将显示"12"。

（7）引导路径　显示在屏幕上的车辆导航路径。

（8）选定的反射器的连接数　显示被选定反光板测量过程中产生的光束连接数量。

（9）选定的段的光束连接数　显示被选定的段在反光板测量过程中产生光束连接数量。

（10）相关选择反光板的连接光束　此工具提供选择的反射镜的详细信息。不同的精度代表的颜色不同的颜色，分别是绿色，黄色或红色，绿色代表最好质量。

（11）相关选择段的连接光束　此工具提供的选定部分的详细信息。不同的精度代表的颜色不同的颜色，分别是绿色、黄色或红色，绿色代表最好质量。

（12）无关的段　表明没有被关联到一个反射镜的反射。一般显示的是黄色或者绿色的区域。

（13）文本大小　在反射图中，有很小、小、中等、大四种尺寸进行选择。

（14）屏幕上反光板尺寸　设置最小反光板，尺寸在毫米。

（15）0设置缩放　放大反射图设定值。

（16）放大　放大视图。快捷键：+。

（17）缩小　缩小视图。快捷键—。

（18）中心对车辆　反射图正对车辆中心。

（19）适合图在屏幕上　调整试图为合适大小浏览。快捷键：按Ctrl + F。

5. 测量菜单

（1）开始测量　首先从车辆控制器或从以前保存的日志文件接收AGV数据。运行在以前保存的反射测量的文件前，该文件必须先打开。

（2）暂停测量　暂停测量。如果计算的队列太长或者测量时因其他原因需要暂时停止。AGV暂停结束后应该从暂停点开始继续测量。

（3）恢复测量　重新启动暂停的测量。AGV从暂停点开始，因为它是停下来。因此暂停时请勿移动车辆。

（4）停止测量　停止测量。测量停止时程序会询问　是否支付ticks，在这里，实际测量中应该多测量几次，一次测量结束，将测量结果截图保存下来，方便为下一次测量规划合理的测量路径，当测量结果的满意才支付ticks，因为ticks是付费的比较昂贵。

（5）停止测量（继续登录）　停止测量反射器但继续从车辆控制器接收数据。测量可以从保存的日志文件继续开始。

（6）开始记录日志文件　开始录制的文件。数据将不被处理；之后可进行测量。

（7）停止记录日志文件　停止记录。形成未处理的数据文件，可以选择保存耗费ticks，也可以重新开始测量，数据将消失。

（8）运行车辆的优化　车辆参数优化（VPO）是一个功能，可以用在测量完成后，参考车辆参数优化。仅适用于SD车辆。

（9）调整测量图　有四种类型的微调工具。在完成反光板测量之后，点击Fine tune map选项，依次点击，调整测量图中所有不合理的部分。如图6.1.35。

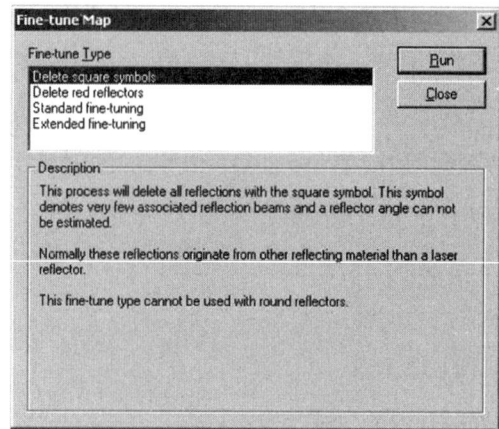

图6.1.35 调整测量图

6. 设置菜单

（1）连接 连接到选定的车辆控制器。在对话框中使用名称服务找到AGV所在网络控制器。

有两种方式连接到车辆控制器：

使用ndc8名称服务，选择从可用的车辆控制器的列表（网线直连）。

使用ap的IP地址进入。无论哪种方式都是可以连接到AGV的。如图6.1.36。

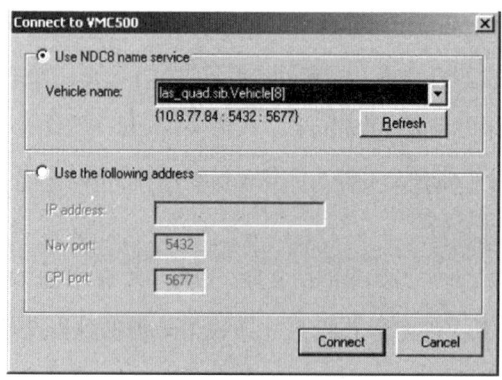

图6.1.36 连接选定车辆控制器

（2）车辆 用于设置或修改的车辆以及激光探测头参数。X POS和Y POS描述AGV在参考位置中的X，Y坐标。进入这个页面后，车辆的前轮和后轮的实际尺寸会显示出来显示时。这些值可以修改。后轮的修改是只支持特定类型的车辆，如QUAD。探测头的 θ 角描述的是车辆的X和探测头"开始"的测量视角。探测头也是从这个点开始进行测量的。如图6.1.37。

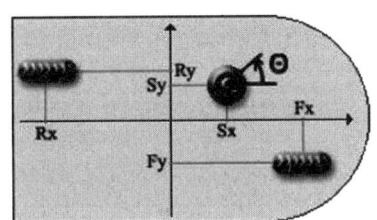

图6.1.37 设置或修改车辆及激光头参数

(3)扫描仪 将来使用。

(4)起始位置 当大面积测量被分成更小的测量区域时这个功能是很有用的。当进行不同的测量时,这个启动位置可以当作一个参考点。测量前,有两种方法来显示AGV的起始位置。

①点击按钮读取坐标值。只适用于车辆信息是已知的。

②输入车辆坐标和角度。X,Y和角指示车辆的参考位置。如图6.1.38。

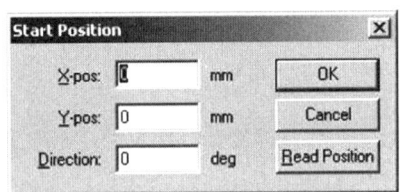

图6.1.38 AGV起始位置设定

(5)文件信息 添加用户ID,事件描述以及注意要点。如图6.1.39。

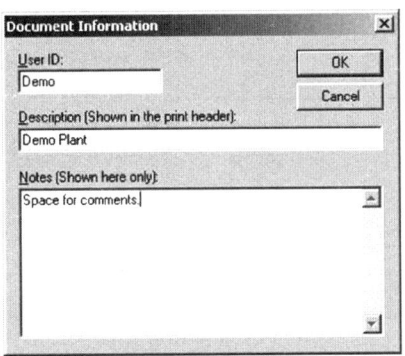

图6.1.39 添加用户ID

(6)适配器(密码狗) 该软件使用必须授权。解密密钥必须进入激活该适配器。详细信息参阅适配器。如图6.1.40。

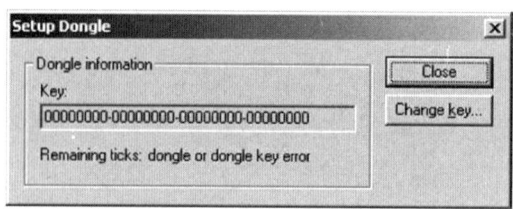

图6.1.40　使用授权

点击Change key按钮，将出现一个新的窗口，输入密码狗代码，点击OK即可开始使用。如图6.1.41。

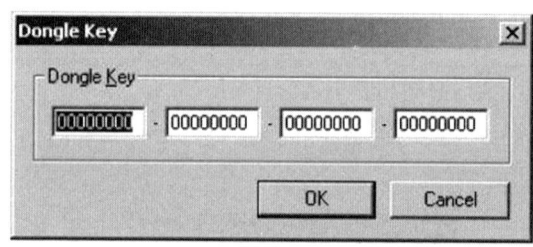

图6.1.41　更改密码

（7）偏好　允许用户改变一些软件设置。设置的说明显示在对话框。对此不做特别研究，有兴趣自行研究就行，不是很难。如图6.1.42。

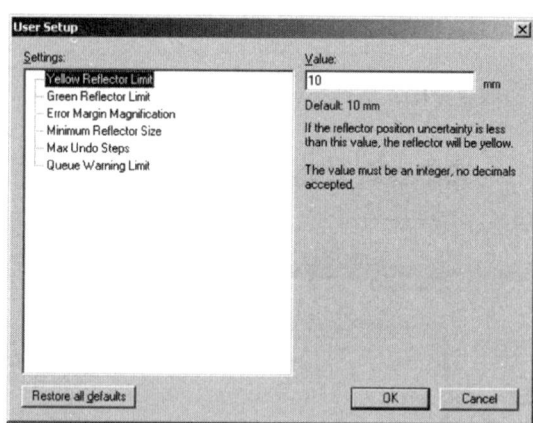

图6.1.42　改变软件设置

7. 帮助菜单

（1）在线帮助　打开联机帮助按钮F1。

（2）关于as8win　显示软件的许可证和版本信息。

(三)测量要求

以下情况在测量开始前就应该考虑：车辆要求、通航环境、启动测量程序。

（1）车辆的要求　确保激光探测头在AGV的水平位置上，并确认该AGV是已经调整好，运行平稳的。设法消除来源于AGV控制和运行时的驱动转向松弛，编码器的滑移，和其他机械干扰。

（2）导航环境　开始测量前，应该检查一下反光板是否安装在合适的地方，角度是否合适，并规划一个合理的测量路径，使测量时可以让反光板的反射角度尽可能地大，这样测出的反光板质量才较高。考虑反射镜板右边缘，支柱，狭窄的通道，虚假反射和可能的形成的反射器。

（3）启动测量程序　反射测量安装添加到开始菜单的程序。该程序可以出现在"任务栏：程序→应用→ndc8反射测量"。运行该程序，单击反射测量。

①改变反射图视图　观察反光板的测量视图时可以使用下拉菜单、工具栏，或使用鼠标加上键盘进行调整：可以使用箭头键来移动地图，按下Shift键和鼠标左键会改变指针成为一个移动符号。这使得它可以移动地图以便需要的视图将显示，第三种方法用来移动图形的是将鼠标指针集中放置在地图对象上。当鼠标指针位于正确的位置，按空格键就可以了。

要放大或缩小反射图的特定部分，可以按下Ctrl键，会出现一个放大镜图标，放大镜放在图上特定部分，按下鼠标左键则放大；单击鼠标右键，将缩小。

②选择和编辑反射器　在反射测量软件中，许多的操作命令都需要先将反光板选定，在这里，直接右单击选择需要的反光板符号可以了，选择之后，它外面的框就变成蓝色的了。有两种方式可以用来选择多个反射器：一个一个点击所需要的反光板；按住鼠标左键不放，框选需要的反光板。编辑反光板特性在前面的章节已经讲过，这里再不作特殊说明了。

③选择段　段的选定和反光板类似，参照反光板的选择即可。

④保存反射测量数据　测量完毕之后的图形必须保存在as文件夹里面。如果反光板测量运行日志模式只有反射数据从激光扫描仪和车辆的运动数据将保存发送。这一数据可以通过打开文件后处理；通过打开文件菜单将文件打开。如果反射测量是在测量模式下运行，反光板数据，计算的反光板位置和误差等将被保存。

⑤输出反光板测量数据　测量反光板的目的是测量它们的位置用于之后的路径规划。相关的数据输出之后会采用text文本文档的形式存储。控制面板或在下拉菜单中有输出和路径设计这一项。

（四）计划测量

有规划测量时应该考虑以下几件事情：AGV准备情况、行走路径、参照反光板、临时反光板、虚假反光板、其他限制因素。

（1）车辆的准备　为了得到一个最好最快的测量结果，AGV运行时应该尽可能地平稳，最好是在一个恒定的速度下运行并且缓慢地调整方向。因此，建议用以下参数：最大行驶速度0.5米/秒、最大加速度0.3 m/s2、转向比例增益低值。驾驶在一个较低的速度超过0.5米/秒时，通常不会提高测量的精度。另一方面，车速太快，可能会降低测量的精度。

（2）行走路径　在开始测量前，制定一个计划，规划AGV在测量区域内的行走路径。选择测量的起始位置时应该保证在这个点对于反光板有一个很好的视野。这样保证了从多个反光板测量的数据的准确性。开始测量的时候，必须有至少三块反光板在测量距离范围内，当然越多越好。开始测量后，在测量到一块新反光板的同时，激光探测头还应该能够测量到之前测量的三块老的反光板。考虑是否需要合并，和临时反射器。制定一个计划，如何对需要合并的测量区域进行测量。一次测量最多只能包含100个反光板。要确保行走路径的开始和结束都可以连接在一起，在一个完整的圆内，反光板在测量范围内，如图6.1.43。如果从一个空间运行到另外一个空间，依然要保证行走路径为一个圆。扫清了AGV运行的通道以便它可以按规划的路径运行。

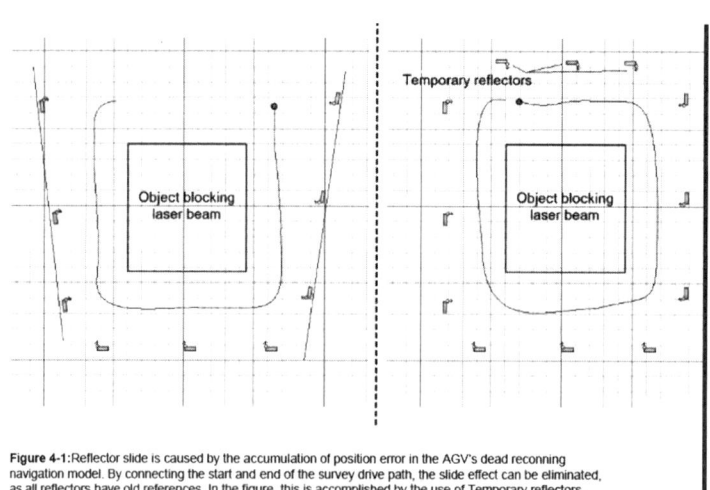

Figure 4-1:Reflector slide is caused by the accumulation of position error in the AGV's dead reconning navigation model. By connecting the start and end of the survey drive path, the slide effect can be eliminated, as all reflectors have old references. In the figure, this is accomplished by the use of Temporary reflectors.

图6.1.43　测量时AGV行走路径

（3）参考反光板　参考反光板的位置在全局坐标系中都是比较容易探测到的位置。在反光板测量中用作特殊的反光板以便缩放反光板间距，或是提供其作为固定反光板。反光板被探测时都是它们的右边缘首先被探测到，因此在测量过程中，当测量的结果能够获得一个好的扩展角度和许多的反射信号时,反光板的测量结果也会更加地精确。

(4)临时反光板　通过安装临时反光板可以降低缺少反光板的风险。临时反光板是用来将AGV不需要经过,但是为了测量时形成一个完整的圆而必须经过的地方连接起来便于测量的反光板。临时的反光板也可以位于坐标系中比较显著的位置,从而提供了参考坐标系的反光板。临时的反光板也可以用在需要进行合并的反光板位置上。

(5)虚假反光板　在开始测量时,应该仔细检查测量环境中是否会形成虚假反光板,并将可能造成虚假反射的因素排除,这样测量结果的精确度就更高了。

(6)局限性　早期的激光扫描头,适于运用在高反射环境如洁净室,有一个有限的探测距离并且不适合测量。AGV驱动及转向电机和编码器,运行过程中产生的噪声和振动,也会影响测量结果的精度,造成误差。越长时间的测量,所积累的误差也会越大,其中包括由于电机的工作特点和结构。如果测量范围很大(>100反射镜),应该考虑将它分为几个测量区域。如果反射区是非常大的、复杂的,有许多分离的部分和走廊,土地测量仪器和经纬仪可用于获取反射器位置。

(五)如何测量和编辑结果

这取决于执行的测量是什么类型的,其中的操作顺序开展有所不同,请遵循以下步骤进行。

1. 车辆参数优化

此功能适用于转向驱动车辆。车辆参数优化(VPO)是一个功能,可用于测量完成后。该功能适用于调整车辆的驱动路径,即优化车辆参数(扫描仪的位置)和反射器的位置。这样的结果更精确地定位反射器。然而这些计算的车辆参数不是正确的物理位置,当调整AGV参数后也不适合于重复使用。为了得到良好的VPO值,AGV需要在测量过程中运行一些曲线。如果AGV记录数据时,只是直线行走,那么不是所有的车辆参数都得到优化。点击软件的Surveyor menu / Run Vehicle Optimization进行优化。VPO仅用对于特定类型的AGV在测量过程中进行参数的优化。对测量的数据,VPO功能可用于两个主要目的:在微调完成后对反光板进行最终调整,使反光板的位置可以适合AGV;测量完成后包含有双反光板,并且运行锯齿形路径后,采用该功能可以调整参数使之更适合于AGV。

2. 新的测量

(1)找到在较大区域内都可以探测到的参考反光板。测量这些参考反射尽可能通过手动控制。测量至少三个反射器。对于较大区域或大的弯角,应该尝试获得更多的参考反光板。

（2）如果有可能通过安装临时反光板，以获得更好的反射效果，请这样做。当获得一个满意的测量结果后，它们可以被去除。

（3）用测量软件测量反光板时，应使用推荐的驱动速度和车辆转向设置。

（4）旋转和移动地图，以便它是对应于基准反光板的坐标（使用参考反光板用于旋转和移动）。

（5）对于每个参考反光板，进入Edit/ Reflector properties标记为固定和填写手动测量的位置。

（6）合并所有的相同的两个反光板。

（7）删除平方符号和红色反射点。

（8）可能有额外的反射所造成的虚假反射。删除它们并设法消除造成虚假反射的原因。

（9）运行微调。

（10）运行VPO，车辆参数优化调整。这仅适用于SD车辆。

（11）保存测量图。

（12）立即备份文件为未来的合并和增加反光板做准备（这些步骤进行过后可能会损坏反射测量数据）。

（13）如果需要重新编号反光板。

（14）输出反光板数据，并用于路径设计。

3. 新的需要合并的测量

当测量区域非常大（>100反光镜）或者很复杂，它可能需要分成几个小的测量区域，然后进行合并。当计划进行多次测量及合并计划后，所测量的反光板能够很好地被测量倒是非常重要的。

（1）运行同一种AGV时，开始的步骤可以参照新的测量的前三步，当然所有的区域都应该被测量到。

（2）在合并前，要将所有测量得到的图形进行备份。

（3）合并成一个图。

（4）旋转和移动地图，以便它是对应于基准反光板的坐标（使用参考反光板用于旋转和移动）。

（5）对于每个参考反光板，进入Edit/ Reflector properties标记为固定和填写手动测量的位置。

（6）合并所有相同的反光板。

（7）删除平方符号和红色反光板。

（8）可能有额外的反射所造成的虚假反射。删除它们并设法消除造成虚假反射的原因。

（9）运行微调。

（10）对合并地图运行VPO，并且要确保每个测量所运用的都是同一辆AGV。

（11）保存测量图。

（12）立即备份文件为未来的合并和增加反光板做准备（这些步骤进行过后可能会损坏反射测量数据）。

（13）如果需要重新编号反光板。

（14）输出反光板数据，并用于路径设计。

4. 其他测量（添加反光板到现有的图形中）

通过layout定义工具添加新的反光板到原有的反光板图形中是可能的。先将原有的text-file输入到反光板测量软件中然后进行合并就行了，反光板从文本文件导入设置为固定的默认情况下，它们是没有任何测量数据的。

（1）为了增加新的反光板，需要将新反光板加入到老的反光板中进行测量，因此需要运用到新的需要合并的测量里面的（1）到（4）步，尝试在测量中运用两个参考反射器作为合并反射器。

（2）在合并前，要将所有测量得到的图形进行备份。

（3）合并成一个图。

（4）合并所有相同的反光板

（5）删除平方符号和红色反光板。

（6）可能有额外的反射所造成的虚假反射。删除它们并设法消除造成虚假反射的原因。

（7）运行微调。

（8）运行车辆参数优化（VPO）。

（9）保存合并后的地图。

（10）立即备份文件为未来的合并和增加反光板作准备

（11）如果需要重新编号反光板。

（12）输出反光板数据，并用于路径设计。

5. 测量不需要 VPO

下面的测量方法是不需要进行VPO的。

（1）按照新的测量步骤的（1）-（3）步。

（2）若需要执行合并选项则运用新的需要合并里面的（2）和（3）步。

（3）运行微调。

（4）旋转和移动地图，以便它是对应于基准反光板的坐标（使用参考反光板用于旋转和移动）。

（5）如果固定的参考反光板可标记为固定和设置位置。

（6）运行微调。

6. 建议和提示

建议和提示，以提高测量精度。

（1）使用已调整的AGV进行测量。

（2）在layout定义工具很容易手动定位参考反射器位置，并根据背景图得到正确的位置。通过layout定义工具它们可以导出与反射测量的数据合并。

（3）记录参考反光板的系统文件。

（4）如果只有一个反光板设置为固定反光板，它会对VPO造成负面的影响，因此总是使用至少两个固定的反光板。

（5）测量区域过大时，通常将之划分为几个小区域进行测量，最后进行合并，这样得出的测量精度较高。

（6）合并反光板时，为了得到合适的数据，通常采用下面这个原则：始终包括所有可见的反射扫描仪和两个合并在调查中的反射器。通过这样做，可以确保有足够的重叠数据可连接到两个反射测量图上。

7. 如果测量失败怎么办

如果在测量过程中反光板的位置比较差，仍然是可以通过反光板的测量和位置纠正数据。

（1）确认何时可以补救 如果定位不好，可以得出急需调整车辆参数（轴距和扫描仪参数）时，哪些可以被校正。可以帮助一个运行的车辆参数优化（VPO）找到良好的车辆参数。然后重新运行并使用新的参数测量数据来调整反光板的位置。当测量结果中出现双反光板和锯齿驱动路径时，运行VPO也可以调整车辆参数，得到适合于AGV的反光板位置。

（2）确认何时必须重做 碰到以下情况需要重新测量：测量时车辆控制器的通信丢失；

驱动器编码器电机轴打滑；车轮在地板上打滑；驱动和转向执行机构的严重故障。

8.密码狗付费

使用测量软件时，需要消耗ticks，每个ticks是非常贵的，所以在测量过程中尽量开始几次测量时不要耗费ticks，根据开始的测量，调整测量路径，得到满意答案。

图6.1.44为已测量的反光板示意图。

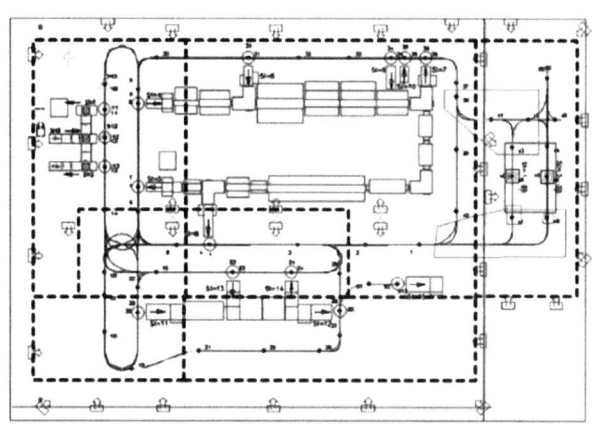

图6.1.44　测量反光板示意图

第二节　Layout软件使用

本节以某实验室AGV路径规划为例说明Layout软件的使用方法。

一、路径规划

在CAD图上规划出实验室的AGV路径，如图6.2.1为某实验室CAD图。

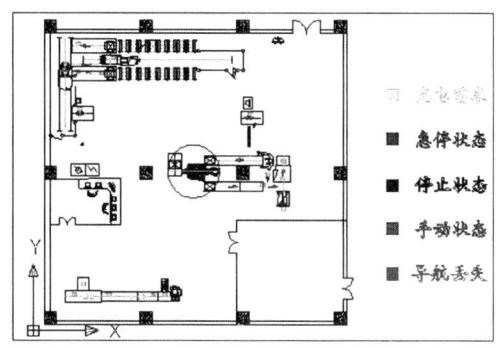

图6.2.1　某实验室CAD图

二、AGV外形参数

AGV主要外形参数，如图6.2.2（a）、（b）所示。

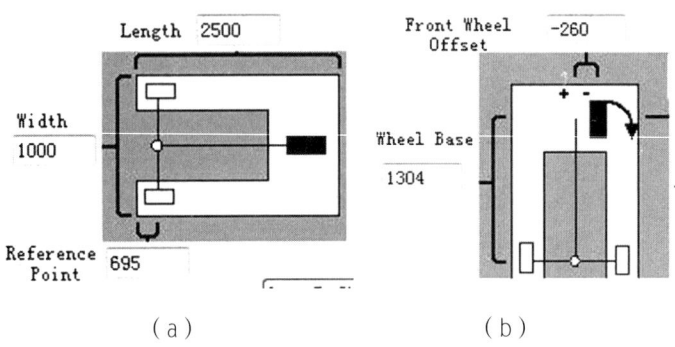

图6.2.2　AGV主要外形参数

三、Layout软件工具

Layout软件主画面如图6.2.3所示。

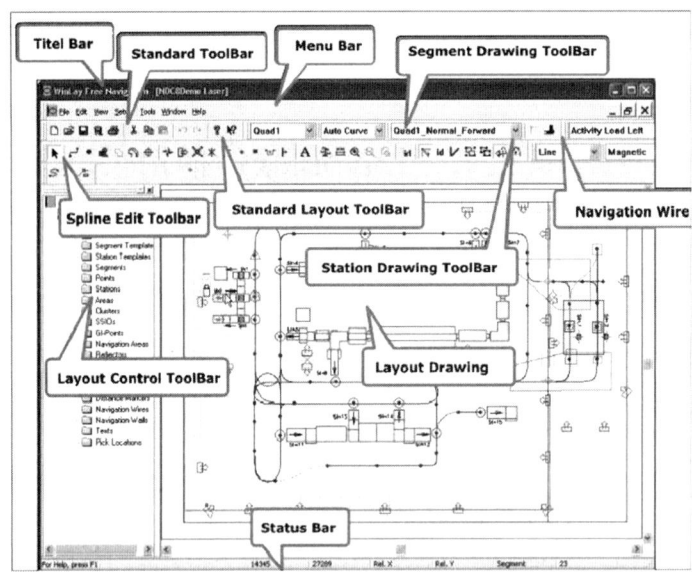

图6.2.3　Laylot软件主画面

四、定义Layout

（1）前提：

①Dwg格式或dxf格式的图；

②车辆尺寸；

③预先准备的系统名称。

（2）wizard，如图6.2.4。

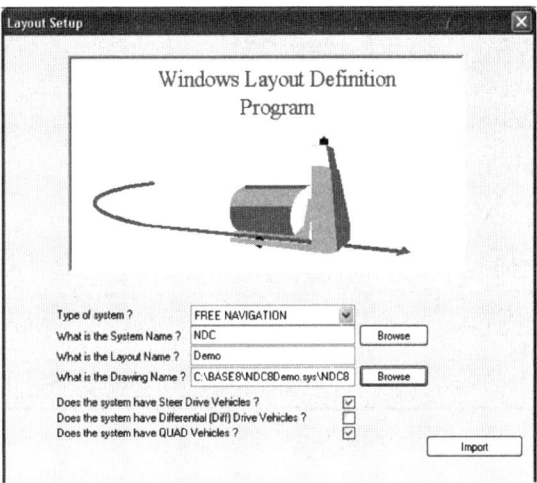

图6.2.4　wizard

（3）SD车辆定义，如图6.2.5所示。

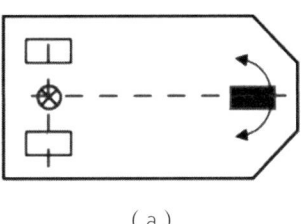

（a）

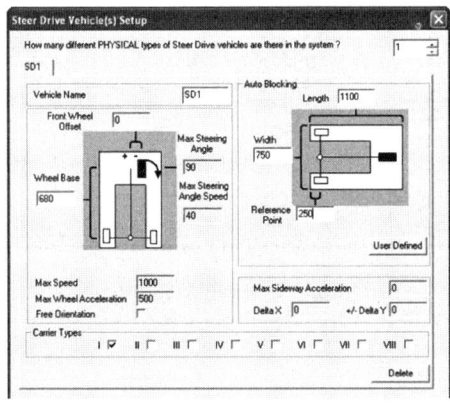

（b）

图6.2.5　SD车辆定义

（4）定义完成，如图6.2.6所示。

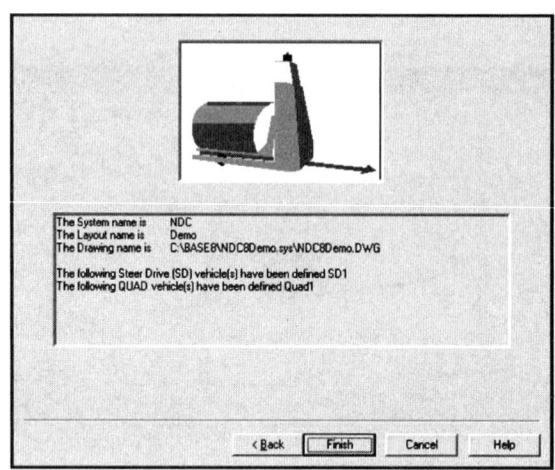

图6.2.6　定义完成

五、创建导航项目

（1）导入反射板；

（2）画反射板，如图6.2.7所示。

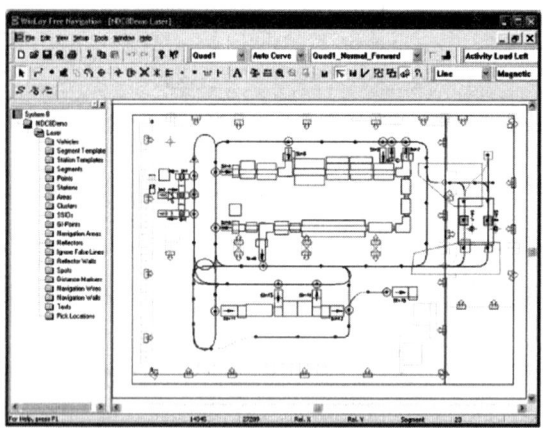

图6.2.7　创建导航项目

六、添加导航要素

（1）添加反射墙、导航区域、ignorefalse line等要素；

（2）Ignore False Lines：屏蔽错误反射光线；

（3）Reflector Walls：屏蔽所有反射光线；

（4）Navigation area：允许AGV行驶的区域（可不规则）。

七、建立段模板并规划路径

用段模板建立的一系列段具有相同的属性，如图6.2.8所示。

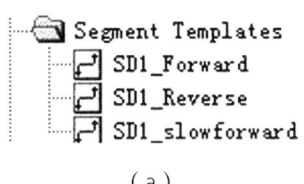

（a）

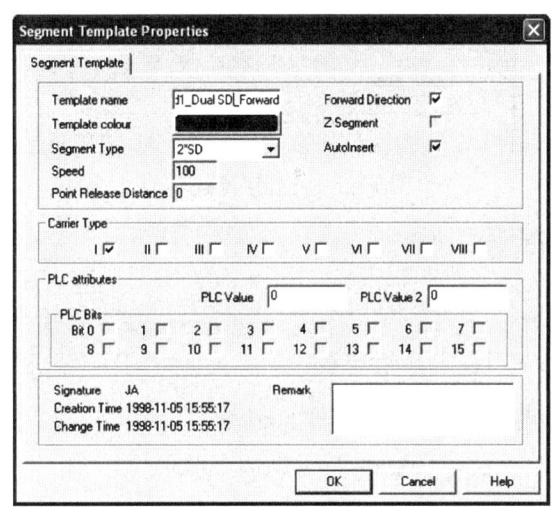

（b）

图6.2.8　建立段模板并规划路径

八、建立station模板

（1）Activity Stations：a load/unload station；

（2）Group Activity Stations：一般用于AGV可选择多个站台的情况，比如说充电站台；

（3）Home Stations：AGV在此等待新的指令。

九、建立cluster

（1）将一系列段和点编辑为一个组，以设置阻塞或SSIO，如图6.2.9所示。

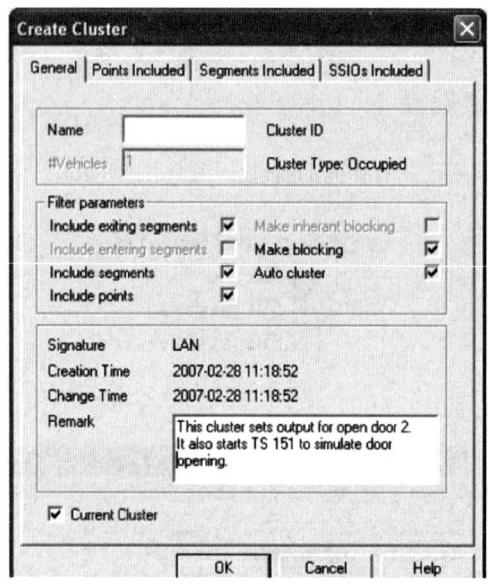

图6.2.9 设置阻塞或SSIO

2. CLUSTER 的应用：阻塞

如图6.2.10所示。

3. CLUSTER 的应用：门连锁信号

（1）在ssios中新建cluster型，设置好输出等项；

（2）在cluster中新建occupied型，并在ssios included中添加ssio cluster。以上步骤如图6.2.19 ssio cluster所示。此时当AGV申请进入所定义的cluster区域，将会自动产生一个ssio的输出给门。让门开启；

（3）在ssios中新建blocking型，设置好输入项；

（4）进入该cluster的段例如图6.2.10 ssio blocking中的红色倒退段（segment 6）的属性中，添加ssio型的

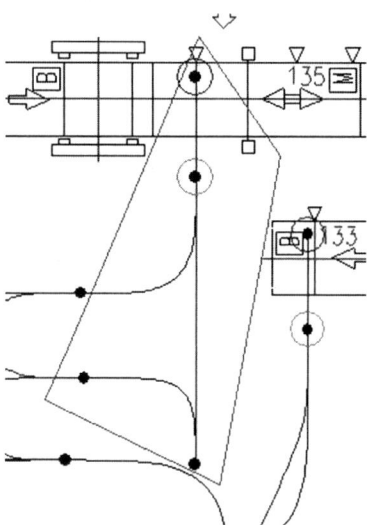

图6.2.10 CLUSTER的应用：阻塞

blocking。以上步骤如图6.2.10 ssio blocking所示。此时当AGV申请进入所定义的cluster区域，将判断该ssio型blocking条件是否成立，如果成立，将阻塞AGV进入该区域。如果条件不成立，AGV将继续运行。所以门在开启的位置，应该保持给我的ssio输入信号。以上步骤序号和图中红色标注序号一一对应；

（5）关于biv的输入输出：①输入：8个input，位置在biv的左侧，范围0—24，通过跳线设置，如果跳线设置为pullup，则接入的信号为 ground，指示灯为红色；如果为pulldown，则接入的信号为+battery，指示灯为绿色。②普通输出：7个output，输出为常开或常闭点。由

跳线设置。位置在biv的正下方。③有源输出：为外部设备提供24v信号。在biv的右侧。57、58、59、60为+24v，45、46、47为GND。有源输出最大供给电流之和为2.2A。如图6.2.11所示。

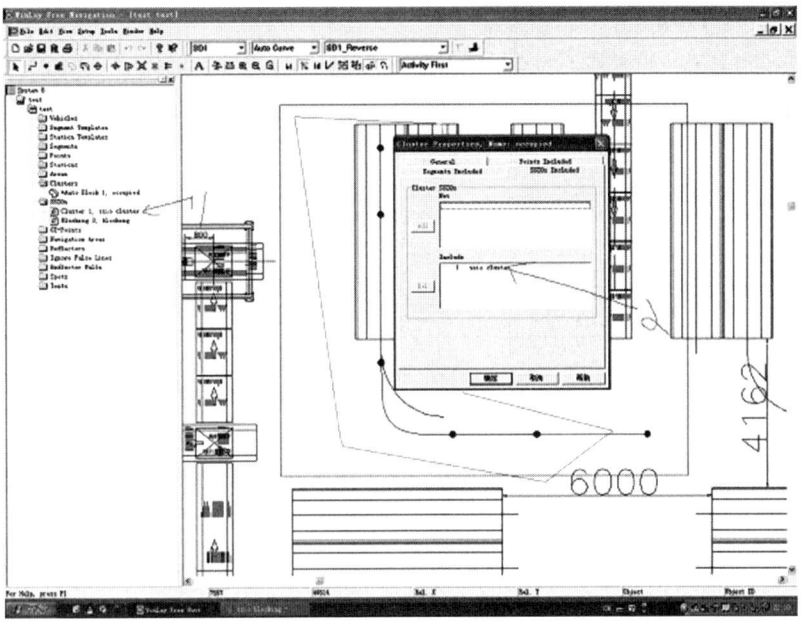

（a）

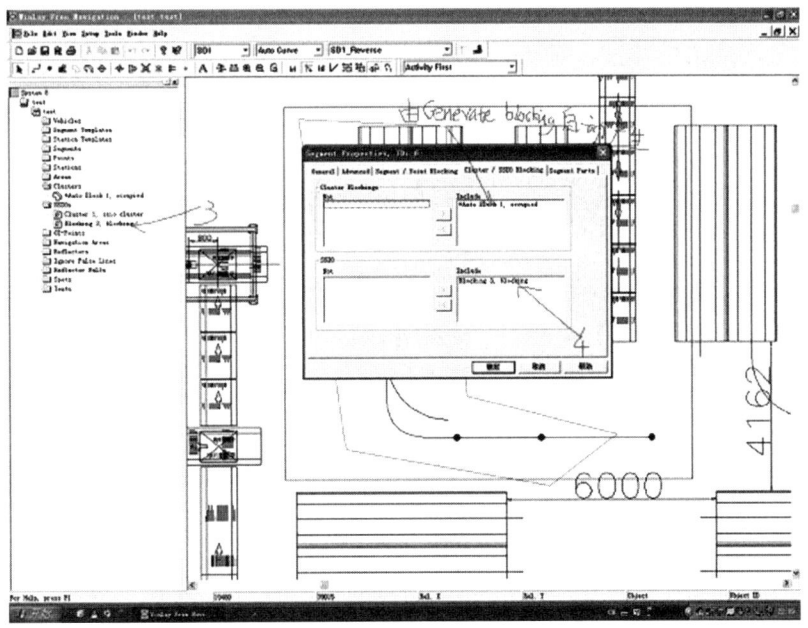

（b）

图6.2.11　CLUSTER的应用：门连锁信号

十、建立GI-point

CWAY中显示图形的位置：例如：充电站、装卸货站台，如图6.2.12所示。

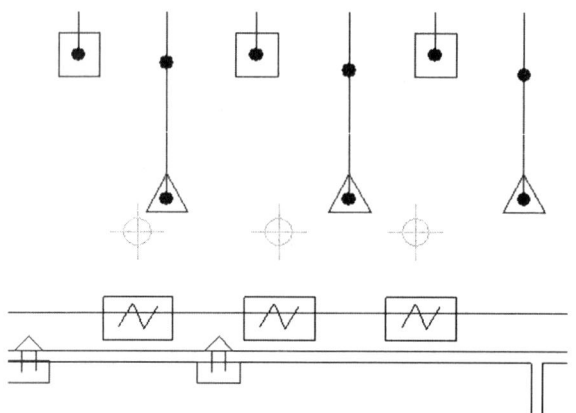

图6.2.12　建立GI-point

十一、导出layout

（1）选择导出路径，如图6.2.13所示。

（2）导出到图形监控界面：CWAY，如图6.2.14所示。

（3）导出到站台控制器，如图6.2.15所示。

（4）导出到AGV控制器，如图6.2.16所示。

（5）导出DWG文件，如图6.2.17所示。

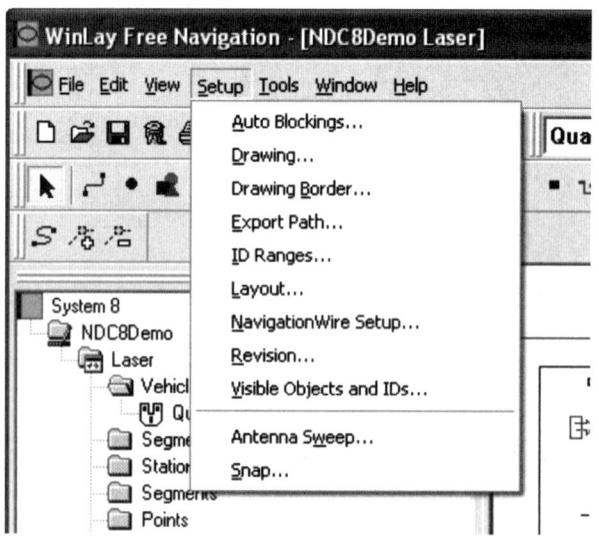

图6.2.13　选择导出路径

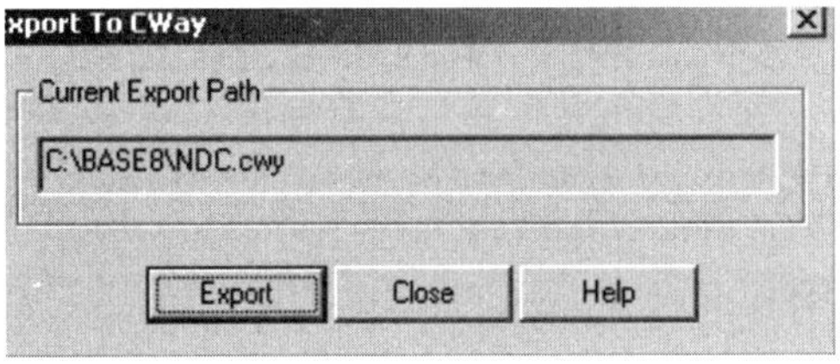

图6.2.14 导出到图形监控界面：CWAY

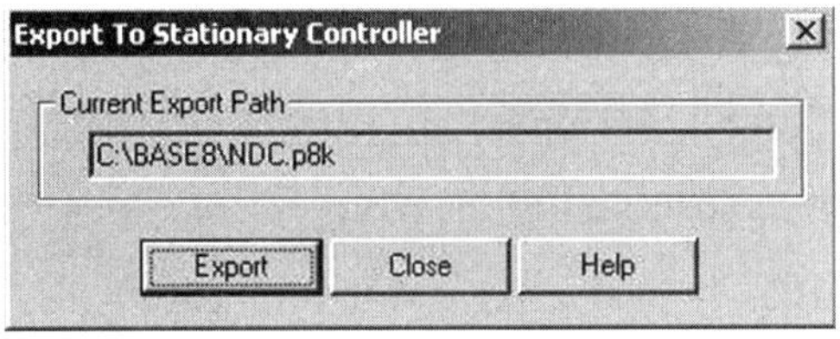

图6.2.15 导出到站台控制器

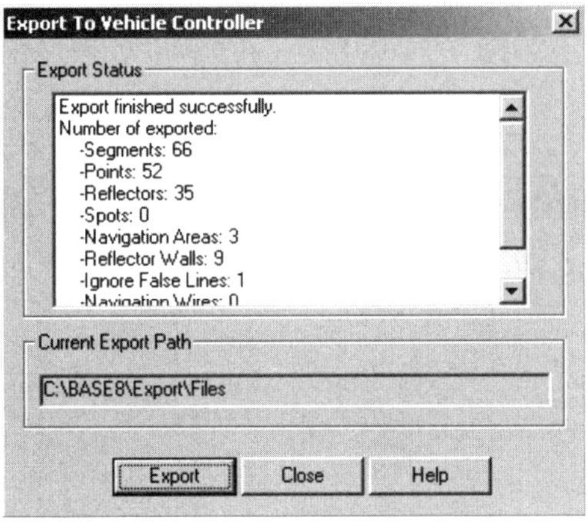

图6.2.16 导出到AGV控制器

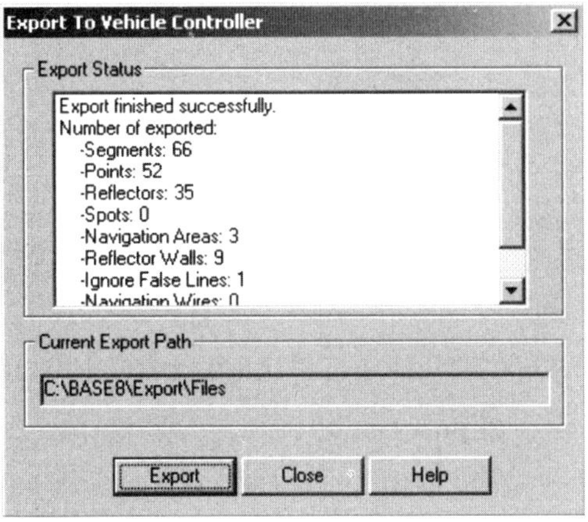

图6.2.17 导出DWG文件

第三节 NDC8软件使用

一、NDC8软件的使用

1. 车辆配置

车辆配置主要包括硬件安装、电气安装、软件安装等内容。

（1）硬件安装、电气安装、软件安装

支持的车辆类型：SD、Diff和Quad类型的AGV。

支持的范围激光扫描仪：LS2000、SICK S300、SICK S3000。

激光定位扫描仪：当使用一个激光扫描仪配置时，要求至少270度视野范围，安装激光定位扫描仪时，AGV车身可能会阻挡扫描视野范围，当安装位置在高点时，LS2000视野范围可达360度。添加LS2000设备到CVC600控制器。在车辆应用设计软件中，添加LS2000至LAN端口，如图6.3.1所示。

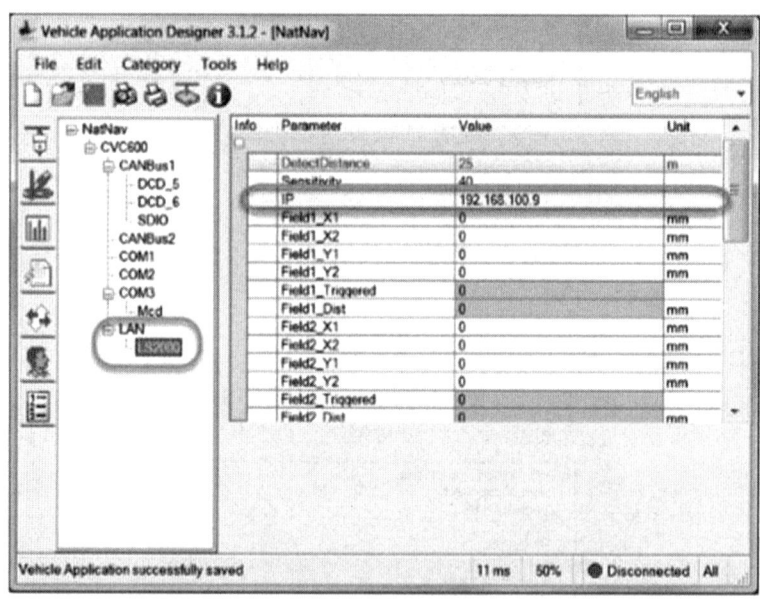

图6.3.1 添加LS2000设备到CVC600控制器

添加激光扫描仪至CVC600控制器：在车辆应用设计软件中添加范围激光扫描仪至LAN端口，配置IP地址和端口参数，如图6.3.2所示。

第六章　AGV项目建设与升级

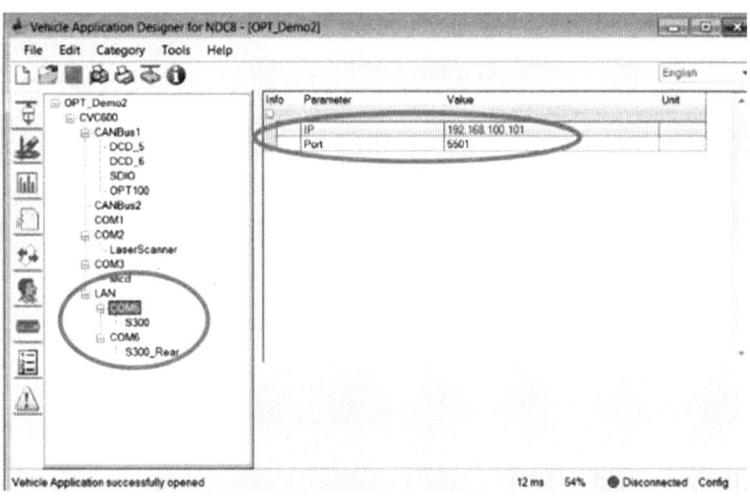

图6.3.2　添加激光扫描仪至CVC600控制器

（2）AGV的运动参数调试

输入初始参数：输入车体几何尺寸 前轮的位置 转向和行走的PID参数。

编码器：行走编码器，车辆行走大约10米，然后比较实际值和反馈值，调节比例参数，重复测量直到反馈值和实际值误差小于0.1%。转向编码器，偏移值应该小于±200，也就是±2°，如果不是，需要调节同步脉冲的物理位置，调节完成后，车辆行走10米横向偏差要小于100mm。使用PPA调节车体物理参数，调节参数保存。如图6.3.3所示。

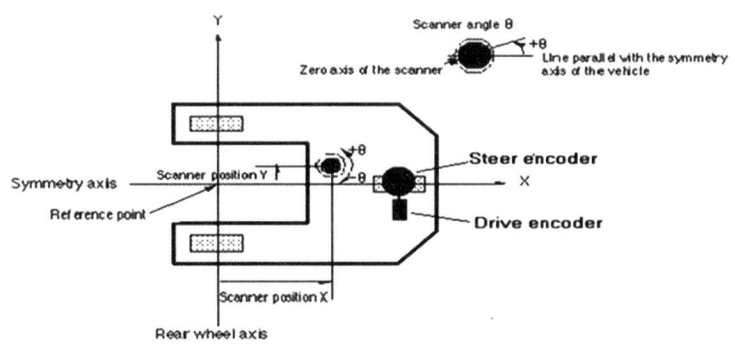

图6.3.3　AGV的运动参数调试

（3）AGV单机PLC程序

编写AGV单机程序，是使用OpenPCS软件编写，编程语言有ST、SFC、IL等。

在NDC8的OpenPCS中有一个仿真功能，允许在将PLC程序加载到车辆之前检查PLC程序的逻辑，可以使用仿真PLC状态变化来检查代码中的逻辑。使用IF ESLE语句编写控制灯亮的程序练习，如图6.3.4所示。使用CASE语句写自动升降差的程序，如图6.3.5所示。

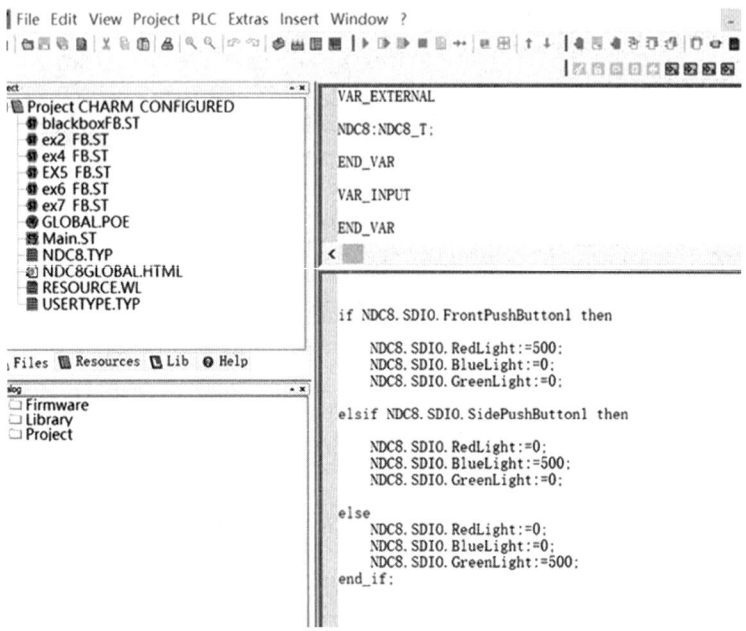

图6.3.4 使用IF ESLE语句编写控制程序练

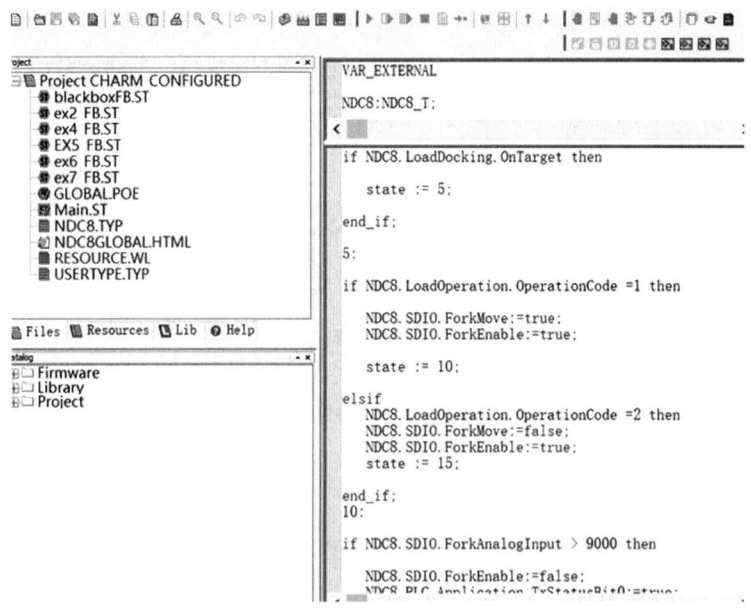

图6.3.5 使用CASE语句写自动升降叉的程序

（4）Natural Surveyor Tool自然导航的使用

①创建新项目：创建一个新的项目，选择或增加新的系统名字，选择或创建一个新的Layout名字，选择背景图的地址。如图6.3.6所示。

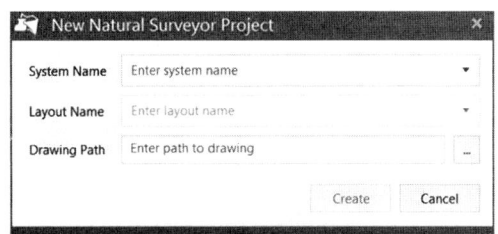

图6.3.6　创建新项目

②生成初始图：从背景图生成NDT，点击Background，如图6.3.7（a）所示。

属性下选择要转换的图层，如图6.3.7（b）所示。点击"转换背景图为NDT线"，如图6.3.7（c）所示。

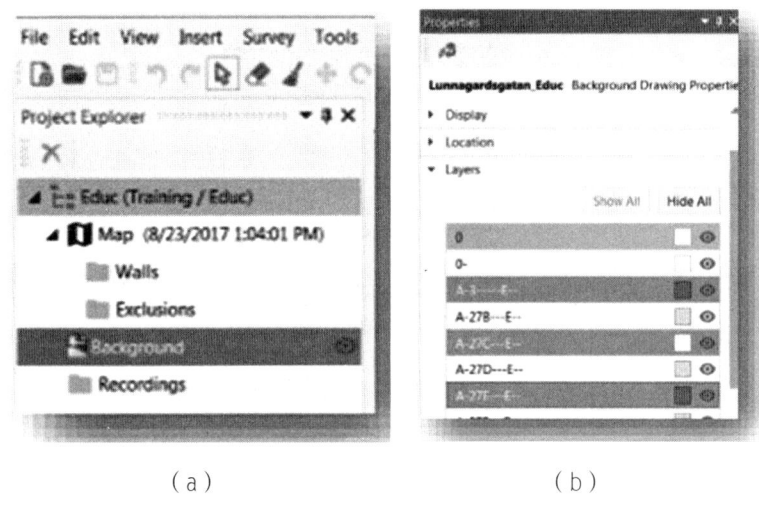

（a）　　　　　　　　　　（b）

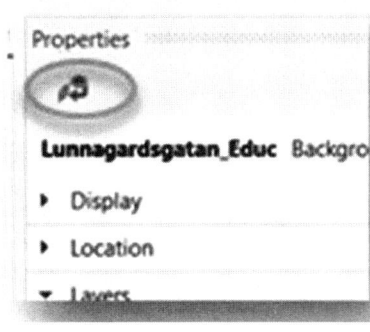

（c）

图6.3.7　生成初始图

③连接并转换地图到AGV：选择AGV并点击连接，如图6.3.8所示。在菜单栏中选择"测量"，点击"Transfer map"，然后按"Transfer"，如图6.3.9所示。

图6.3.8　选择连接AGV

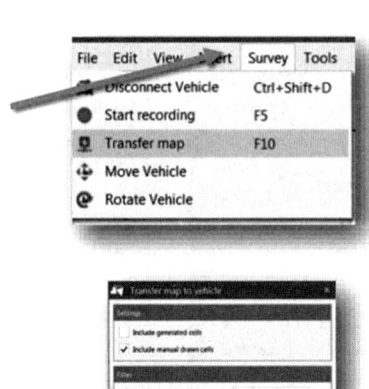

图6.3.9　Transfer map

④开始测量：点击开始测量，如图6.3.10所示。

图6.3.10　开始测量

开始行驶AGV，当完全测量完后点击停止测量，如图6.3.11所示。

图6.3.11　停止测量

测量的数据会在"recording"文件夹中找到，如图6.3.12所示。

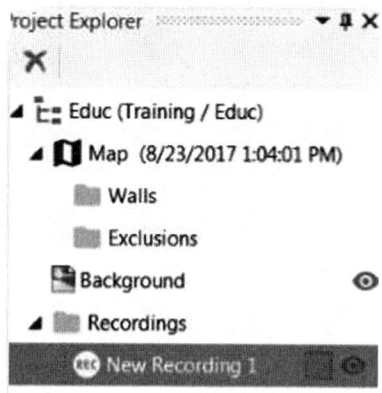

图6.3.12 测量数据文件夹

点击从"recording"生成地图，如图6.3.13所示。

图6.3.13 生成地图

选择想从哪个"recording"点击生成，如图6.3.14所示。

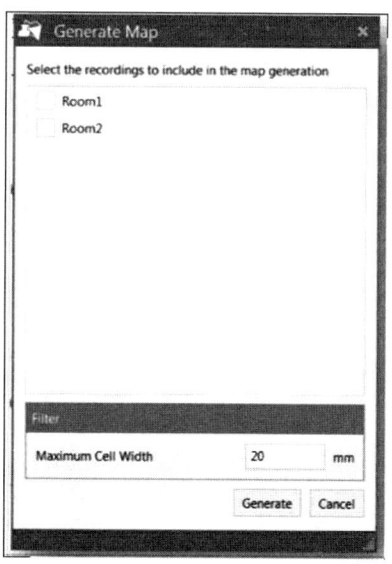

图6.3.14 选择生成

⑤测量效果的检查

在项目树中点击项目，如图6.3.15所示。

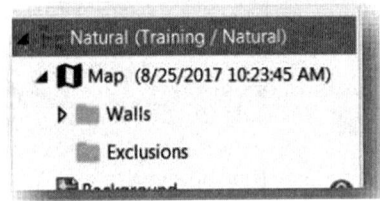

图6.3.15 项目树

在"属性"下,可以找到"Survey Quality Limits",如图6.3.16所示。

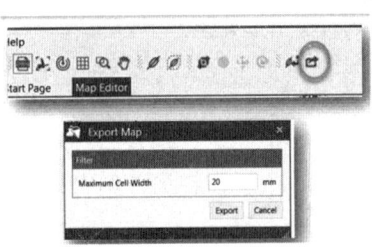

图6.3.16

点击导出生成地图,如图6.3.17所示。

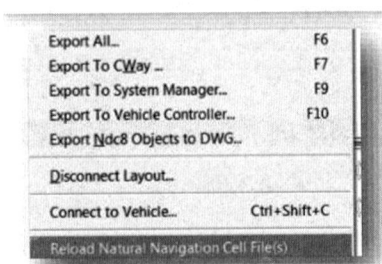

图6.3.17

最后在Layout Designer软件中重新加载导出的文件,如图6.3.18所示。

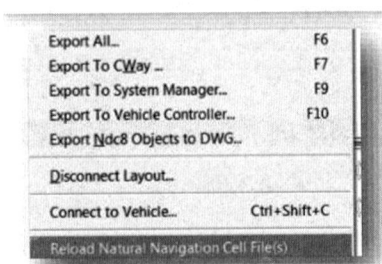

图6.3.18 导出文件

二、Layout Designer 路径系统的规划

（1）Layout Designer 软件可以实现以下主要功能：车辆的行驶路径，如何在行驶路径运作，交通管制，车辆指令管理。

（2）Layout主要数据：一张 Auto CAD 的图作为背景图，包括墙壁，机器设备等；行驶路径规划，线段X和Y的位置，反射板X和Y的位置，线段的属性参数等，布局图必须要在正坐标内。线段是点与点之间的行驶路径，线段主要包括：起始点、终点、移动方向、长度、速度、阻塞信息等。定义导航环境，规划好导航区域大小，确定反射板的位置，反射板必须要在导航区域之内。

（3）创建Layout：创建Layout之前，要检查背景图纸，确认背景图纸和现实场景要一致，包括机器、墙、柱子、门等；确认客户需求，清楚地定义交通流，行驶方向，尽量使用双通道行驶，以避免死锁的情况出现；准确地测量AGV的物理尺寸，包括轴距、长度、宽度、参考点及安全扫描器的位置等；设置AGV的维护区，可以供AGV调试、维修、测试。

创建车辆，如图6.3.19所示，定义好AGV的尺寸，最大速度，最大转向角度，最大车轮加速度，多个安全区域。

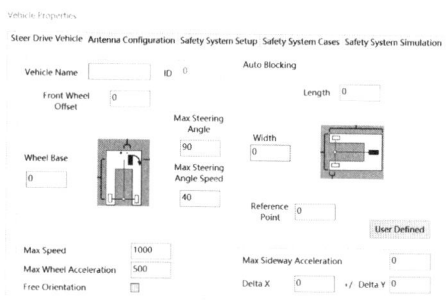

图6.3.19　创建车辆程序

如图6.3.20所示，创建线段模板，定义好PLC位、AGV类型、速度大小等，模板使得对该模板绘制的所有线段的更改变得容易。

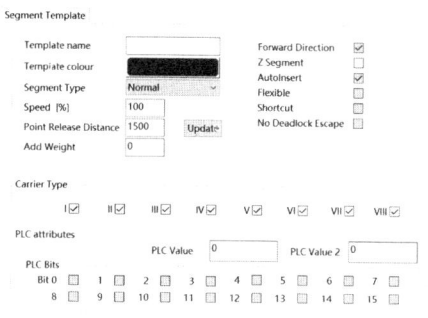

图6.3.20　线段模板程序

如图6.3.21所示，创建站点模板，包括操作码，PLC值，入口的距离等，模板可以很容易对使用该模板绘制的所有站点进行更改。建好模板后，创建装货站台，卸货站台。

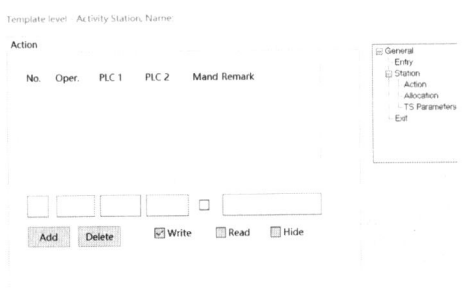

图6.3.21　站点模板程序

（4）创建样条线的方法：

选择工具栏中的样条工具，保持点击鼠标左键开始画样条线，在保持鼠标左键的同时，拖动所需的方向，然后释放鼠标按钮，用鼠标左键单击几下，选择样条的大致外形，点击Enter。也可以按住Shift键固定在每45度调节方向，如果按住Ctrl，将使下一点固定在与上一个点同一方向，按回车键完成创建样条线。

画点与点之间的样条曲线，选择工具栏中的样条工具，在起始点上点击并按住鼠标左键，在保持鼠标左键的同时，拖动所需的方向，并释放鼠标按钮，用鼠标左键单击几下，选择样条线的大致外形，点击终点并保持鼠标左键，在保持鼠标左键的同时，朝着样条线的方向拖动，松开鼠标按钮。

优化线段序列：一组样条线段的行程时间优化，优化进出站点时的行程时间，通过狭窄通道优化行程时间。将一系列样条线段作为一组进行优化，优化了序列的总行程时间，线段和点可能会被更改。改变了位置，曲率半径，站点将永远不会改变。有时由于单个优化中的更新次数有限，重复优化将获得更好的结果。其他工具：Weight Tool 可以检查AGV是否可以达到特定的点，Group 之后可以将整个组合区域旋转，Multi Paste，标记所有要复制的线段和点，可以实现多重粘贴。

（5）Carrier Manager 车辆管理：车辆管理选择AGV执行运输命令，分配模式，命令搜索车（默认分配模式）：分配基于命令等待时间；车搜索命令：去装载站花费更少时间，命令等待时间被忽略；车搜索命令，附带等待时间：去装载站花费更少时间，考虑命令等待时间；车搜索命令，平均运行时间：使车–命令配对组合后，运行时间更均衡，在某些布局中，可以让两个被指派装载的车不会相互阻塞。

如图6.3.22（a）、（b）所示，车A被指派去执行命令：1号站装载，车B卸载完成，变为空闲状态，这时车B离1号站更近，命令被重新指派给车B，当车B到达站点入口时，状态变为已连接。车辆状态：空闲－车没有连接到命令；已指派－车去执行命令；已连接－车正在执行命令，且该命令不允许再被重新指派。

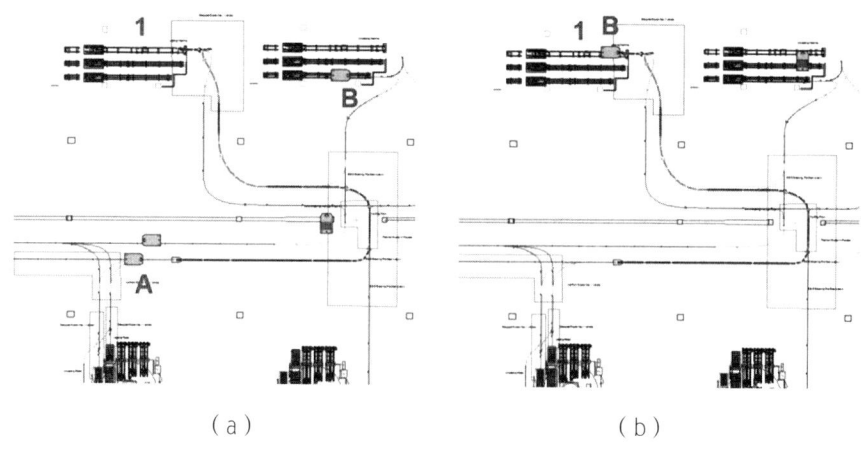

图6.3.22 搜索命令程序

（6）Order Manager命令管理：

命令管理可以同时处理多个命令历程，命令历程是由用户定义的一系列操作程序，每辆车由自己的命令历程控制，每个命令历程都独立地评估运输结构程序。

由命令管理评估的操作序列，称为TS运输结构程序，TS使用系统应用设计工具来定义，TS使用预定义的宏来执行不同的动作，一个TS宏被称为一个命令管理器指令。

Order manager instruction可分为不同的功能组，包括：流量控制，条件分支，车辆动作（移动，装载，卸载），本地参数操作（置位，计算），数字IO（置位，复位，测试）。每个OMI都会返回一个状态码作为TS评估，根据功能的执行结果，每个OMI都会返回不同的状态，系统运行时，不同的例外都会发生，比如取消任务，装载操作失败，OMI使用错误等，用户需要定义合适的动作来应对例外情况。

命令管理有很多外部接口，用于启动，交互和终止命令流程。上位机，ACI接口，启动和控制命令流程；Cway，命令流程的启动和控制；数字输入，SSIO，命令启动和条件处理；控制台接口，里程菜单，OM调试器，跟踪功能。

TS运输结构程序是由命令管理器执行的程序，使用Sys Designer系统应用设计工具来定义，由科尔摩根开发的编程语言，130条指令，用于处理AGV系统。

为了处理运行变量。使用本地参数，在一个命令中保持/保存变量，如命令启动或者TS中的计算值，总共有32个本地参数，每个命令都有自己的本地参数，命令执行时有效。

全局参数用于在不同的TS之间交换信息，也可用于命令历程终止时，避免信息丢失，系统中所有的TS都可以读取10000个全局变量。

命令管理器指令有两种类型

同步：无须等待任何外部事件触发，指令立即执行并返回真假。例如：所有的算术指令（P_+，P_-，P_*），所有的比较指令（P_=，P_>，P_<）；

异步：需要外部事件触发，例如车辆移动指令：车辆必须到达以后才会返回结果。例如：延时指令（time-delay command），车辆移动指令（CmvStn），IO轮询指令（Ipoll，Rpoll…）等。

所有的OMI都会返回真假状态，使用条件和条件标签，在系统应用设计工具中定义，使用一个数字标签，来结束TS，在数字标签中输入0，条件是Always来结束当前TS。

第四节　AGV系统升级

日常AGV运行过程中，常常发生外部运行环境的变化，如AGV供应机台货位的改变、机台布局的变化等，这时就涉及到了线路的调整和更新；同时由于控制主机更换后也要对AGV本体进行更新，本节根据设备现场的日常操作为例进行讲解。

一、AGV上位相关程序的更新

请依照下面步骤更新AGV上位程序：位于AGV控制主机内xxxx.cwy文件夹和xxxx.P8K文件夹。

（1）更新中控上位计算机BASE8目录下的xxxx.cwy文件夹下的三个文件：

①xxxx.gpw；

②xxxx.cwy；

③xxxx.seg

注意：关闭CWAY即可替换覆盖，但之前得做好备份，避免更新升级异常造成无法启动）；

（2）更新中控上位计算机BASE8目录下的xxxx.P8K文件夹下的文件：xxxx.bin（此文件可能没有，以外方维护人员所发文件为准），xxxx.wly（改变路径，新增路径和站台时候会有这个文件），步骤如下：

①在计算机上停止NT8KS的服务，如图6.4.1所示：

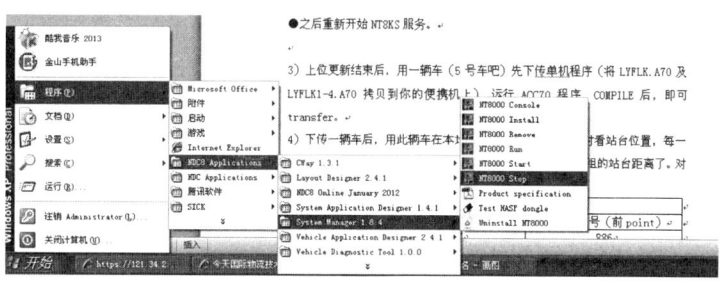

图6.4.1 停止NT8000

②对BASE8目录下的xxxx.P8K文件夹进行备份，以防下一步更新有问题，可以随时恢复；

③用ROCLA维护人员发来的xxxx.P8K文件夹下的文件：xxxx.bin，可能还有一个文件（以外方发过来文件为准），覆盖现场计算机上BASE8目录下的xxxx.P8K文件夹下的这些文件；

④重新开始NT8KS服务，如图6.4.2所示：

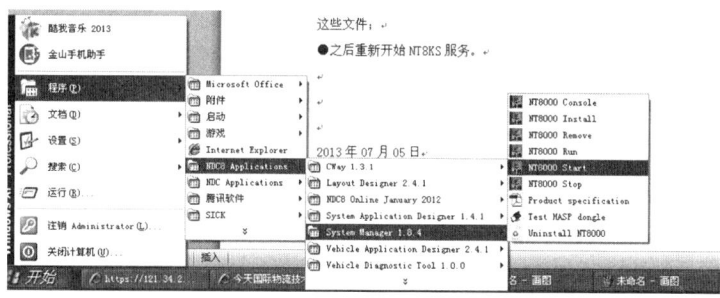

图6.4.2 开始NT8000

操作上述步骤，必须要把AGV主机后台服务程序停了，才能备份和覆盖文件，停止服务的时机，应选在没有AGV搬运任务时进行，备份和覆盖文件完成后，即可重新开始服务

⑤之后可能需要一次热启动，AGV系统的热启动这样做：

在NT8K CONSOLE中选择4，选择启动为W（即热启动），最后Y（yes）确定。就完成热启动了，如图6.4.3。

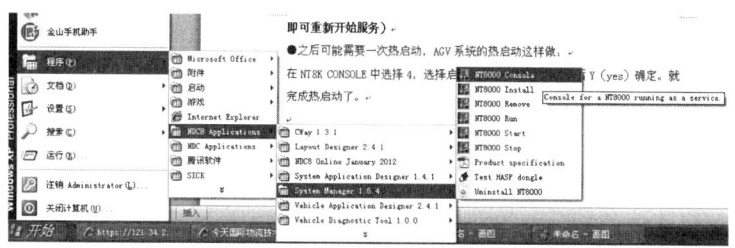

图6.4.3 热启动NT8000

需要注意的是不能选择冷启动,因为冷启动会造成任务及数据丢失,也可能不需要做这一步。

二、AGV单机程序的更新

(一)准备工作

所需的工具:

(1)网络连接线(VMC500控制器需要)

(2)RJ45转M12连接线(CVC600控制器需要)

(3)XP以上系统PC,并且安装软件"VMC flash for VMC500"或者"CVC flash for CVC600"

(4)控制器必须在通电启动的情况下

(二)设置网络连接

以XP系统的PC为例进行设置讲解:

(1)点击"开始",选择"控制面板";

(2)选择"网络连接",点击"本地连接"TCP/IP协议;

(3)将网络地址设为"192.168.100.200",子网掩码"255.255.255.0",其他不用设置;

(4)点击"应用"。

这样网络连接就设置好了,Win7设置方法与此相似,不再赘述。

(三)更新控制器程序

上面设置好后,对控制器进行更新。

1. 检查版本信息

(1)用合适的网络连接将PC和控制器进行连接,控制器必须在通电的状态下;

(2)打开PC自带的浏览器;

(3)地址框内输入AGV的网络地址,如"192.168.100.100",从而打开AGV连接的画面,对比下页面显示的版本是否与所更新的一致,如果不一致需要对其更新,如图6.4.4:

2. 更新VMC500软件

(1)从开始菜单中找到刷机软件并打开;

(2)返回AGV网络页面,网址为"192.168.100.100";

(3)刷机软件中,点击更新VMC500软件;

(4)点击更新开始,等待文件传输完成;

(5)在AGV网络页面查看更新后的版本信息。见图6.4.4。

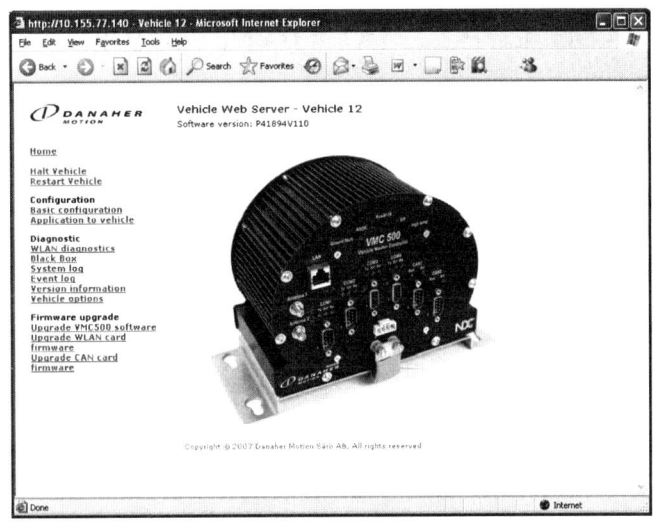

图6.4.4　电脑联机VMC500

3. 举例

下面举例,用AGV现场控制主机来更新升级一台AGV的行走路径文件。

(1)在系统中选择一辆车,用控制主机大IE下发XXXX.wef(路径程序),格式为zip(单机运行程序)文件,加载程序后通过IE重新启动AGV,之后用这辆AGV试跑改动后的路线,如达到要求,即可。否则,重新修改路径。

(2)如果路径满足要求,则给现场所有AGV下传路径程序,每一台执行上述操作。

需要注意的是:下发程序时,最好AGV没有搬运任务。

第七章 AGV故障与维修

学习要点

1. VMC500主界面介绍
2. Application to vehicle
3. AGV物理参数的调校

第一节 通过IE浏览器诊断方法

在AGV的日常工作中，除了通过CWAY监控其运行状态，发布各种指令外，还可以通过IE浏览器了解AGV的一些基本信息；上传AGV的路径、单机程序；监控AGV运行状态等等。

进入IE界面可以通过两种方式：

（1）通过网线将电脑直连AGVVMC，然后在IE中输入相应IP地址即可出现相应界面；

（2）电脑连接AP，再在IE中输入对应的IP地址，也可以出现相应界面。

VMC500主界面介绍如下：

一、Home主页

可以看到如图7.1.1所示界面，会显示当前所连接的AGV编号（图示为Vehicle 1）和软件版本号（图示为P41894V133）。

第七章 AGV故障与维修

图7.1.1　VMC连接画面

二、Halt Vehicle

选项如图7.1.2所示，点击这个选项之后，AGV会暂停运行，不会再接受上位的指令，这个选项主要用在 更新AGV程序的时候，如果 在对AGV程序更新时没有点击Halt Vehicle，正好上位对AGV发出指令，就有可能给任务造成不必要的麻烦，因此在对AGV进行单机程序更新时，一般应该先点击Halt Vehicle，再传程序到AGV，传完之后重启AGV即可。

图7.1.2　IE停止AGV指令

三、Restart Vehicle

选项如图7.1.3所示,点击此选项则AGV会自动重启,此功能多用于更新AGV程序后重启AGV。

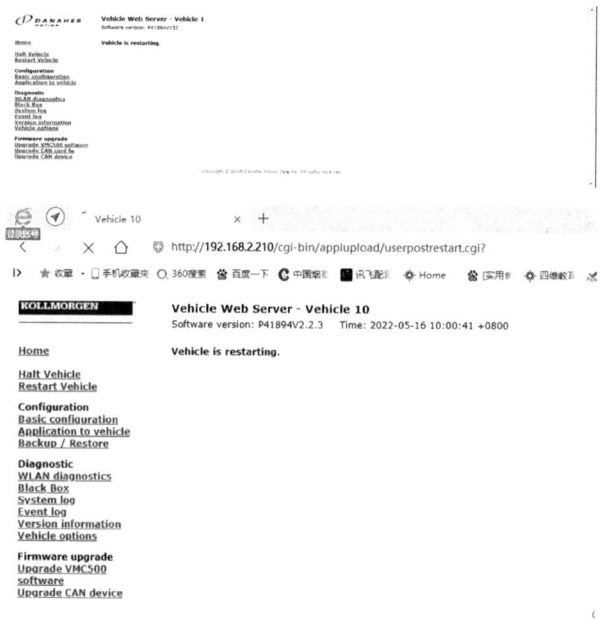

图7.1.3　IE重启AGV

四、Configuration

（一）Basic configuration

选项如图7.1.4所示，这个选项里面主要是AGV的一些基本信息，如NDC8 Configuration、Wireless Lan Configuration等。

在NDC8 Configuration一栏中，可以看到站点名是defaultsite，系统名是zzfl，AGV ID号是1，可以通过Basic configuration这个选项修改AGV的一些参数并做一些初步的设置，比如上文列出的站点名，系统名或者其无线ip地址等等，当然修改之后必须重启AGV才行。

（a）

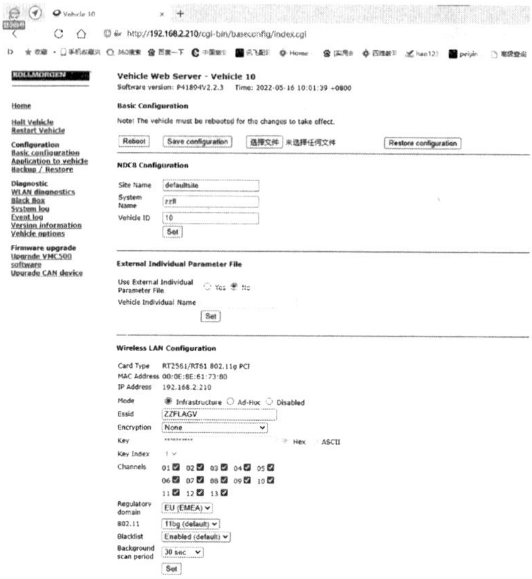
Vehicle Web Server - Vehicle 10
Software version: P41894V2.2.3 Time: 2022-05-16 10:01:39 +0800
Home
Halt Vehicle
Restart Vehicle
Configuration
Basic configuration
Application to vehicle
Backup / Restore
Diagnostic
WLAN diagnostics
Black Box
System log
Event log
Version information
Vehicle options
Firmware upgrade
Upgrade VMC500 software
Upgrade CAN device
Basic Configuration
Note: The vehicle must be rebooted for the changes to take effect.
Reboot
Save configuration
Restore configuration
NDC8 Configuration
Site Name
System Name
Vehicle ID
Set
External Individual Parameter File
Use External Individual Parameter File
Vehicle Individual Name
Wireless LAN Configuration
Card Type RT2561/RT61 802.11g PCI
IP Address 192.168.2.210
Mode
Infrastructure
Ad-Hoc
Disabled
Essid ZZFLAGV
Encryption None
Key
Hex
ASCII
Key Index
Channels
Regulatory domain EU (EMEA)
802.11
Blacklist Enabled (default)
Background scan period 30 sec

（b）

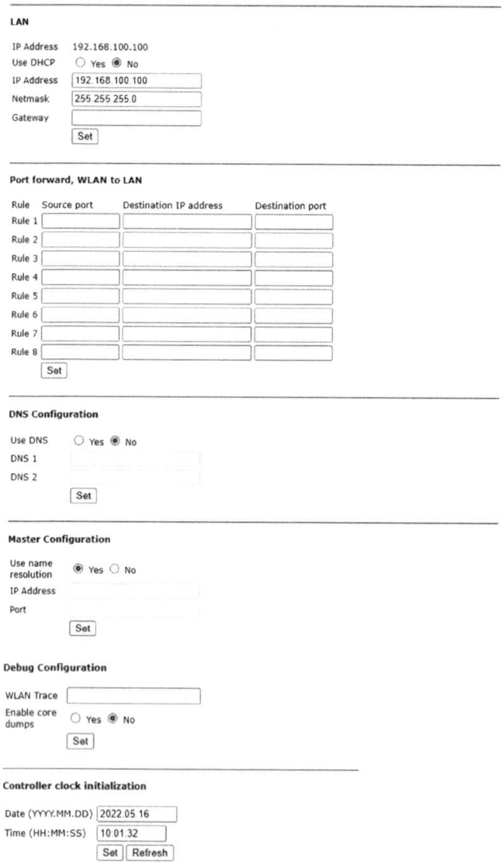
LAN
IP Address 192.168.100.100
Use DHCP Yes No
IP Address 192.168.100.100
Netmask 255.255.255.0
Gateway
Set
Port forward, WLAN to LAN
Rule Source port Destination IP address Destination port
Rule 1
Rule 2
Rule 3
Rule 4
Rule 5
Rule 6
Rule 7
Rule 8
Set
DNS Configuration
Use DNS Yes No
DNS 1
DNS 2
Set
Master Configuration
Use name resolution Yes No
IP Address
Port
Set
Debug Configuration
WLAN Trace
Enable core dumps Yes No
Set
Controller clock initialization
Date (YYYY.MM.DD) 2022.05.16
Time (HH:MM:SS) 10.01.32
Set Refresh

（c）

图7.1.4　参数设置

（二）Application to vehicle

选项如图7.1.5所示，这个选项对于AGV来说是非常重要的，也是时常会用到的。

（1）当系统路径发生变化时，需要生成相应的系统路径程序文件，文件名为XXXX.wef，单击"浏览"找到电脑中的XXXX.wef文件，单击"Send"导入AGV，等待几秒钟，待文件导入后点击"Restart Vehicle"选项，重启AGV即可；

（2）当AGV单机程序改变时，需要将格式为XXXX.zip的文件导入AGV，单击"浏览"找到电脑中的XXXX.zip文件，然后单击"Send"，等待几秒钟，待文件导入后点击"Restart Vehicle"选项，重启AGV即可。

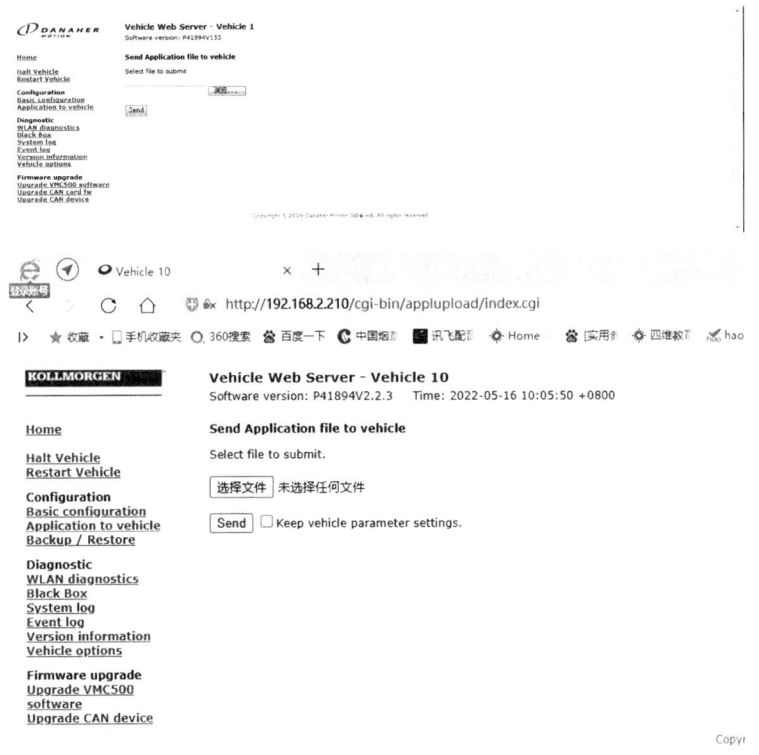

图7.1.5　更新路线和单机程序

五、Diagnostics

（一）WLAN Diagnostics

选项如图7.1.6所示，通过无线诊断选项，可以看到AGV连接AP的一些基本信息，并监控AGV连接的无线信号质量，如果没有连接则在Acess Point这一栏都会变为0，这时就需要检查AGV与AP之间的连接情况，如图7.1.6。

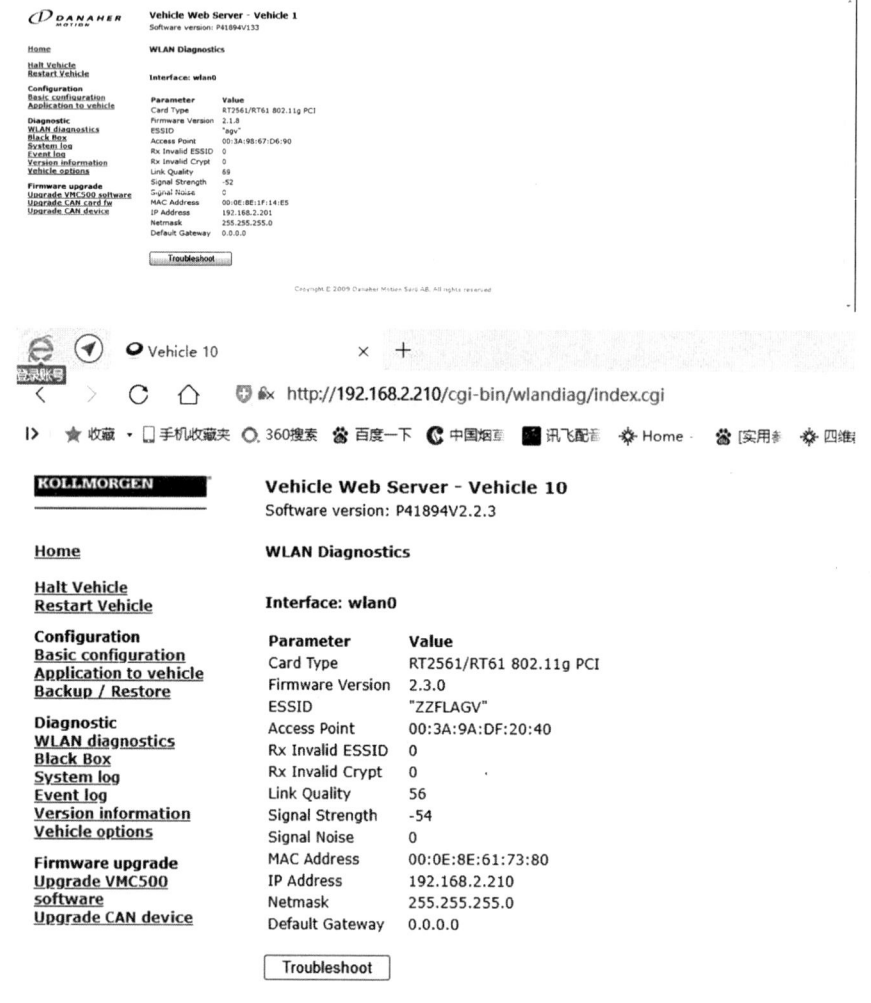

图7.1.6　查看WLAN状态信息

（二）Black Box

选项如图7.1.7所示，如同飞机上有"黑匣子"一样，AGV也有"黑匣子"，"黑匣子"会记录AGV的当前工作状态，包括系统工作状况、电子元器件工作状态、发动机工作参数等等系统相关信息，通过"黑匣子"文件可以了解到AGV运行的实时状况，帮助更好地了解AGV的运行情况。

在Black Box这个选项里面有两个按钮，单击Trig会人工触发产生一个"黑匣子"，记录当前工作状态，但是有时候由于版本等级低会无法人工触发；单击Delete all则会删除当前栏目下所有产生的"黑匣子"文件。

"黑匣子"文件还有一个作用，当一台AGV需要更新单机程序和路径程序的时候，可以通过另外一台在同系统中运行良好的AGV得到需要的程序，具体过程就是进入IE界面点击Black Box，然后选取最新的"黑匣子"文件，下载到电脑端，接着通过软件Vehicle Diagnostic Tool打开此前得到的"黑匣子"文件，输出后得到XXXX.zip和XXXX.wef文件，再导入AGV即可，如图7.1.7。

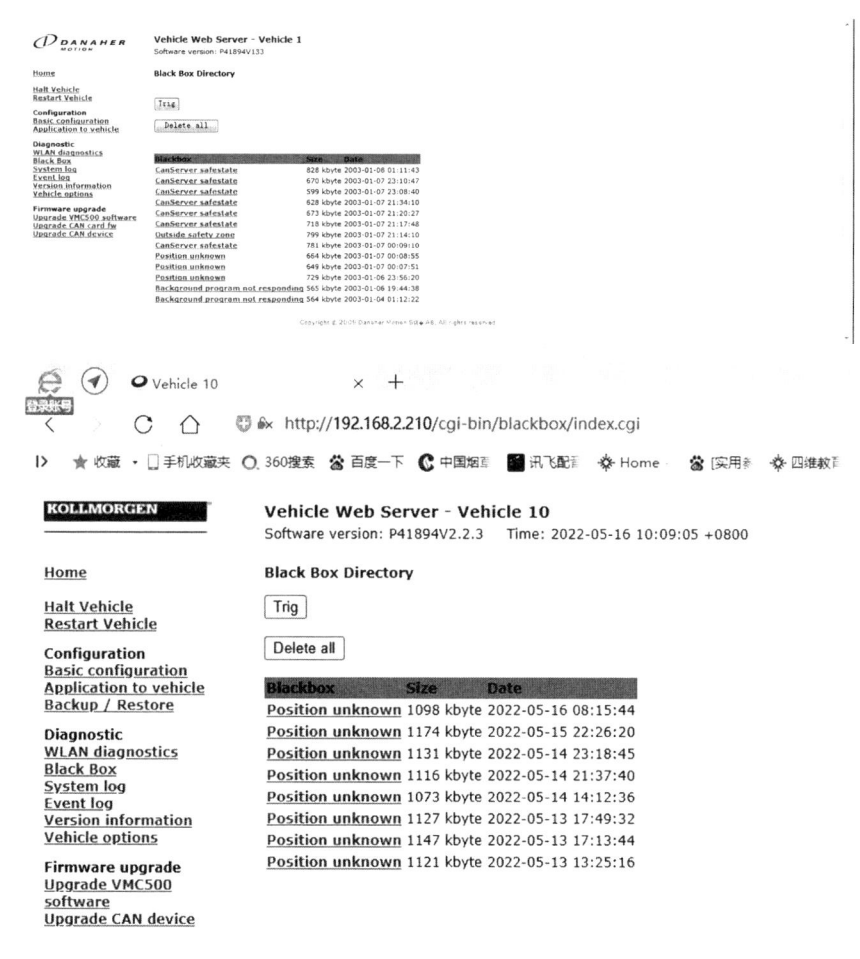

图7.1.7　查看黑匣子

（三）System log

选项如图7.1.8所示，这个选项会记录系统运行时的工作状况。

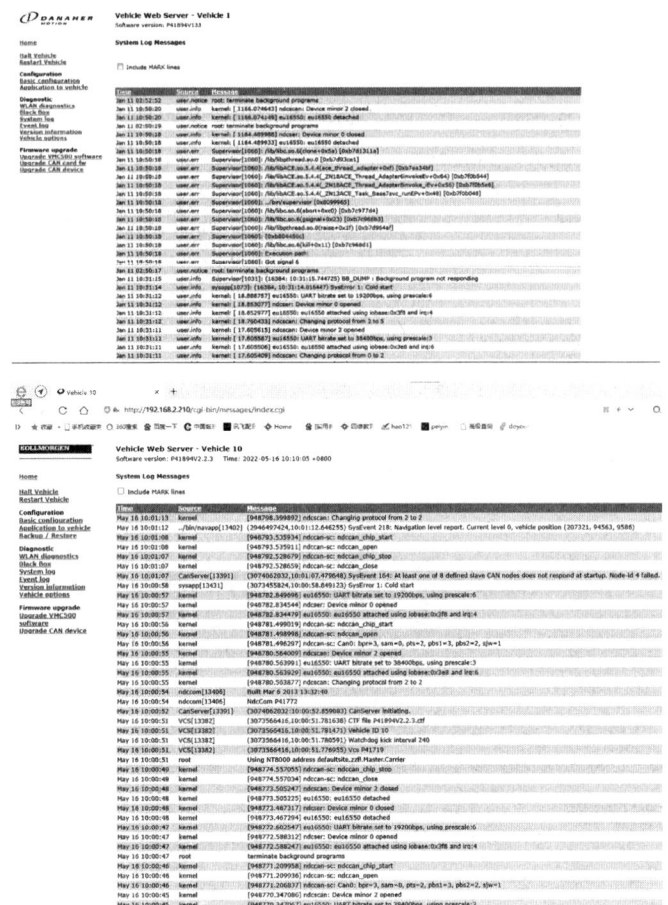

图7.1.8 系统日志

(四) Event log

选项如图7.1.9所示。当系统的某个地方产生错误或者某些不期望发生的事情发生时,系统就会反馈事件,通过CWAY或者IE界面就可以查看这些事件,根据事件描述,查找事件代码来了解事件发生的可能原因,经过和结果,从而解决问题,使系统能正常运行。

Event分为三种:

System Error(系统错误):系统反馈某个地方产生了错误;

System Event(系统事件):系统反馈发生了不期望发生的事件;

User Event(用户事件):当用户想要表明发生在系统中的事件为不同类型的事件时此事件就会被定义为用户事件。

在Event log选项中所显示的事件一般包括以下几点Name(名称)、Type(类型)、Severity(严重程度)、Code(代码)、Time(发生时间)。

如图7.1.9所示反馈的事件,可以知道系统产生的热启动可能出现错误,根据其代码2可以查到该事件Severity: info(信息);Description: The unit has restarted and performed a warm start(系统重新启动进行温和的热启动); Action: No action required(不需要任何操作)。从中可以看出,本次热启动仅为反馈的信息对系统运行造成危害,不需要进行处理。

SystemError 2 Warm start.

图7.1.9 热启动

如图7.1.10所示反馈的事件,可以知道产生了系统事件终端重启,根据代码45可以查到该事件Severity: info(信息); Description: The ACC70 has been requested to restart from the operator terminal(ACC70要求从终端重新启动)。通过查找 了解到本次事件不会对系统造成危害,不需要处理。

SystemEvent 45 Operator restart.

图7.1.10 重启

如图7.1.11所示反馈的事件,可以知道产生用户事件EMS from safety controller(安全控制器急停),根据代码5000可以查到该事件Severity: info(信息); Description: Emergency stop reason can not be specified.(急停原因无法确定); Action: Check if you can find the EMS reason and clear it. Reset EMS.(检查急停原因,并解除急停)。

UserEvent 5000 AGV 怎ld · EMS from safety controller

图7.1.11 急停

AGV所发生的Event很多,如需了解相关代码,可找供应商咨询。如图7.1.12所示。

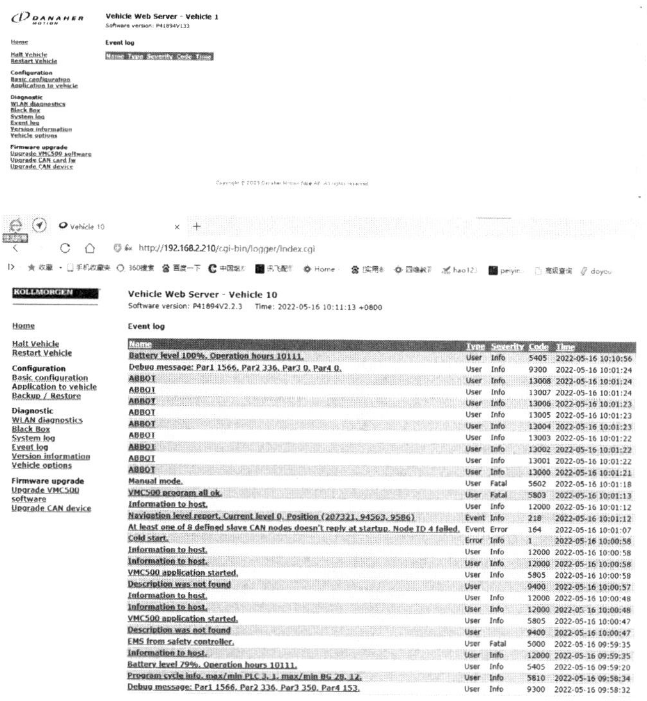

图7.1.12 AGV事件日志

（五）Version information

选项如图所示图7.1.13所示。这个选项也记录了AGV的一些相关参数，具体见图7.1.13即可，这里不做过多描述。

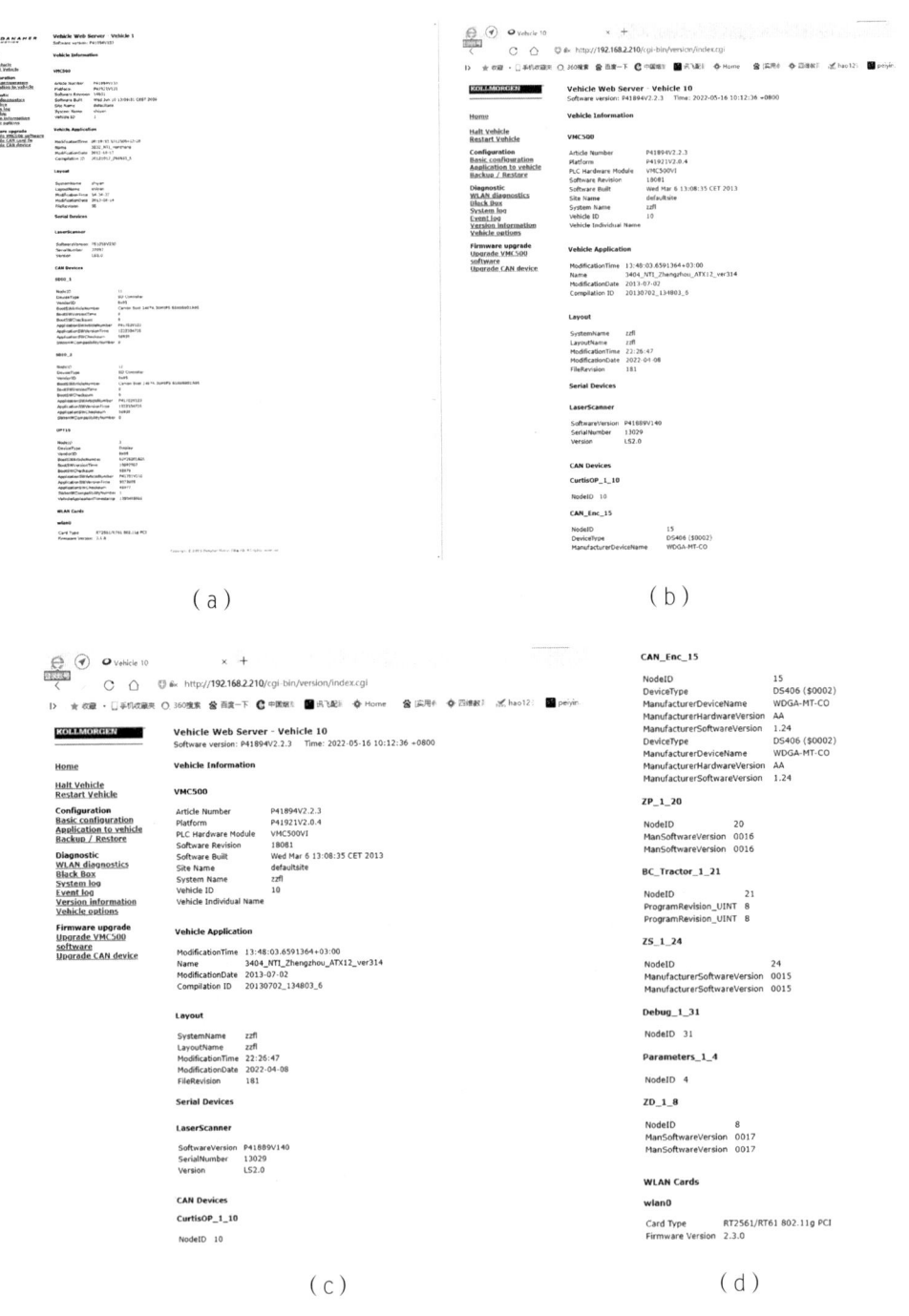

图7.1.13 版本信息

（六）Vehicle options

这一项不需要了解，此处不做说明。

六、Firmware upgrade

此处无须了解，如有需要请咨询供应商。

第二节　VAD软件诊断方法

VAD全称为Vehicle Application Designer，它可以建立和配置AGV文件项目，并能将其下发给AGV控制器，同时也能读取AGV本体文件项目的软件，它为 提供了一种诊断、设置和调教AGV的工具，在生产实际中应用十分广泛和方便。

一、VAD软件界面介绍

（一）VAD软件基本界面介绍

打开VAD软件，用PC连接上任一AGV后，界面如图7.2.1：

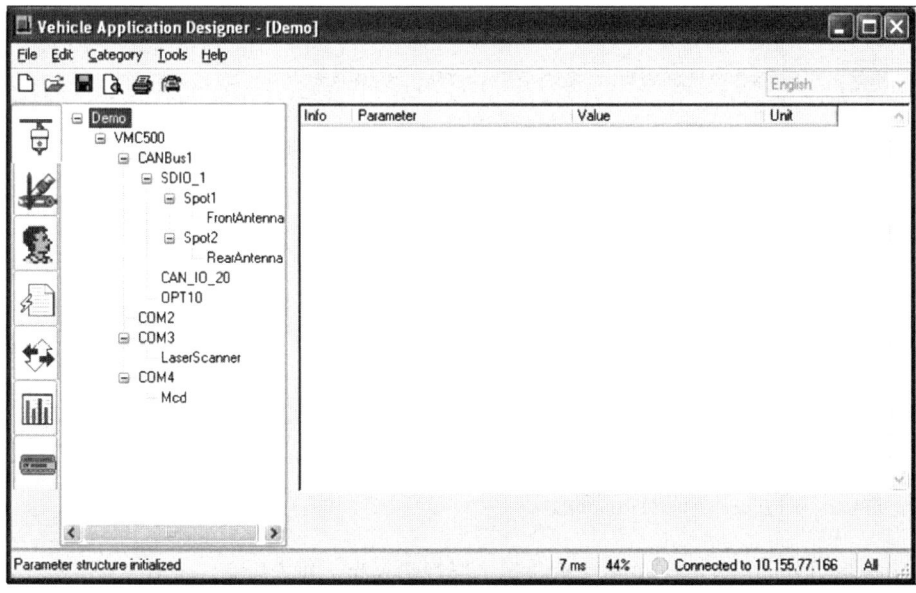

图7.2.1　VAD软件界面

右侧菜单定义如表7.2.1：

表7.2.1 功能菜单解释

选项卡	描述
	连接视图显示连接到每个设备的参数。添加/升级设备的操作就是从这个视图中进行的。右键单击设备以查看属性对话框
	物理视图显示描述导航所需组件位置的参数
	"单个参数"视图显示定义为单个的参数。所有具有特定于车辆的值的参数都需要定义为单个参数
	事件描述视图。事件描述视图用于创建、编辑和删除事件。用户事件在CWay 8中定义，可以合并到车辆设计工具中
	用于NDC8视图的OpenPCS。PLC设计工具从此视图启动
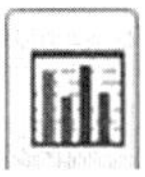	诊断视图用于创建用于故障诊断和验证的诊断视图。可以将车辆设计工具中的任何参数添加到诊断视图中。当车辆设计工具连接到车辆时，可以在运行时查看或编辑诊断参数
	操作员界面视图用于设计和编辑操作员终端菜单系统
	应用程序警报查看需要配置的参数。只要未为参数分配任何值，警报就会保持

（二）VAD诊断功能介绍（Diagnostic Views）

这里作为日常维护使用者的，经常使用的为"诊断"视图，诊断视图用于故障排除和验证，也可以将车辆设计工具中的任何参数添加到诊断视图中，同时当车辆设计工具连接到车辆时，可以在运行时查看或编辑诊断参数。

图标为"　"，因此这里主要讲解诊断视图界面，在连接某一台AGV后，VAD界面如图7.2.2：

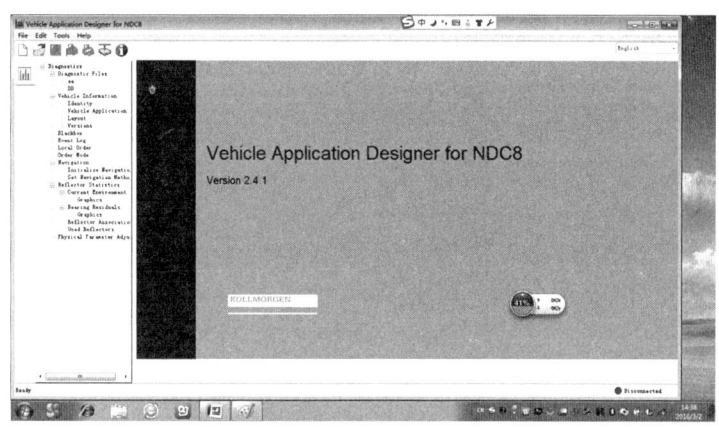

图7.2.2 诊断界面

1. 如何新建项目

（1）右键单击Diagnostic files，并选择Add new。

（2）命名该项目文件，文件名中不允许有空格。

（3）选择该项目。

（4）在参数窗口中单击鼠标右键。

（5）选择Add，然后从列表中选择参数。使用过程中可以用Ctrl+Shift或Ctrl进行多选。

（6）保存该项目文件。

要添加预定义视图，请执行以下操作：

（1）右键单击诊断文件，并选择添加现有文件。

（2）预定义文件保存在文件夹C：\Base8\NDC8Demo\Diagnostic\.

2. 车辆参数的在线跟踪

（1）创建一个项目

（2）选择要跟踪的诊断参数。

（3）通过选择"工具/跟踪"启动跟踪。

（4）连接到车辆，这可以按相反的顺序进行IE浏览器的连接，然后启动跟踪。

（5）通过断开车辆连接或再次选择工具/轨迹来停止跟踪。

连接时，可以将诊断视图更改为跟踪。只需选择要跟踪的新诊断视图。

断开车辆连接或更改诊断视图时，首先创建诊断文件。跟踪文件保存在BASE8目录下的跟踪目录中。例如C：\BASE8\NDC8Demo\Trace\custom\u IO\u 632781239 70783982.csv。

3. 本地命令（Local Order）

本地命令可用于通过点之间、操作代码和参数下发复杂的本地命令。它还可以用于仅对目标点执行简单的订单命令。如图7.2.3：

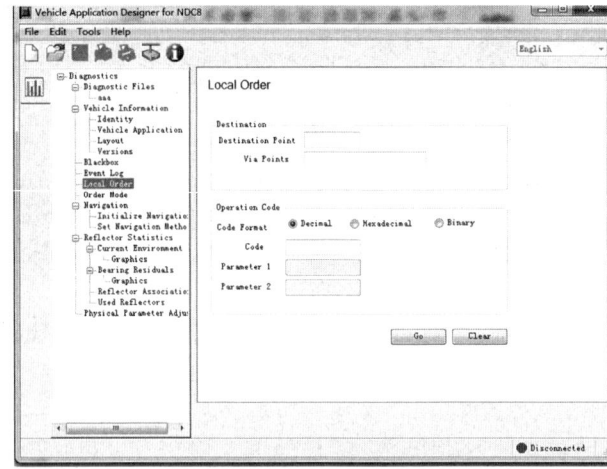

图7.2.3　本地命令

本地模式（local mode）通过以下三种方式之一设置（见图7.2.4）：

（1）主模式-车辆控制器接收来自控制器的命令。

（2）本地模式-车辆控制器接收来自车辆维护工具的命令，同时不考虑系统中的其他车辆。

（3）带TM的本地模式-车辆控制器接收来自车辆维护工具的命令，并在交通调度管理下确认驾驶路径。

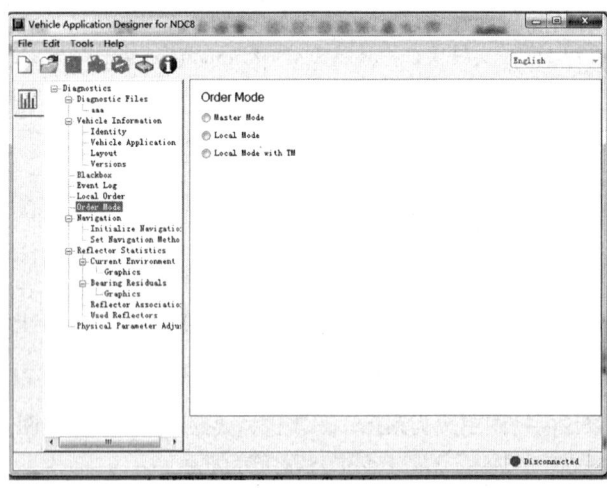

图7.2.4　命令模式

4. 反光板状态统计（Reflector Statistics）

在此选项卡中，您可以从以下参数中找到快照信息：

（1）创建日期：快照的创建日期。

（2）创建时间：创建快照的时间。

（3）车辆X：车辆X在路线中的位置。

（4）车辆Y：车辆Y在路线中的位置。

（5）车辆TH：路线中的车辆角度。见图7.2.5

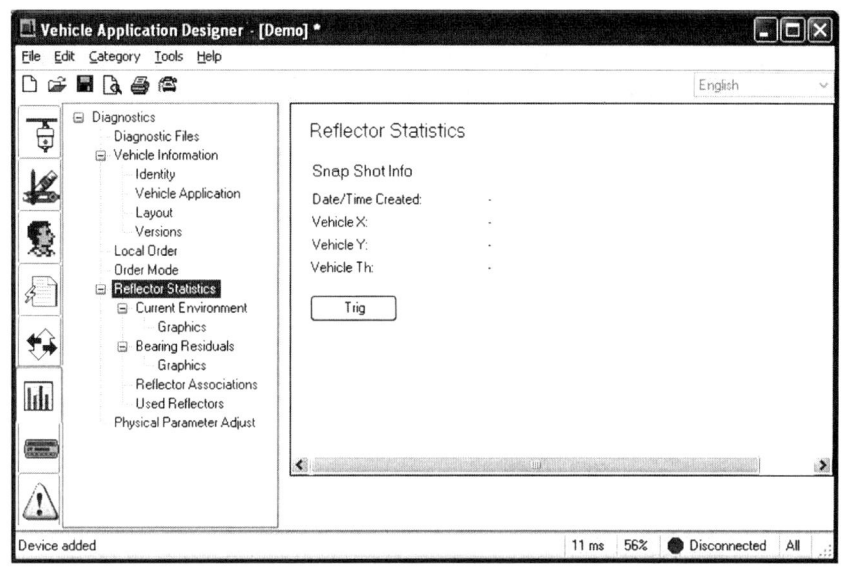

图7.2.5　反光板状态统计

触发按钮根据车辆控制器的参数将执行新的快照。

通过选择Graphics图形菜单项，将显示反射板的图形图片。红色反射器为故障的反射板，其他为正常反射板。

5. 当前环境（Current Environment）

统计数据基于在短时间内（通常为1秒）从激光扫描仪收集的测量值。相同方向上的重复测量会被删除。

当前环境（Current Environment）菜单项显示当前反射板的环境。

以下是显示的参数，如图7.2.6：

• Bearing：激光扫描仪测量的朝向反射的方向。

• Measured Dist：激光扫描仪测量到的反射距离。

• Ref ID：相关反射器的标识。

• Association Type：个体测量的分类。

• Residual：朝向反射器的预期和测量方向之间的偏差。

- Expected Dist：根据布局，从激光扫描仪到反射器的距离。

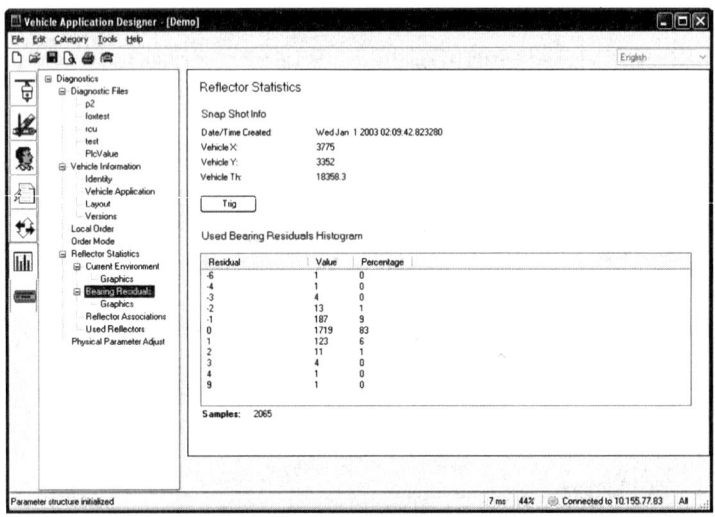

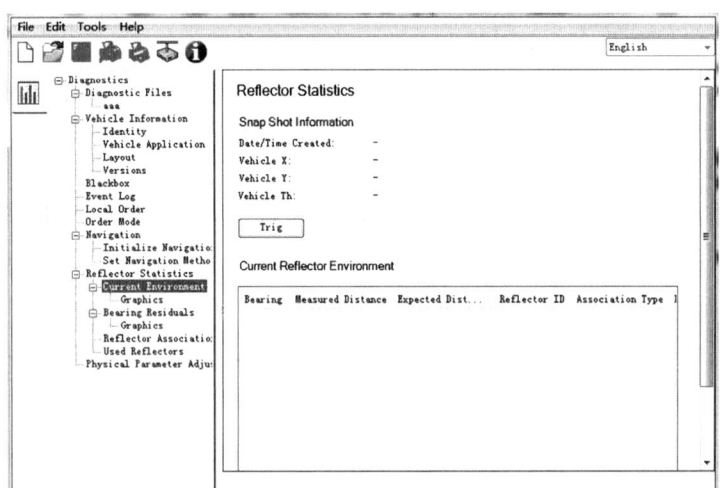

图7.2.6 current environment界面（反射板）

触发按钮从当前反射器环境执行新快照。通过选择图形菜单项，将显示反射器的图形图片。

- 错误：红色
- 良好：绿色
- 非常好：绿色
- "剩余"：橙色

6. Bearing Residuals

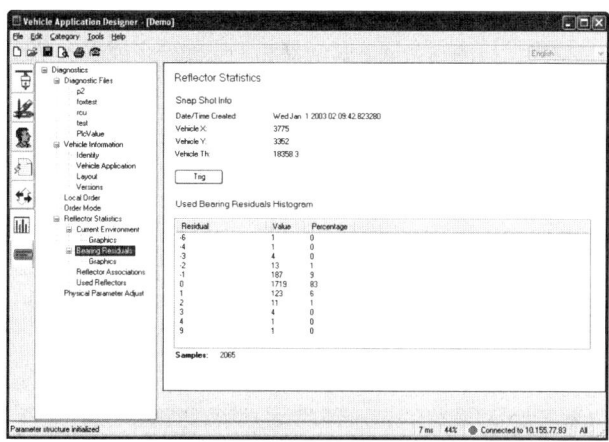

图7.2.7　Bearing Residuals界面

该统计数据基于自启动以来激光扫描仪的测量值，这些测量值已用于连续位置计算。

如图7.2.7，"Bearing Residuals"菜单项显示已使用的Used bearing residuals histogram。以下是显示的参数：

• Residual：朝向反射器的预期和测量方向之间的偏差。

• Value：残差列中规定的具有残差的测量数。

• Percentage：与值相同，但为相对频率。

对于修整良好的车辆和良好的地面条件情况下，大多"Bearing Residuals"应在几毫弧度以内。

Samples：nn是此反射器统计计算中使用的测量总数。

通过选择图形菜单项（Graphics），将显示反射板的状态统计。红色反射板为错误的反射器，其他为正常反射器。

7. Reflector Associations

在每次更新车辆位置时，会对自上次更新以来接收的测量结果进行分类和汇总。

如图7.2.8，这些是显示的参数：

• Association Type：度量的分类汇总。

• Value：使用"Association Type"列中指定的分类进行更新的次数。

• Percentage：百分比：与值相同，但作为相对频率给出。

显示的信息为：

• No：未检测到反光板。

• Good：扫描仪检测到任何相关的好的反射器。

- False：检测到错误的反射板。
- Double Reflector：检测到与多个反射器相关联。
- Double Angle：扫描仪检测到与同一反射器相关联的两个或多个角度。
- Ignore False：检测忽略错误线后的错误反光板。
- No Good：在好与不好之间。
- Disabled Reflector：关联的反光板被禁用。
- Ignore Sector：在忽略扇区窗口内检测到的反光板方向。
- Bad Status：检测到很可能是错误的反光板。
- Very Good：与好相同，"剩余"值小。

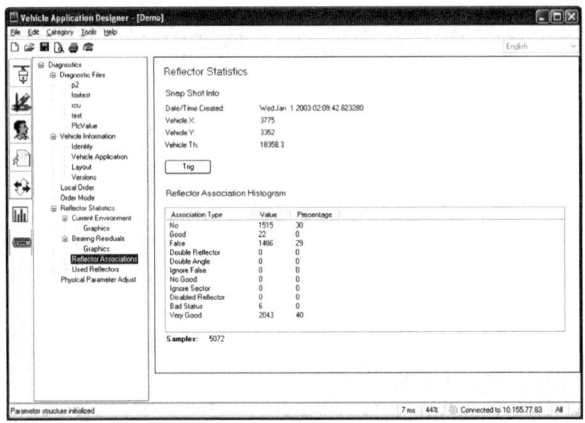

图7.2.8　反射器关联视图。

样本NN是在该反光板统计计算中使用的测量的总数。

8. Used Reflectors

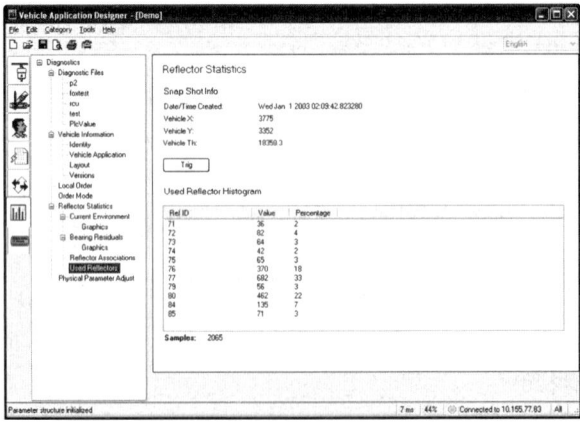

图7.2.9　反光板关联视图

在这里您可以找到使用过的反射板（良好）的列表，如图7.2.9。示例为您提供了自启动以来用于更新位置的反射板的数量。

这些是显示的参数：

• Ref ID：反射器的标识。

• Value：已与"Ref ID"列表中指定的反射板关联的测量数量。

• Percentage：与值相同，但作为相对频率给出。

样本XX是在此反射板统计计算中使用的测量总数。

9. Navigation

（1）Initialize Navigation（初始化导航）

初始化导航包含帮助车辆找到其位置的对话窗口。如果车辆处于自动模式，则使用激光扫描仪查找其位置。如果车辆找不到自己的位置，您可以使用"初始化导航"帮助车辆找到自己的位置，如图7.2.10。

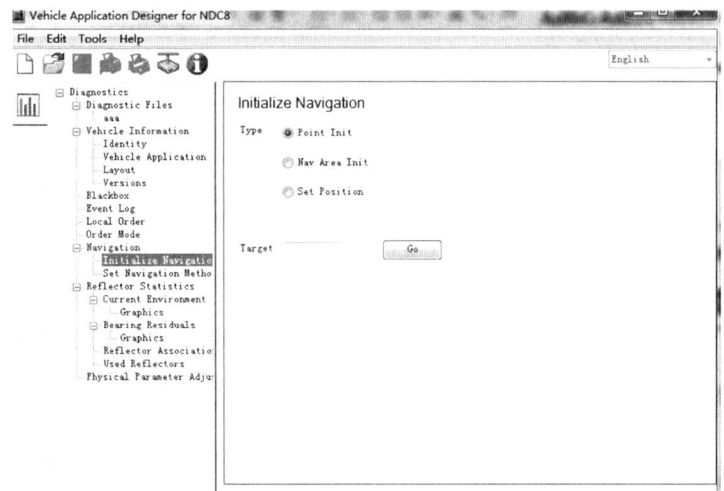

图7.2.10　导航界面

（2）以下可用的几种初始化类型：

Point init（点初始化）：通过输入接近当前位置的点，帮助车辆控制器找到车辆位置。车辆控制器将使用该信息来确定车辆位置，但仅当车辆为反射器导航时可见。

Nav Area Init（导航区域初始化）：通过显示车辆位于哪个导航区域，帮助车辆控制器找到车辆位置，但仅当车辆为反射器导航时可见。

Set Position（设置位置）：告诉车辆控制器AGV位于哪个点上。

要初始化导航，请执行以下步骤见图7.2.11。

①使用单选按钮选择 Type of init初始化类型。

②在当前布局中输入有效的区域/点，然后按GO（执行）按钮。

③按Yes（是）确认初始化。

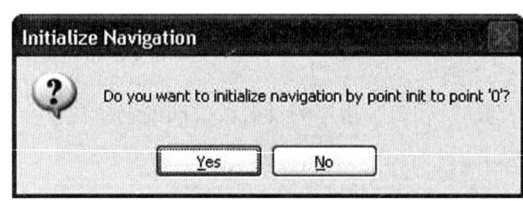

图7.2.11　Initialize Navigation.（初始化导航）

10. Set Navigation Method（设置导航的方法）

该功能用于设置导航的方式类型，如图7.2.12。

以下导航类型可用：

• Laser（激光）

• Spot（点）

• Inductive Wire（感应线）

• Magnetic Tape（磁带）

• Range（范围）

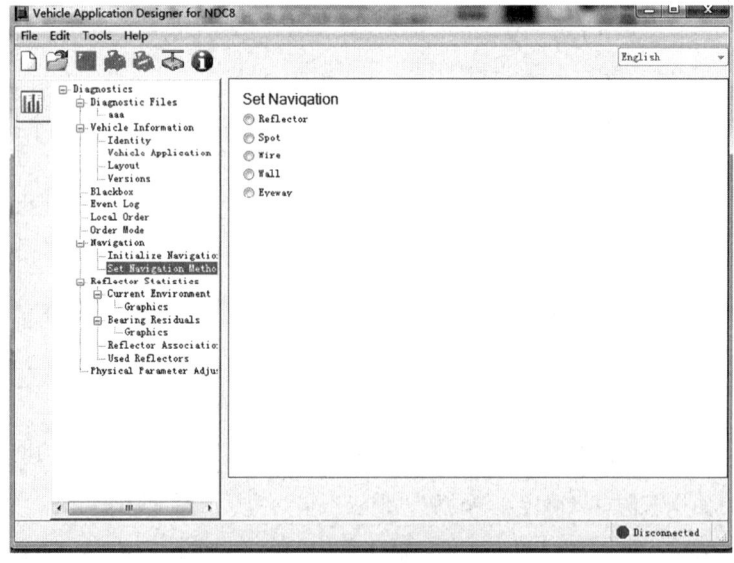

图7.2.12　导航方式界面

即使联网车辆不支持所有导航方法，也会显示这些方法。如果不支持所选的导航类型，则会出现一个包含错误消息的消息对话框，然后将恢复以前的导航类型。

二、使用VAD软件对AGV参数设置方法

（一）使用VAD软件设置AGV参数

下面描述了AGV参数调整的步骤，因为这些步骤的调整决定了AGV导航的精度。

SDAGV（只有一个转向驱动轮的AGV称为SDAGV）中的VMT（AGV维护工具软件）物理参数调节功能可用于AGV参数调整（比如，激光扫描仪的X值、Y值、角度值和转向编码器的偏移值）。

1. 准备工作

在您开始进行参数调整之前，请满足以下条件：

（1）一个大约10米×20米的空旷场地，进行AGV参数调整。

（2）一台与AGV系统相匹配的Windows XP电脑。

（3）一把卷尺。

仔细检查AGV，还要满足以下条件：

（1）电气线路接线完好

（2）各编码器正常

（3）电机/伺服正常

（4）AGV机械工作正常

（5）具有一个特定导航环境

如果满足上述条件，就可以进行AGV的参数调整了。

2. 调整转向控制回路参数

如果PID调节器的反馈信号，不能使AGV的车轮达到给定的角度，有可能会增大SDIO_1.SteerRegFailureDelay的参数值（默认值是1000毫秒）。该值表示首先通过手操器给定AGV一个转向角度Φ1，转向编码器通过反馈的信号值给出实际角度Φ2，其差值Φ3=Φ1–Φ2会经过FSA23伺服调节器调整后输出电压信号，电压信号经功率放大后，转向电机会改变角度。直到车轮达到设定的角度，SDIO_1.SteerRegFailureDelay就表示了这个过程所需的时间。

如果将该值设置为0，调节器会被禁用。在设置"工具">"选项">OEM里可看见此参数。调整后，重启SDIO_1.SteerRegFailureDelay使其成为默认值。

调整下面的转向控制参数，主要是为了使AGV以一个高精度和平滑的方式转向。见图7.2.13。

SDIO_1.SteerRegP

SDIO_1.SteerRegI

SDIO_1.SteerRegILimit

SDIO_1.SteerRegD

但没有必要为这些参数分配单独的值。

VMC20转向/驱动控制调节器具有标准PID（比例积分微分）调节器的功能，（这些调节器在相关列表中有描述）。

（1）首先调整SteerRegP值，将值设置为自激振荡值的90%（约800～3000），转向控制会迅速作出反应。

（2）有时也会使用SteerRegI值（约0～1000），以减少误差。通常是不需要设置SteerRegI的值。

（3）如果SteerRegI的值不等于0时，那么SteerRegILimit就必须设置，SteerRegILimit的值应设在200～1000的范围内。

（4）通常是不需要设置SteerRegD的值。

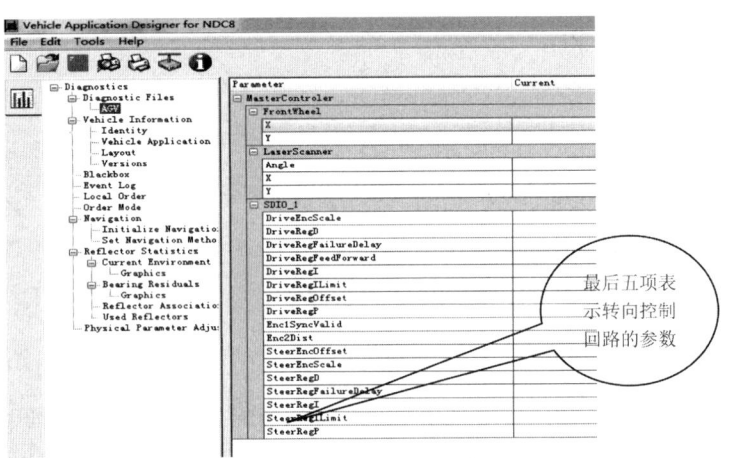

图7.2.13 调整StreerRegD

3. 调整增量式转向编码器的偏移值

转向编码器SDIO_1.SteerEncOffset的参数值会补偿AGV在直线行驶前进方向上的偏差。

转向编码器的偏移值必须一个一个来定义，因为各AGV之间的值是不一样的。

调整转向编码器的偏移值：

（1）如果产生了同步脉冲说明非常接近直线行驶方向（±2度），换句话说，必须以手动机械方式调整到±2度内。

（2）设置SDIO_1.SteerEncOffset=0

(3)重启VMC500

(4)操控车轮向左转或者向右转,直到检测到0个脉冲。

参数值改为SDIO_1.Enc1SyncValid = 1(1代表真值)。

(5)在不转弯的情况下,手动操纵AGV向前和向后沿直线行驶10~15米,并在地面上用直线做标记。

(6)当驱动AGV向前时,如果AGV向右偏,零脉冲位置向左,为调整偏移值,需要输入负值。

(7)继续重复e和f步骤,直到AGV前进和后退的行驶路径都是直线。调整偏移量的参数,直到调整为±10(=0.1度),在直线行驶时,最大允许的偏差为100毫米/10米远的距离。

4. 调整绝对式转向编码器的偏移值

在VAD或AGV设计工具里,通过检查编码器的角度,调整转向CAN编码器的偏移值(SteerEncOffs)。设置转向编码器的偏移值,并且设置角度为零时,AGV能直线行驶。可以通过VAD PPA微调转向编码器的偏移值。

5. 调整驱动编码器的比例值

调整AGV驱动编码器的比例值的一个简单办法,就是驱动AGV向前或向后一定的距离(10~15米),记录编码器里寄存器的距离值,然后,用卷尺测量驱动后的距离值,并比较两个距离值。

驱动编码器的比例值被定义在AGV设计工具里的个人参数视图里。

不要试图移动到很精确的距离,最好是使用车架上的一个固定点,测量实际的距离。记录从开始点到结束点上编码器的值。这些不同的值应与测量值是相等的,否则,调整比例值。如果编码器的值大于实际测量值,那就在原来旧比例值基础上调得更大一点。

新比例值=旧比例值×编码器的距离值/实际的距离值。

试着进行缩放准确到0.1%(10米的距离有10毫米的偏差)

6. 调整驱动控制参数

通过调整以下驱动控制参数,AGV会在准确的精度和平滑的条件下行驶。

SDIO_1.DriveRegOffset

SDIO_1.DriveRegFeedForward

SDIO_1.DriveRegP

SDIO_1.DriveRegI

SDIO_1.DriveRegILimit

SDIO_1.DriveRegD

所有相同类型和尺寸的AGV，这些参数值是相同的。

7. 驱动调节器的偏移值

参数SDIO_1.DriveRegOffset的值表示FSA的输出值，使得驱动轮开始运动的最小距离值。

当驱动AGV向前和向后，如果调试程序给出两个不同的值，使用两个值中较小的一个，作为驱动调节器的偏移值。大多数情况下，最好是使用较小的值，而不是较大的值。由于快速的驱动调节，如果设置的值过高，AGV往往难以稳定。

调整驱动调节器的偏移值：

（1）在AGV设计工具的诊断视图里，设定下列值：

SDIO_1.DriveRegOffset=0

SDIO_1.DriveRegFeedForward=500

SDIO_1.DriveRegP=0

SDIO_1.DriveRegI=0

SDIO_1.DriveRegD=0

正常驱动调节器的偏移值设为0~1000

（2）命令AGV向前行驶（设置角度为0度）

（3）逐渐增加McdLowSpeed的值，利用AGV的手动控制装置的低速档，直到AGV移动。

（4）记下阈值（=1/5FSA输出）。

（5）当达到最大速度后，AGV仍然不动，这时就需要修改SDIO_1.DriveRegFeedForward=1000，然后，重复上面的操作。

（6）计算驱动调节器的偏移值。

例如：AGV的开始启动时的McdLowSpeed=0.13米/秒（130毫米/秒），那么，驱动调节器的偏移值=，这里FF表示DriveRegFeedForward的值，100是缩放因子。

（7）重复上述步骤，命令AGV向后行驶。

（8）选择驱动调节器偏移值中较小值。

8. 调整反馈增益值

参数SDIO_1.DriveRegFeedForward的值描述了FSA的输出和AGV速度之间的关系。

调整前馈增益：

（1）设置"Mcd.McdLowSpeed" = "Vehicle .CreepSpeed"。

（2）驱动AGV，逐渐调整DriveRegFeedForward值，直到SDIO_1.Enc2Speed= Mcd.

McdLowSpeed，重复几对Vehicle .CreepSpeed 和Vehicle .MaxSpeed的 Mcd.McdLowSpeed的值，记录最佳的前馈增益值。

（3）设置SDIO_1.DriveRegFeedForward为0.9×"最佳前馈增益值"，一般在250～1000的范围内。

（4）在不同的McdLowSpeed时，有时很难使得AGV以精准的速度行驶。这时，使用Vehicle .MaxSpeed前馈增益值的一半。

9. 调整 DriveRegP 值

调整SDIO_DriveRegP参数值：

（1）逐步增大DriveRegP，直到产生自激振荡（AGV的行驶不规则、不平稳）。

（2）记录此时的P0值，再用0.9×P0得出的结果，就是 所需的DriveRegP值，通常这个值是大于1000的。

10. 调整 DriveRegI 和 DriveRegD 值

该DriveRegI值可用于补偿其他偏差值，而DriveRegD值则会影响快速变化的灵敏度。是否会用到这些参数，跟AGV的重量、载荷、行驶轨迹、速度、地面状况等没关系。

一般情况下，DriveRegD值是不需要的，但这个值用在特别"刁钻"的AGV，是很有用的。这个应该被视作"专家级"的参数。DriveRegD值可减少积分值的负面效果，一般为0～100。见图7.2.14。

在许多应用程序中，DriveRegI值和DriveRegILimit值可以被省略或设置为零，如果驱动偏移值和前馈增益值调整到一个好的效果，这两个值就不需要了。为了找到合适的DriveRegI值和DriveRegILimit值是很困难的，通常情况下，最好的办法就是"试验-错误"的方法。

不过，这里还是有"经验法则"可提供的：

（1）把DriveRegILimit的值和驱动编码器偏移值设为相同值，DriveRegI参数值设为100～1000，然后测试结果。

（2）如果AGV的运行不规律，试着尽量减小DriveRegD和DriveRegI的值。

DriveRegI参数值一般设为100～1000，DriveRegILimit一般设为100～1000。

11. 在上述大多数参数手工调校完成后，可以用 VAD 中 PPA 功能调整激光导引AGV 扫描仪的参数

在上述大多数参数手工调校完成后，可以使用基于AGV维护工具和AGV设计工具的PPA（物理参数调节），能自动地调整AGV的转向偏移值和激光扫描仪参数X、Y、θ。

扫描仪的位置参数X和Y表示激光扫描仪与后轮轴、AGV对称轴的安装位置，扫描仪的

角度 θ Φ 是扫描仪的安装方向和AGV对称轴的角度，X、Y、θ 是三个常数值。见表7.2.2。

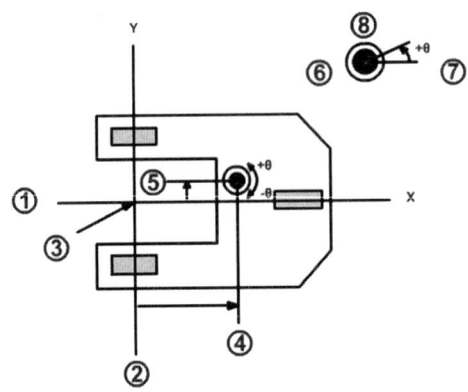

图7.2.14　AGV参数的图示位置

表7.2.2　图7.2.14中的重点编号

编号	描述
1	AGV 对称轴线
2	AGV 后轮轴线
3	AGV 参考点
4	扫描仪离参考点距离 X
5	扫描仪离参考点距离 Y
6	扫描仪的中心线
7	平行于 AGV 对称轴的线
8	扫描仪角度

在使用软件向导，开始进行参数调整之前，确保满足以下要求：

（1）确保有良好的反射板测量区域

（2）确保有足够大的空间

（3）确保在使用向导调整之前，AGV必须处于本地模式（在AGV调度计算机里，释放此台测试AGV的阻塞）。

由软件执行的参数调整向导，包含5个步骤，AGV设计工具会自动逐个启动这5个步骤。当在AGV设计工具里创建定义时，设计人员已经指定参数设置的名称，比如扫描仪的参数名称和转向编码器的参数名称。

（二）使用VAD软件调教AGV方法

下面介绍一些AGV单机的重要物理参数的软件调校方法，这里要用到VAD软件中物理参数的调校（Physical Parameter Adjust）这个功能。

KOLLMORGEN公司为方便用户对AGV重要物理参数的调校，使用VMT工具软件，在AGV基本具备运行条件的情况下、手动状态下，应用VAD工具软件，自动调整4个影响AGV运行精度的物理参数：

①转向编码器偏移值（ENC_OFFSET）；

②激光扫描头X参数（Scan_X）；

③激光扫描头Y参数（Scan_Y）；

④激光扫描头角度（Scan_t）。

4个影响运行精度的物理参数，具体含义见下：

转向编码器偏移值（ENC_OFFSET）：通过此变量，修正前轮初始零位与实际零位的差别；

激光扫描头X参数（Scan_X）：描述的是AGV俯视图中，激光扫描头中心点到后轮连轴线的垂直距离，单位为毫米；

激光扫描头Y参数（Scan_Y）：描述的是AGV俯视图中，激光扫描头中心点到AGV中轴线（通过参考点并垂直于后轮连轴线的直线）；

激光扫描头角度（Scan_t）：描述的是AGV的激光扫描头与AGV中轴线所成的夹角（激光扫描头进线点与AGV中轴线重合，为0度；角度逆时针方向增加）。见图7.2.15。

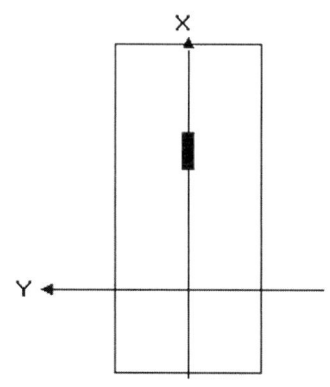

图7.2.15　AGV俯视坐标图

1. 基本过程（具体设置方法在附件1）

（1）开始调整上述四个参数前，首先应确保：

● 4个参数已经通过目测、卷尺测量、多车相互比较等方式，填写了初值；

- 确保调整区域反射板齐备，导航良好；
- 确保调整区域的空间足够，一般来说，选择长度30米左右，宽度10米左右的空间；
- 确保在软件中已连接上此辆需调整参数的AGV；
- 确保AGV设置在本地模式（local mode）；

（2）AGV参数调整程序包含5个步骤：

- 第一步：向前向后的直线行走；
- 第二步：向前顺时针方向转圈；
- 第三步：向前逆时针方向转圈；
- 第四步：向前逆时针方向转圈；
- 第五步：向后顺时针方向转圈；

过程中哪一步被中断的话，它会被重做，完成五个步骤后，可以选择将调整后的上述四个参数值下载到AGV控制器中。

2. VAD 的超级设置（Advanced Settings）

在调整过程中，有的配置参数是可以根据需要进行设置的。要进行设置时，在每一步中，选击"the Advanced"：

- 设置AGV移动的次数（Repetitions），1代表前进后退各一次；
- 速度，设置AGV移动时的速度，单位mm/s（Speed）；
- 前进、后退的距离长度（Length），单位mm，只在第一步中设置；
- 执行转圈动作时，轮子的设定角度（Wheel Angle），在第二步到第五步中设置；
- 要中断每一步的物理参数调整，在每一步中，均可选择"Cancel"；
- 要退出物理参数调整，可选择"Exit"。

每一步完成时，程序均会花费一点时间进行相关计算，请耐心等待，计算完成后，可以选择下一步（Next），继续进行。

所有步骤完成后，程序再次计算，给出四个物理参数的调校后的数值，并询问是否下传到AGV控制器。

如果选择"Yes"，则新的数值将取代旧的数值，如果选择"No"，则上述五个步骤得到的数值丢失。

3. 如何将 AGV 设置成本地模式（Local model）

使用AGV程序设计程序（engineering design procedure），运行后，进入程序，如图7.2.16。

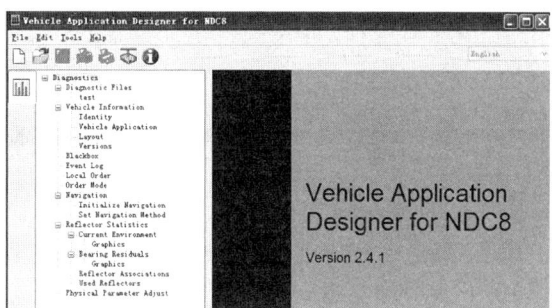

图7.2.16 VAD界面

通过键入或者选择条中选择AGV的IP地址，连接想修改模式的AGV，如图7.2.17。

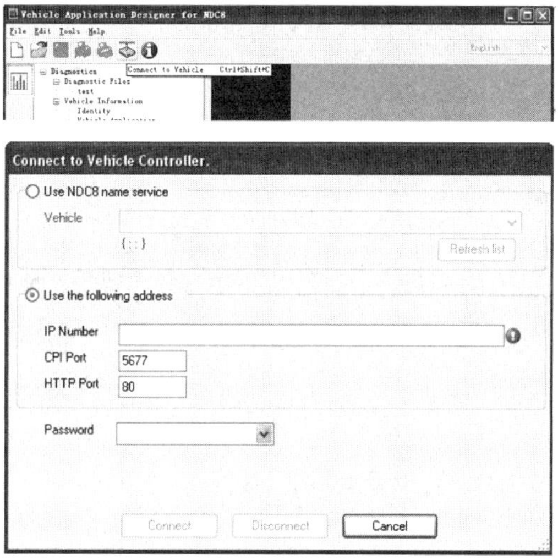

图7.2.17 VAD连接AGV

如果通过网线连接，AGV的IP地址输入：192.168.100.100；电脑的IP地址须改为：192.168.100.200（如图7.2.18）。

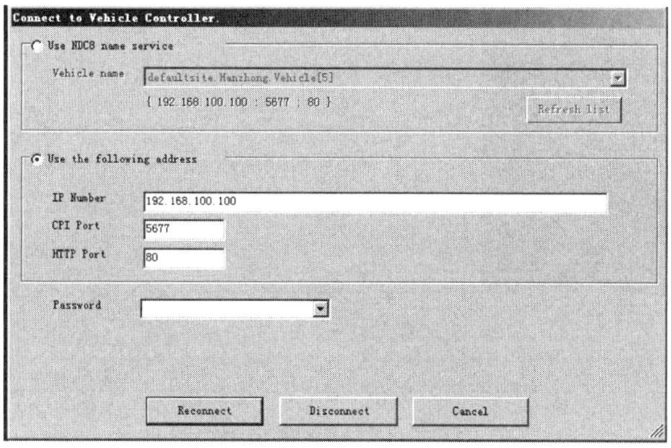

图7.2.18 设置本地IP

连接后，准备设置AGV的命令模式，点击左边菜单"命令模式"（Order model），如图7.2.19。

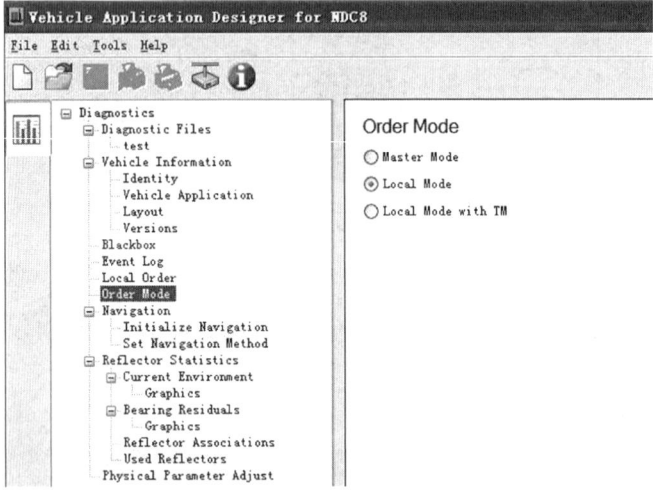

图7.2.19　设置AGV命令模式

点选"本地模式"（Local model），即完成AGV命令模式为本地模式。

【附件1】

1. 高级设置

这里有4组参数（图7.2.21）可以设置调整，只需按"advanced"按钮（如图7.2.20），就可以对4组参数进行设置。

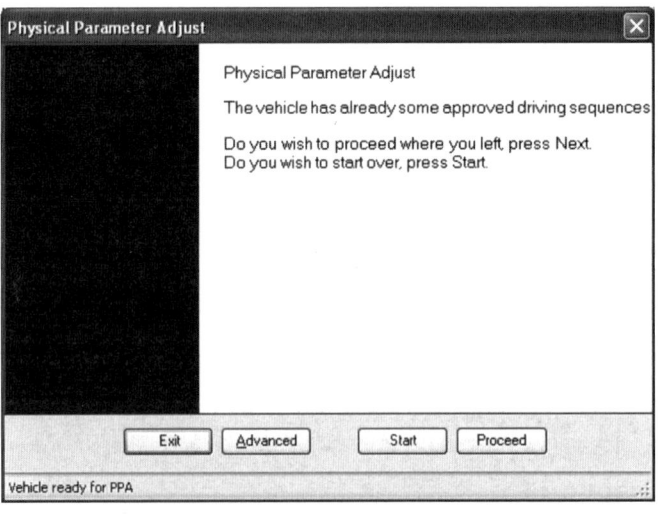

图7.2.20　物理调教

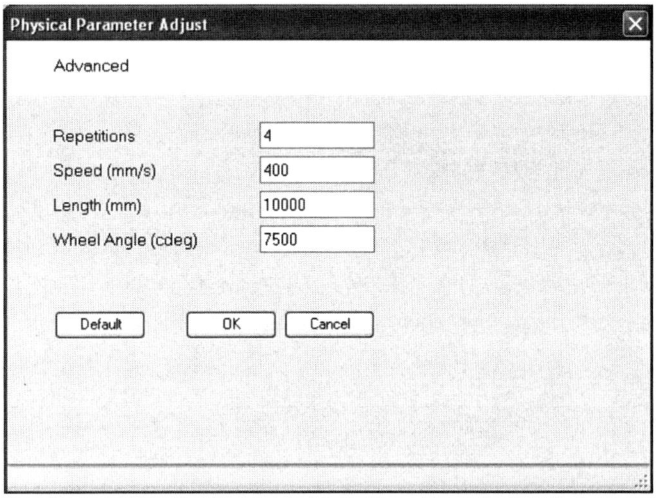

图7.2.21　物理调教参数

Repetitions（重复次数）：表示AGV重复一个运动的次数，方格内填数字"1"会使AGV直线向前和向后执行1次。

Speed（速度）：表示执行运动时，AGV的速度，单位是毫米/秒。

Length（距离）：表示第1步AGV前后移动的距离，单位是毫米。

Wheel Angle（轮子角度）：表示第2步到第5步，AGV做圆周运动时，车轮的角度，单位是厘度。

2. 本调试软件包含5个不同的测试步骤

第一步，AGV直线前进和后退

第二步，AGV向前，以顺时针转圈

第三步，AGV向后，以逆时针转圈

第四步，AGV向前，以逆时针转圈

第五步，AGV向后，以顺时针转圈

在调试时，如果某一步被中断或者发生错误，可重新执行上述步骤。进行成功调试后，可将调试数据下载到AGV控制器中。

3. 介绍向导的步骤

要取消PPA（物理参数调节）向导执行步骤时，按"取消"按钮即可。要退出PPA向导执行步骤时，按"关闭"按钮，向导会立即关闭。下次，启动向导时，向导将显示在屏幕上。

第一步：前进和后退（见图7.2.22）

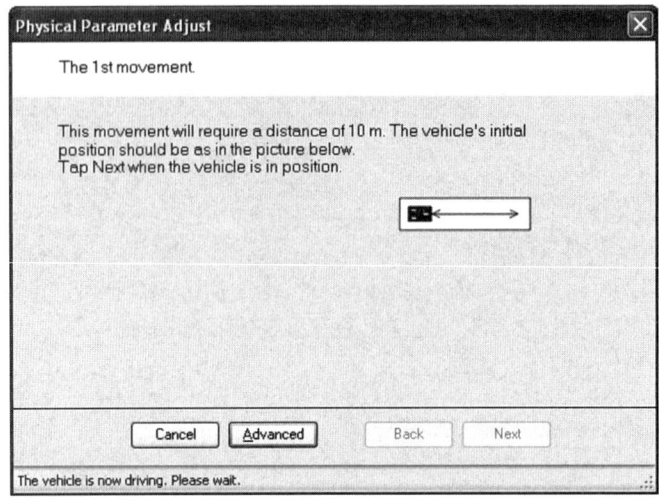

图7.2.22　AGV直线调节

要启动第一步,请按"下一步"按钮,AGV会向前和向后移动多次。这时会显示"AGV正在驱动,请稍后"。

当完成这一步后,进入下一步。

第二步:向前,做顺时针圆周运动(见图7.2.23)

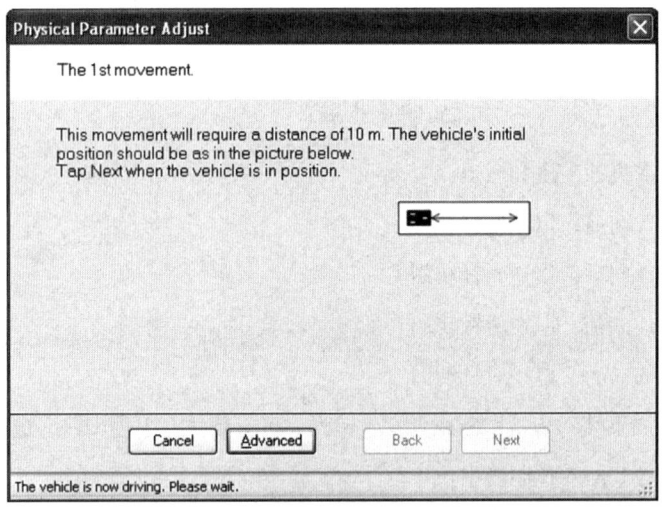

图7.2.23　AGV向前顺时针转向调教

要启动第二步,请按"下一步"按钮,AGV会做顺时针圆周运动多次。这时会显示"AGV正在驱动,请稍后"。当完成这一步后,进入下一步。

第三步:向后,做逆时针圆周运动(见图7.2.24)

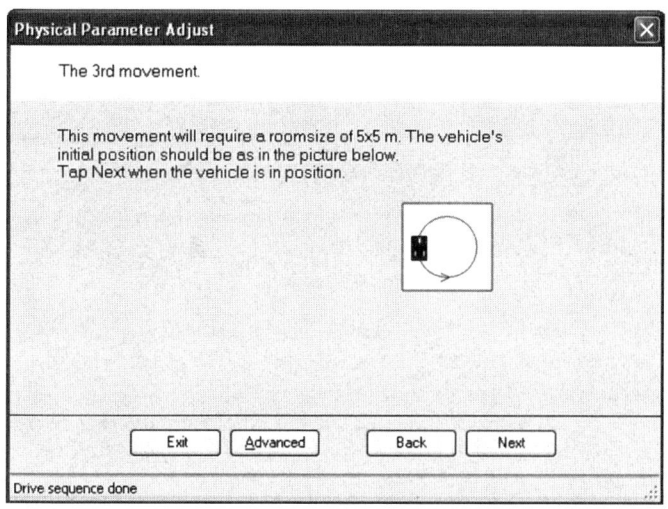

图7.2.24　AGV向后逆时针转向调教

要启动第三步，请按"下一步"按钮，AGV会做逆时针圆周运动多次。这时会显示"AGV正在驱动，请稍后"。当完成这一步后，进入下一步。

第四步：向前，做逆时针圆周运动（见图7.2.25）

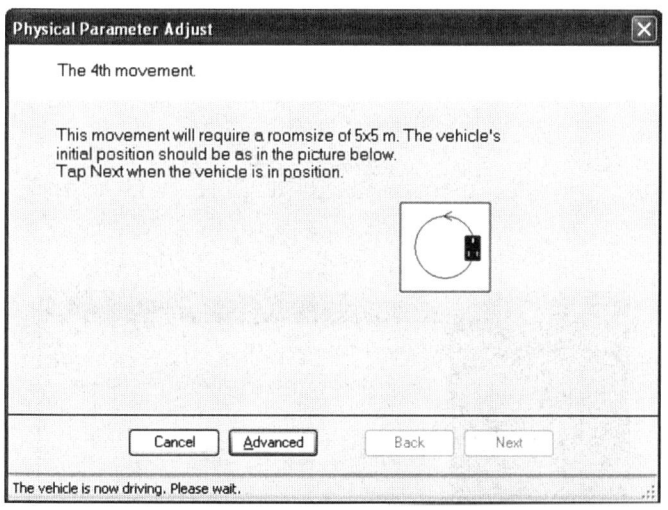

图7.2.25　AGV向前逆时针调教

要启动第四步，请按"下一步"按钮，AGV会做逆时针圆周运动多次。这时会显示"AGV正在驱动，请稍后"。当完成这一步后，进入下一步。

第五步：向后，做顺时针圆周运动（见图7.2.26）

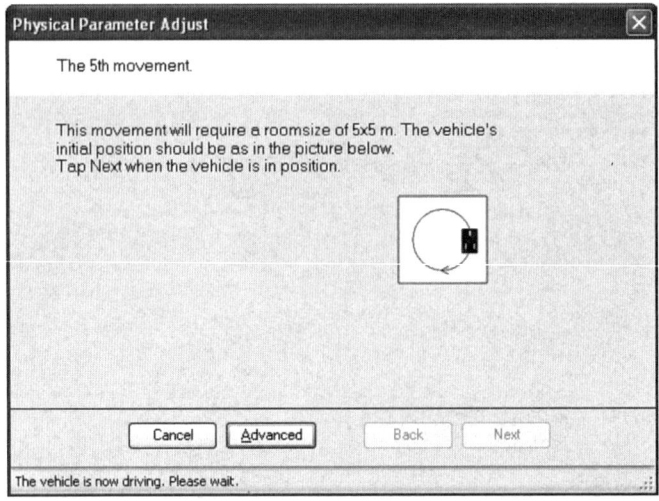

图7.2.26　AGV向后逆时针调节

要启动第五步,请按"下一步"按钮,AGV会做顺时针圆周运动多次。这时会显示"AGV正在驱动,请稍后"。

当完成这一步后,进入下一步。所有步骤完成后,向导会自动计算物理参数。计算完成后,按下"下载"按钮,可以保存参数到AGV控制器,反之,按"退出"按钮,如图7.2.27。

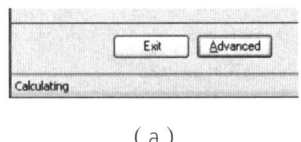

(a)

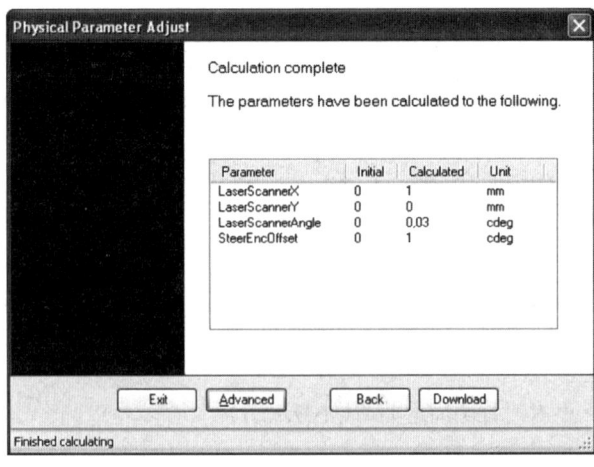

(b)

图7.2.27　下载保存调教参数

当参数下载到AGV后，AGV的参数调整就完毕了。

通过在系统中运行AGV，验证计算的参数，AGV会遵循路径行走，如果没有遵循路径，再次进行参数调整。

通过本节的学习，可以基本掌握VAD软件的操作，它对AGV日常的维护有着重要的作用，这就要求在日常维护中多操作、多练习，这样才能保证AGV的运行中高效、顺畅。

第三节　VD软件诊断方法

一、AGV诊断工具

（一）OVERVIEW（描述）

AGV诊断工具（Vehicle Diagnostic Tool）是一款服务性工具软件（图7.3.1为其操作界面），主要用于NDC8系统中AGV控制器的导航数据显示和分析。

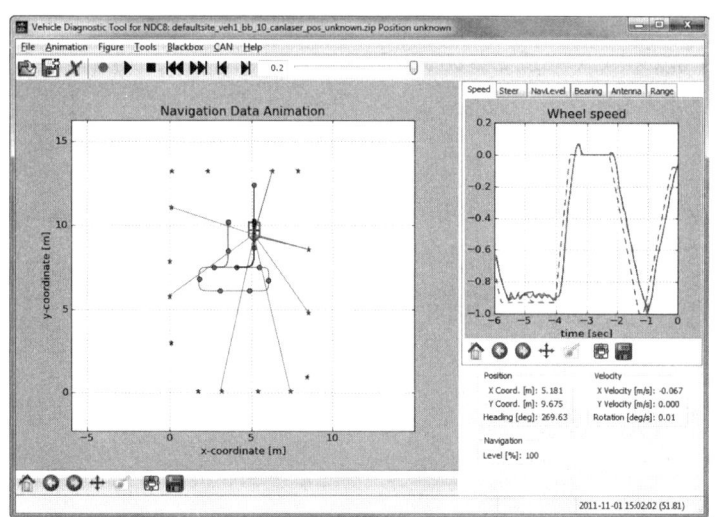

图7.3.1　VD界面

VDT软件一般是由应用工程师在笔记本电脑上进行操作（如图7.3.2）。利用AGV诊断工具软件，能很快速的追踪AGV的任何问题和判断周边导航环境的优劣。还可以诊断其他事件，例如导航、行驶、PLC功能（负载和电池充电）和检查CAN总线的数据。

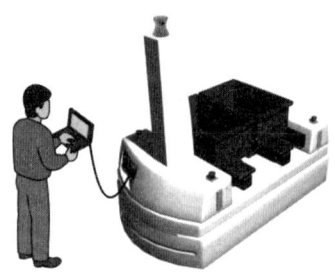

图7.3.2 VD软件AGV诊断

通过VDT可以查看AGV"黑匣子"中的文件，还可以从AGV"黑匣子"中的文件组中提取信息。

1. Features（主要特征）

记录AGV控制器里的导航数据。

实时显示AGV控制器或者已记录的导航数据。

记录回放。

以图像形式显示车轮的速度和角度。

显示"黑匣子"采集的导航数据。

收集和显示CAN总线数据。

直接从CAN总线中的USB适配器收集数据。

CAN信息的信号和赋值可以在动画视图中提取。

用户自定义点视图。

分析导航区域内，反射条件的优劣。

"黑匣子"浏览器能提供"黑匣子"文件收集情况的总览。

通过网络收集所有AGV的列表功能信息。

在AGV控制器里查看事件日志。

AGV诊断工具和AGV控制器的通信过程，可以在笔记本上通过无线局域网连接或者有线连接。利用CAN适配器可以提取CAN总线数据。

2. Loading Data（下载更新数据）

下面介绍了三种，可以下载导航数据到AGV诊断工具软件中的方法：

（1）打开AGV控制器中的"黑匣子"文件（*.zip）

（2）从AGV控制器中，下载日志数据

（3）打开一个已保存数据的文件（*.bz2）

文件加载到程序中，有三种操作方式：File→open menu、Ctrl-O、直接拖拽。

3. Recording data（记录数据）

通过以下两种操作命令，可连接到AGV控制器：Animation→Record或者Shift-C，这时会出现连接对话框，如图7.3.3。

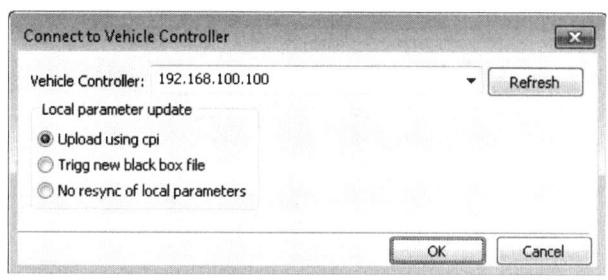

图7.3.3　文件加载程序

AGV控制器的IP地址就会出现在文本控制字段中。AGV诊断工具利用NDC8的域名服务功能，找到正在运行的AGV控制器。AGV诊断工具能从AGV控制器中，下载"黑匣子"文件，来获取AGV的应用数据和布局。

当AGV调整后，AGV控制器的"黑匣子"文件可能不会记录最新的参数变化，但Local parameter update可以使AGV的参数与本地参数同步。这就需要使用CPI接口或者生成一个新的"黑匣子"。

4. Store data（保存数据）

当开始记录后，这时会有持续10分钟的数据会被保存下来。有多少数据保存在内存中，取决于Animation→Preference menu中的History的数值大小。

当录制时或录制结束后，已录制的数据可以保存为一个文件夹，默认保存的文件是一个带有*.bz2扩展名的压缩文件。

5. View data（查看数据）

当测量结果已下载到AGV诊断工具后，可以重复播放记录的数据，操作方法：Animation→Replay或者F5，动画演示和数据记录是同步进行的。这里可以停止动画演示和手动更新。

更多的视图在Figure菜单中可以找到，这些视图都是静态的，通过滑块的位置可以表示当前的时间，为进一步限制时间间隔，在Figure菜单→Preference dialog中设置start time和end time。时间"0"对应于开始测量的时间，负值表示结束的测量时间，"-5"表示在结束事件的前5秒。

在NDC8 2.1系统之前，AGV控制器的"黑匣子"文件不包含修改本地参数的功能。

6. Figure toolbar（图形工具栏）

图7.3.4所示工具栏中的所有工具，能实现缩放、移动和保存。工具栏中的前三个工具，可以调整视图大小的变化。

图7.3.4　工具栏

以下列举了图形工具按钮：

Home——回到初始的视图

Back——在存储序列中，返回上一视图

Forward——在存储序列中，返回到下一个视图

Pan——按住鼠标左键，用鼠标移动图像。对于鼠标右键，按住鼠标右键拖拽，可以进行图像放大或缩小。

Zoom——按住鼠标左键，用鼠标进行缩放。当松开鼠标左键，图形将在标记的矩形框中进行放大。要缩小图像时，按住鼠标右键拖拽。

Configure Subpiots——通过标签，调整灰色区域的X轴和Y轴的尺寸。

Save——使用一些不同的文件格式，写入图形文件。

7. Black Box and CAN（"黑匣子"和CAN菜单）

在没有加载"黑匣子"文件前，Black Box和CAN菜单显示为暗色，无法使用。当加载"黑匣子"文件后，Black Box和CAN菜单会同时激活。如图7.3.5。

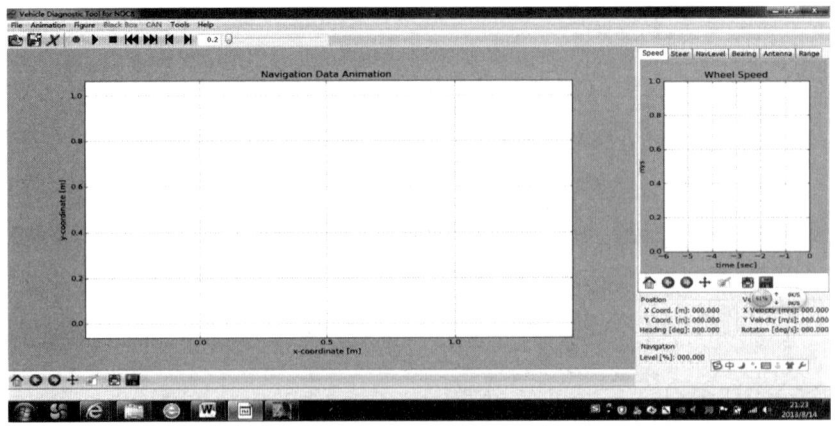

图7.3.5　图形界面

（二）ANIMATION（动画演示）

AGV诊断工具的主窗口显示了，以动画形式记录的数据。如果打开记录的数据，窗口的标题栏会显示文件的名称和AGV控制器的IP地址。

1. Navigation Data Animation（导航数据动画演示）

图7.3.6显示了AGV的激光扫描仪和区域传感器的导航数据。线段和点是用绿色线条和红色小点表示的，蓝色线条表示AGV记录的路径。

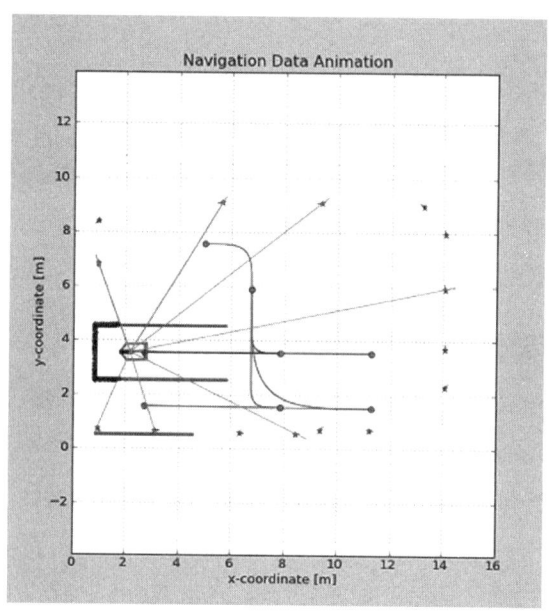

图7.3.6 导航演示

2. Vehicle（AGV）

AGV的绘制形状是基于车轮的位置定义在AGV应用中。AGV不同的线条颜色取决于接收到的导航水平。见表7.3.1。

表7.3.1 导航图形说明

导航水平	颜色
96—100	绿色
71—95	蓝色
41—70	黄色
1—40	橙色
0	红色

3. Reflector（反光板）

平面反光板是用直线绘制的，激光扫描仪会优先检测平面反光板的右边缘，此右边缘点是用星标所示。对于圆形反光板，星标表示了圆形反光板的中心位置。如图7.3.7所示。

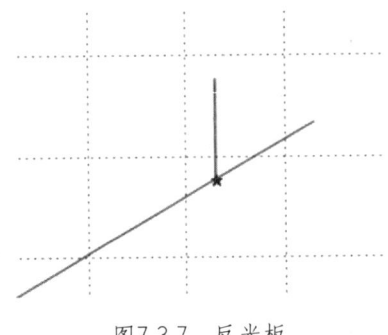

图7.3.7　反光板

4. Animation Control（动画演示控制）

大部分的动画演示功能可以通过顶部的工具栏进行控制，如图7.3.8所示。

图7.3.8　动画演示工具栏

下面列举了工具栏的控件：

Open file——打开保存的"黑匣子"文件或者.wef文件格式。可以通过File→Open或Ctrl-O打开。

Save——保存数据文件。同样也可以通过File→Save或Ctrl-S保存。

Clear——移除所有的测量，但会保留布局和应用信息。

Record——开始记录AGV的数据，同样的功能可以通过Animation→Record或Shift-C打开。

Play——开始动画演示所记录的数据，同样的功能可以通过Animation→Play或F6打开。

Stop——结束动画演示，同样的功能可以通过Animation→Stop或Shift-F6打开。

Start——快退回动画的初始状态，同样的功能可以通过Animation→Start或Home打开。

End——快退回动画的初始状态，同样的功能可以通过Animation→End或End打开。

Step——一步一步地向前拉进动画演示进程，同样的功能可以通过Animation→Step或F10打开。

Step Back——一步一步地向后拉进动画演示进程，同样的功能可以通过Animation→Step Back或Shift-F10打开。

Step Size——使用指定的步骤一步一步地返回，单位是秒。

Time Slider——时间滑块会显示动画演示的进程。也能通过移动滑块，调整动画演示的时间。

通过Animation菜单还可以查看两个有用的控制功能：

Animation→Zoom To Vehicle 点击此命令，可以使靠近AGV的最近区域出现在动画里，这样在比较大的布局中能快速的找到AGV，同样可通过F2能实现此功能。

Animation→Fit Map 点击此命令，可以使所有的项目出现在动画里，同样可通过Shift-F2能实现此功能。

5. Preference（执行对话框）

动画演示中的导航数据显示是可以通过Animation→Preference 对话框控制的，如图7.3.9所示。

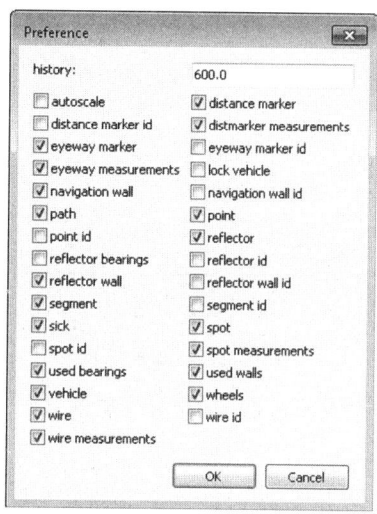

图7.3.9　Preference（执行对话框）

图7.3.9AGV显示了对话框中的一些控制功能：

History——指定了一段时间的测量值并保存在内存中，如果超过这一数值，就会被移除。单位是秒。

Lock Vehicle——勾选此项，AGV会一直处于动画演示的中心。

Used bearings——显示激光扫描仪最近的扫描更新AGV的位置，并且也会隐藏动画演示上，激光扫描仪上产生的线条。

Reflector bearings——显示激光扫描仪最近的测量，包括哪些还没有进行的位置更新。线条颜色是根据状态栏显示的数字变化的，见表7.3.2。

表7.3.2　状态说明

状态	0	1	2	3
颜色	绿色	蓝色	黄色	红色

对话框中的其他项目选项，控制着布局的测量。

6. Data Graphs（数据图表）

窗口右侧的数据图表显示了生动的数据，但只显示最后6秒的数据，在Figure菜单中，可以找到完整的记录时间段里对应的曲线图。见图7.3.10。

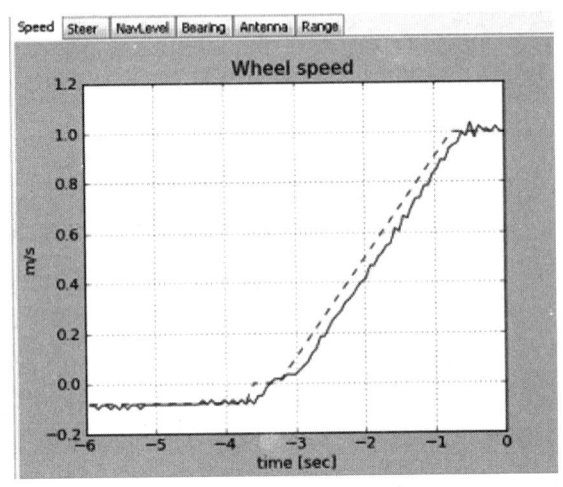

图7.3.10 数据图表

在Speed和Steer页面中，AGV控制器里的指导模块的参数计算值是用虚线表示的，编码器的测量值是用实线表示的。

在Bearing页面中，只显示了激光扫描仪中的应用数据，它显示了通过扫描仪检测到反射板的方向。

Antenna页面只用于线导航应用，在显示的数据图表中，读出天线的偏移读数。

Range页面需求墙壁导航，显示了AGV坐标中，最新的范围扫描。

AGV参考点当前的位置和速度，在下面图形数据中，会被打印出来。

（三）Black BOX（"黑匣子"）

NDC8 1.3版本或者最新版本的AGV控制器，有一个参数配置器Navigator.TraceMeasurements，能使测量的数据自动记录到"黑匣子"里。随着该参数的启用，在对"黑匣子"进行触发之前，可以查看AGV控制器最后一刻接收到的测量数据，对于NDC8 1.5版本，默认情况下Navigator.TraceMeasurements是启用的。查看"黑匣子"提取的数据跟手动记录数据是一样的。

还可以使用Black Box菜单查看记录文件，NDC8 2.3"黑匣子"文件在CAN菜单包含CAN日志。

1. Black Box Versions（"黑匣子"版本）

软件和应用程序的版本信息，可以通过Black Box→Versions找到。

2. Events And Traces（事件追踪）

Black Box→Events And Traces列出了AGV控制器产生的系统事件。NDC8 Events列出的信息–事件描述文件，可以从AGV应用设计中导出。在AGV应用设计工具中合并事件，可以保证AGV控制器有一个新的时间描述。

3. Program Logs（程序日志）

打开Black Box→Program Logs窗口就会出现程序背景的日志文件。

注意：Supervisor、Can、Sys、Nav、Vcs、Com、Ppa踪迹是由开发商通过读取写入的。

4. Traced Value（同步值）

从PLC跟踪调试，如果"黑匣子"文件有一个跟踪符号或者文件，在图形中可以查看跟踪的值。

5. Export Application（导出应用）

"黑匣子"文件包含AGV应用设计导出的应用，Black Box→Export Application可以重新创建个ZIP压缩文件。

（四）CAN（CAN总线）

AGV诊断工具通过使用AGV应用文件，可以读取CAN总线的配置。这使得AGV诊断工具可以分析数据后，发送给CAN总线，还可以分析变量值，发送PDO的信息。

这些都需要往AGV诊断工具里，导入正确的应用文件。打开AGV的"黑匣子"可以提取CAN总线日志。从AGV应用设计导出，并加载应用文件给AGV。

可见的CAN菜单取决于AGV应用，一辆新的AGV应用需要重新加载CAN菜单。

该值主要是由发送给CAN总线的PDO信息组成的。唯一例外的是有些值是通过缩放和偏移PDO信息映射符号来定义的。同样通过SDO可以读取ACD里电机的温度。

1. Load CAN log（加载CAN日志）

以下有三种不同的方式，导入CAN数据给AGV诊断工具：

（1）使用CAN KING提取日志，保存为一个十六进制的文本文档。该日志文件可以通过File–Open CAN Log打开。

（2）从AGV控制器里，打开一个包括CAN日志的"黑匣子"文件。NDC8 2.3之前的由CAN Server产生一个"黑匣子"文件。

（3）如果要从AGV诊断工具里，提取日志，就要求用CAN USB接口把电脑和AGVCAN总线连接起来。也可以实时查看发送到AGVCAN总线的数据，文件菜单File→Capture CAN Log可以启动日志和结束日志。

2. SDO Messages（SDO信息）

CAN→SDO Message列出了SDO信息发送的记录数据（图7.3.11），CAN设备能对SDC信息进行读写操作。

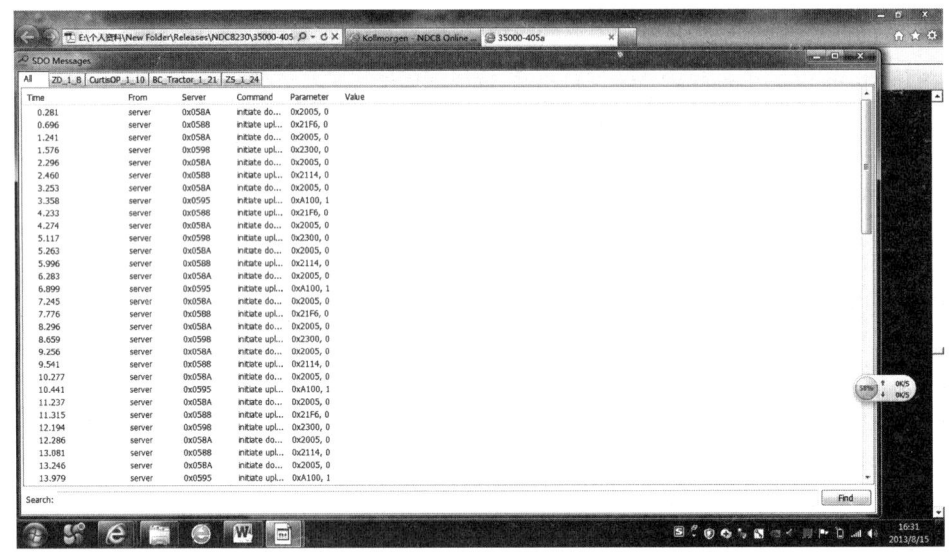

图7.3.11　SDO信息

TIME：记录信息所用的时间。

FORM：可知晓信息是从客户端发出的，还是来自服务器的响应。

Server：CAN设备充当着服务器的角色。

Command：SDO命令的类型，请参阅下面的列表。

Parameter：服务器中的参数主要是用来进行读写的，此项没有列出所有SDO命令类型。

Value：参数值，此项没有列出所有SDO命令的类型。

（五）BLACK BOX EXPLORER（"黑匣子"浏览器）

点击"Tools→Black Box Explorer"选项，可获得一系列"黑匣子"文件的总览。该工具显示了"黑匣子"触发的错误和在布局中产生错误的位置。如图7.3.12。

第七章 AGV故障与维修

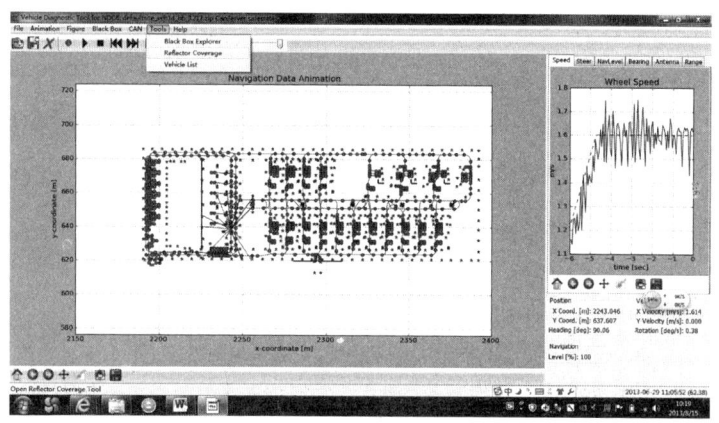

图7.3.12 触发事件

1. Adding Black Box Files（增加"黑匣子"文件）

"黑匣子"文件可以通过File→Load Black Boxes或者File→Search Directory方式来增加。搜索目录会以递归的方式，搜索"黑匣子"和包括他们进入的工具。也可以将文件拖放到工具中。直接拖放文件到目录里，跟执行Search Directory效果是一样的。

警告：以递归的方式搜索可能会花费很长时间。

如果"黑匣子"文件增加了这个工具，就可以从这个文件中提取一些重要的数据。这些数据可以通过File→Save List或者Ctrl-S方式保存在文件夹中。打开方式是File→Open List或者Ctrl-O。

2. The Black Boxes Page（"黑匣子"页面）

第一页列出的所有从"黑匣子"文件中提取的含有重要数据的"黑匣子"文件。例如，如果把操作模式改为手动，将自动驾驶列出的最后段。双击列出的"黑匣子"，相应的文件会加载到主程序中。

3. The Trigg Reasons Pages（触发页面）

触发的页面会显示每天AGV产生"黑匣子"的原因。对于不同的AGV系统，"黑匣子"文件要被添加到工具中。因此，名字为SystemName Trigg Reason创建在每个系统中。

4. The Position Pages（位置页面）

位置页面会显示每个"黑匣子"，最后报告的位置。类似于为每个系统创建触发页面。以一个"黑匣子"的布局信息作为背景。如果不使用同样的布局，是不正确的。鼠标点击主控制键，"黑匣子"文件会被下载到主程序中。

（六）reflector coverage（反光板覆盖范围）

反射板覆盖工具能通过反射信号，显示该区域的反射优劣程度（为使用该布局的工具，事先已载入了此功能)。

该工具使用了反射环境的理论知识和简单模型。只有定义反射墙,才能决定是否隐藏布局中的某些点。在实际过程中,有些其他原因使得反射板不可见。该工具只会提示哪里需要更多的反射板。

有三种不同的方式,说明反射板的范围。以米为单位绘制的反射板、反射墙、断点。

1. Number of Visible Reflectors(可见的反射板)

在此视图中,颜色只取决于从布局中的一点,到可见反射板的数量,数量越多,效果越好,颜色显示为蓝色。颜色表明从每个位置可见的反射板数量。右边的颜色条显示了颜色对应的反射板的数量。如图7.3.13。

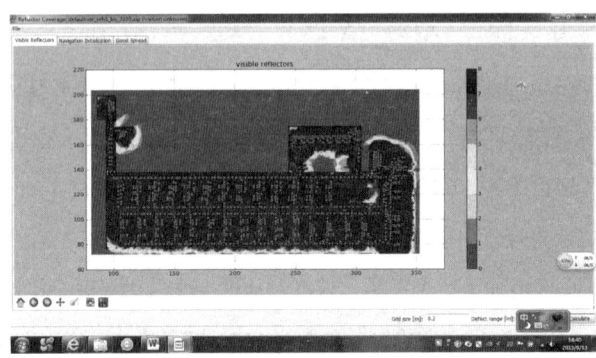

图7.3.13　反光板数量

2. Navigation Initialization Possible(导航初始化)

显示理论上是有足够多的反射板,来进行反射板位置初始化。要求有至少四个可见反射板,能挑选出他们其中的三个,以至于最小的间隙大于30度,最大的间隙小于240度。图7.3.15中显示的位置,满足条件为蓝色和不满足条件为红色。如图7.3.14。

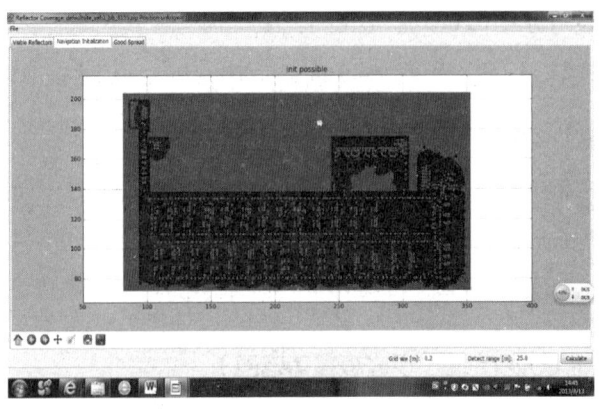

图7.3.14　反光板条件测试

3. Good Spread（良好的传播）

检查两块夹角不超过120度的可见反射板，这大致对应在前后位置更新的时间间隔内。图中显示的位置，满足条件为蓝色和不满足条件为红色。如图7.3.15。

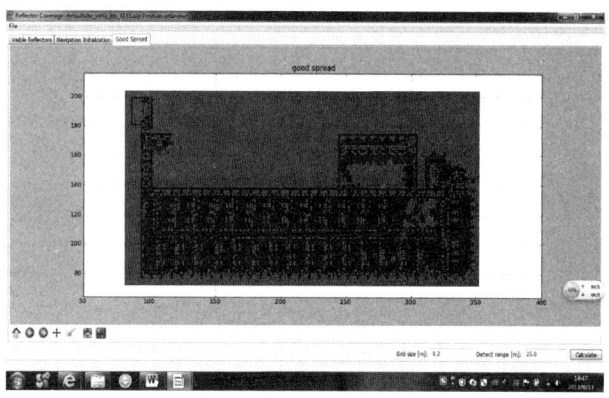

图7.3.15　测试反光板

（七）vehicle list（AGV列表信息）

打开Tools→Vehicle List，它会收集AGV控制器的版本信息，并且弹出一个表格，里面包含AGV控制器、应用和设备的版本信息。

1. Loading From File（从文件里加载）

要查询有关AGV列表中的信息，可以通过File→Open List进行加载。文件中的每一行，都列出了IP地址，识别AGV控制器是用逗号分隔的（忽略以#开头的行），例如：

\# Vehicle Fleet List

\#

\# Each line list IP address and Vehicle Id separated by comma.

\# Text follow after'#'is treated as a comment.

192.168.101.107，1

192.168.101.118，2

2. Using Nameservice（使用域名服务）

使用域名服务功能可以找到AGV控制器，利用Vehicle→Find（Crtl-F）自动搜寻区域内的AGV控制器，有时用此方法不一定能找到所有的AGV控制器，但利用Vehicle→Find来反复搜索，可以添加更多的AGV。在列表中，用此方法，不能移除AGV。为查看AGV控制器对应的域名服务查询，必须先清除列表，可以通过Vehicle→Clear（Delete）完成。

3. Version Information(版本信息)

版本信息的升级,可以通过Vehicle→Version menu(或F5)。当此命令发出后,该工具会循环访问AGV列表,AGV控制器会通过网页来获取版本信息。

第四节 AGV常见故障处理方法

AGV是一个高度集成化的综合系统,故障表象千差万别,又同时有统一的共性,在生产实践中,总结出了以下几类故障及维修方法。

一、AGV日常生产操作中的简单故障排除

(1)现象:AGV在取放货时,报错停机,货物可为空托盘或者辅料托盘。

原因:这种情况一般为AGV在取放货时货物未到位,即未压紧货叉上的货物到位行程开关

处理方法:需要人工干预,使货物压紧到位检测即可解决。见图7.4.1。

图7.4.1 AGV不取货故障

(2)现象:AGV行走过程中偏离原来的行进路线,造成停机。

原因:外部环境影响到了激光导航,造成导航偏差过大,造成停机,这种情况一般为偶发性故障。

处理方法:将AGV模式选择开关旋钮拨到手动模式,取下MDC8手持操作器,将AGV手动牵引至最近AGV线路上,这时将AGV模式转换为"半自动模式"继续牵引,直到MDC8上"on track"绿灯亮起,再将AGV机体钥匙选择模式改为自动。见图7.4.2。

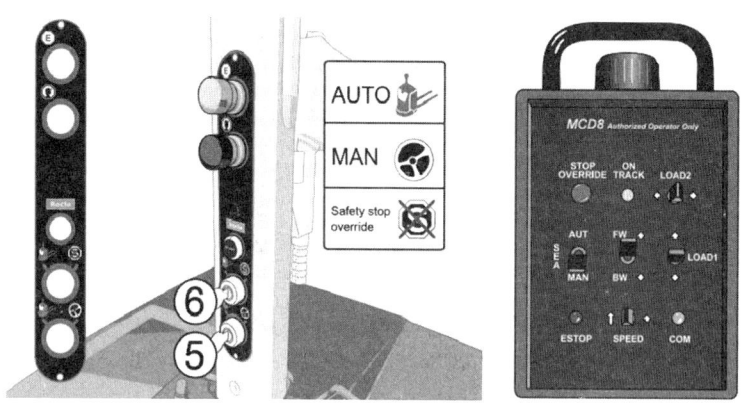

图7.4.2 偏离故障

（3）现象：AGV在货叉提升过程中报错停机，多位重载情况下发生。

原因：货叉的提升液压泵提升超时引起故障，造成控制器VMC500报错。

处理方法：一般情况下只需将AGV本体的模式选择开关打为"手动"再打为"自动"即可，如果不行就需维修或更换液压泵。

（4）现象：AGV行走过程中走走停停，同时底部的SICK3000绿灯与红灯交替闪烁。

原因：SICK3000前部的曲面透明罩脏污或者行进路线上有遮挡物。

处理方法：将AGV停下，用细软的干布，轻轻擦拭透明罩，然后观察SICK3000状态灯的变化情况，未遮挡的情况下为绿灯即可打开AGV；若有遮挡物，牵引AGV避开遮挡物即可。见图7.4.3。

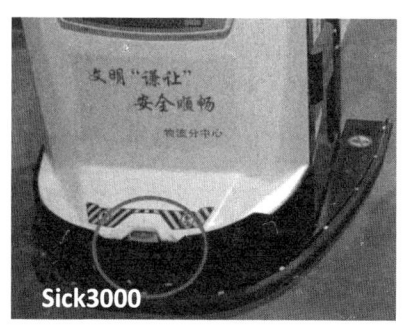 

图7.4.3 故障4

（5）现象：AGV在行走过程中报紧急停机。

原因：AGV底部防撞条被异物触发，造成停机。

处理方法：查看AGV前方有无异物，有的话将异物移开，无的话在保证安全的情况下重新启动AGV。见图7.4.4。

图7.4.4　故障5

（6）现象：AGV在倒车时尾部碰到异物急停停机。

原因：尾部弹性急停板被触发。

处理方法：去除异物，弹性板恢复正常，启动AGV。见图7.4.5。

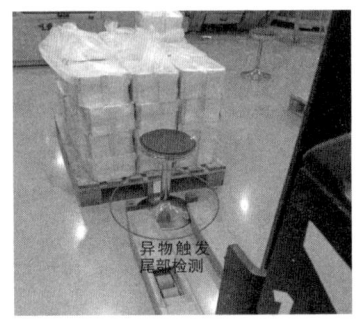

图7.4.5　故障6

（7）现象：AGV行走到某一路段共性的地方出现无故停机，车身显示屏上出现丢失导航的图案。

原因：该路段的外部激光反射板脏污或者被人移动。

处理方法：清洁擦拭该路段的激光反射板，被人移动时恢复到原有位置且反射板的方向不能错误。见图7.7.6。

图7.4.6　故障7

（8）现象：AGV在行走过程中报"错误"，手动操作各机构一切正常。

原因：查找货叉高度检测，发现AGV高度检测反光片脏污。

处理方法：清洁高度检测反光片。

（9）现象：AGV在完成放货任务后停止不动，AGV任务列表里还有这个任务。

原因：由于网络干扰的问题造成AGV任务完成后，WCS控制系统未确认。

处理方法：在AGV控制主机将Cway中该任务删除，通知中控操作工将此任务在WCS任务列表里完成即可，AGV本体不做任何操作。见图7.4.7。

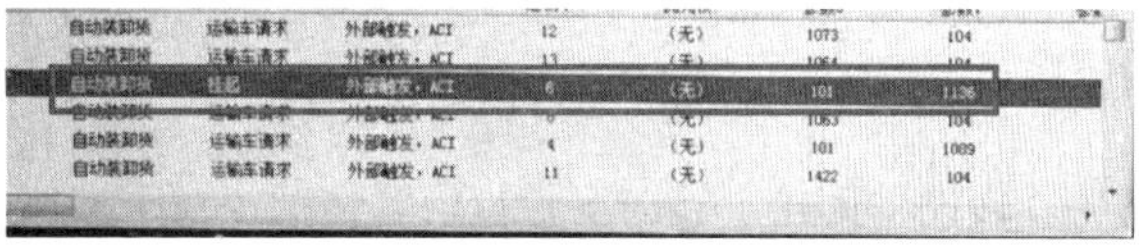

图7.4.7　故障9

（10）现象：AGV系统电脑宕机或者需要重启NT8000系统，造成AGV整体停止不动，同时NT8000系统与WCS连接状态为"listen"。

原因：AGV控制系统NT8000与WCS连接断开或者未连接。

处理方法：重新重启NT8000控制系统，同时通知中控重启辅料库WCS系统。见图7.4.8。

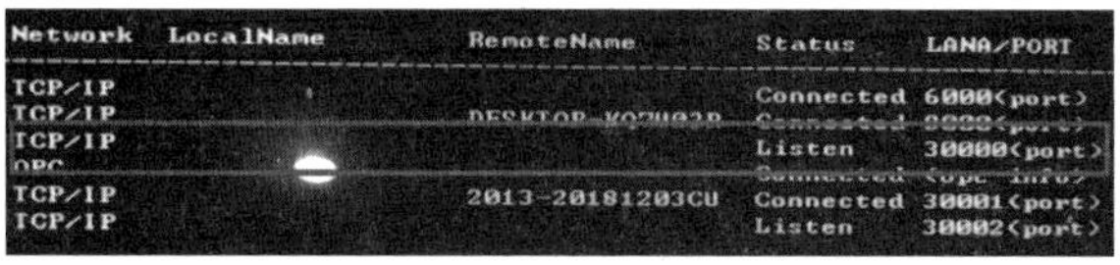

图7.4.8　故障10

二、AGV主要部件故障及维修

（一）AGV行走部件

AGV行走部件涉及主动行走转向机构和无动力承载机构，执行部件都为橡胶轮子，因此它们的好坏将直接影响到AGV的运动情况，下面以日常维修中出现的问题为例展开说明。

（1）行走转向机构。

行走转向机构主要为行走电机和转向电机、对应的编码器、编码器皮带、主动轮和转向辅助轮。

其中主动轮编码器为增量型编码器，转向电机编码器为绝对值编码器，这就决定了转向电机编码器在更换或者调整时需要进行矫正。

AGV在日常运动过程中，编码器时刻记录AGV运动过程中的轮子传到的数据，同时与激

光定位比对该位置是否一致,当不一致时即会报错停机,因此该部分故障主要来自于:

①所有轮子的状态,即是否完好;

②编码器及对应皮带是否正常。

举例说明:

现象:AGV经常出现行走和转弯时的"报错停机"。

维修过程:

①用内六角打开AGV车身盖板;

②检查转向及行走电机接线是否良好,特别检查转向电机电源线是否有烧结的况;

③检查测量车身保险是否损坏,损坏的进行更换;

④查看AGV主动轮、转向辅助轮、转向皮带及松紧情况,对于损坏的轮子进行更换(图7.4.9、图7.4.10);编码器皮带断裂的须进行更换,其中以转向编码器皮带最为特殊(图7.4.12),更换后要用VAD软件进行自动校准(图7.4.11),同时它的松紧也会影响AGV转向是否出错,一般以人手向内以适当的力按压皮带,皮带内凹1厘米左右为宜(图7.4.13)。

  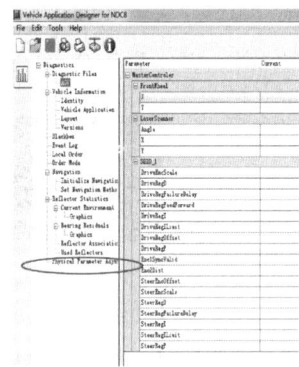

图7.4.9 更换主动轮或者转向辅助轮　　图7.4.10 更换货叉承载轮　　图7.4.11 VAD软件校准

图7.4.12 主动轮编码器皮带断裂　　图7.4.13 转向电机编码器皮带过紧

（2）现象：8号AGV送完空托盘后运行至转弯处停止，发现为VMC500 CAN网故障灯亮，重新启动后故障现象为：拔掉AGV电源后再次上电重新启动，VMC500自检完成后，start灯闪烁，正常状态一按start按钮，机器就正常，但是8号AGV，一按start按钮，马上出现VMC500 CAN网故障，重新启动，故障现象依旧。

维修过程：①查看事件日志故障代码为155，原因为CANopen收到来自节点为24的设备紧急停止信息，节点24的设备的故障代码3131为电压不稳定，同时节点24的设备为转向电机控制器。见图7.4.14。

②经检查转向电机及其连接线，转向电机绕组没有问题，电机的三相通过插头与控制器相连，其中一相可能由于接触不良，已经炭化，控制器输出电源给电机供电时，被炭化的一相碳化处分压，导致该相欠压，故出现以上故障现象。见图7.4.15。

③更换转向电机，重新启动，调整转向电机参数后，8号AGV故障排除。

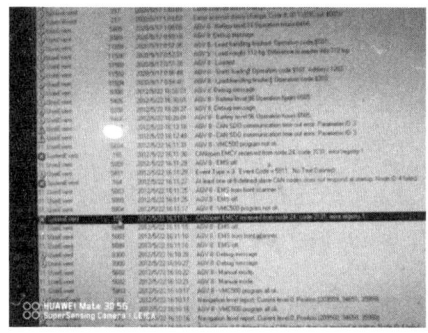 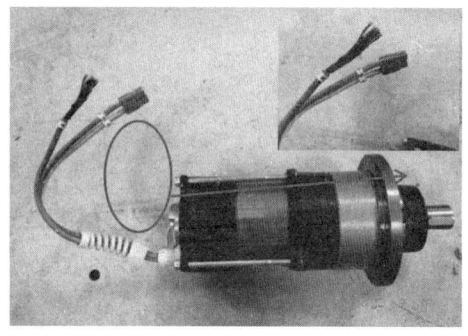

图7.4.14　AGV日志文件　　　　图7.4.15　烧结碳化的电机接线

（3）现象：个别AGV出现在充电桩充电时，与电靴接触不良故障，报充电错误，人工半自动模式下，将AGV牵出重新进入充电位置，依然无法解决问题。以2号AGV为例，其维修过程是：

①用VAD软件连接AGV，进入扫描器选项；见图7.4.16。

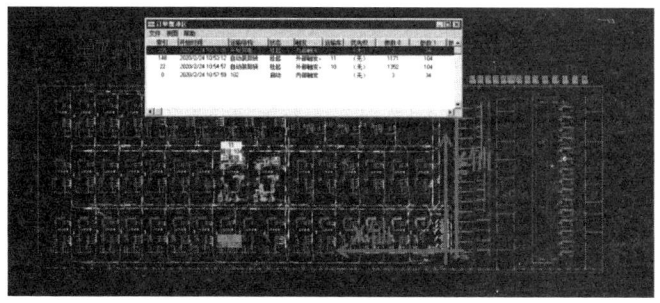

图7.4.16　生产现场坐标

②添加激光扫描参数,观察X、Y轴参数的数值,X轴为1218,Y轴为-4。

③尝试将Y参数值的-4改为0,更改保存后,在充电桩处进行测试,AGV已经可以正常驶入充电。见图7.4.17。

这里所涉及用到的AGV坐标知识有X轴、Y轴知识,如图7.4.18所示。

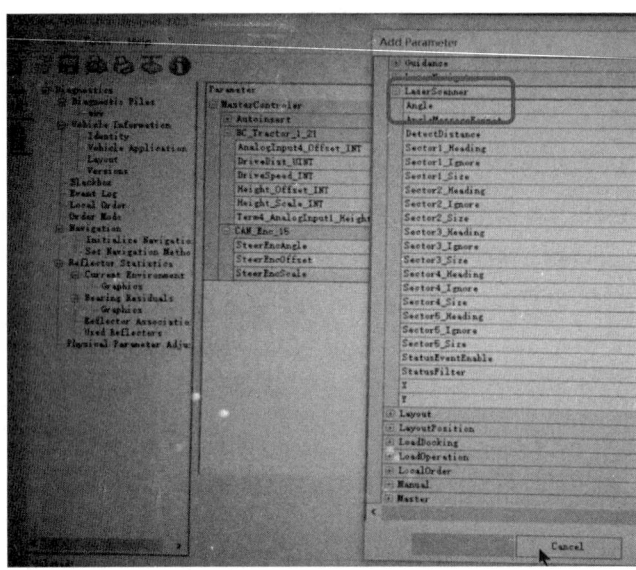

图7.4.17　添加扫描参数项

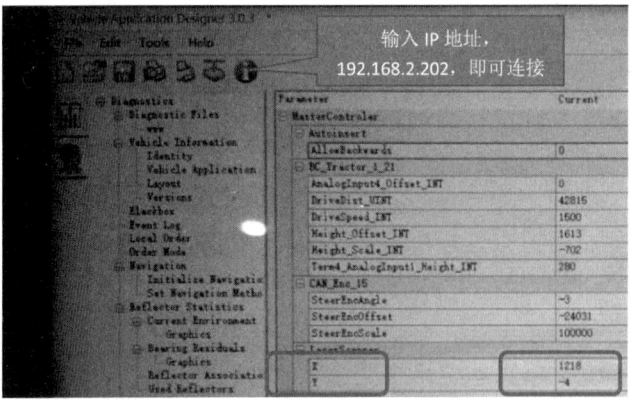

图7.4.18　AGV X和Y轴方向参数值

在车间里面南北为Y轴,东西为X轴,每辆AGV的激光编码器为0坐标。为了使AGV向南偏移与充电桩电靴接触,因此将-4改为0,如果不行可以继续更改参数值。见图7.4.19。

修改参数的方法是先修改,然后点击Update,这样才能生效。

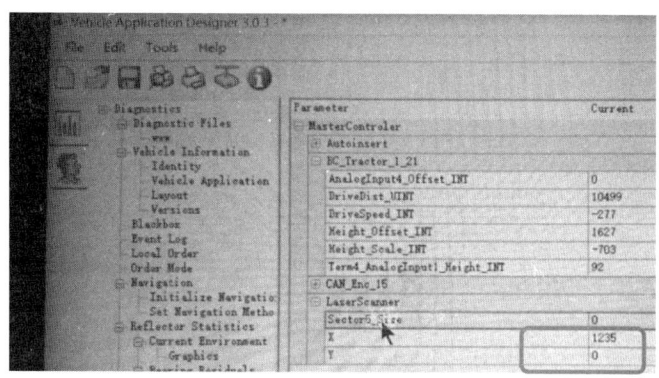

图7.4.19　更改后的参数值

（二）取放货及货叉提升机构

货叉提升机构是AGV取放货时货叉的一系列动作执行机构，主要包括液压泵机构、链条、货叉高度检测等部分。

（1）现象：AGV在提升货物时报520报警，一般是由于AGV提升时液压泵工作不到位，液压泵在长时间使用后都会出现执行时间过长造成的超时故障，此时液压泵并非损坏，可以通过VAD软件进行参数调整，从而避免停机。

处理过程：

①用电脑连接到出现故障的AGV，调节AGV的提升窗口，然后给它一个值，让它可以运行（见图7.4.20、表7.4.1。）。

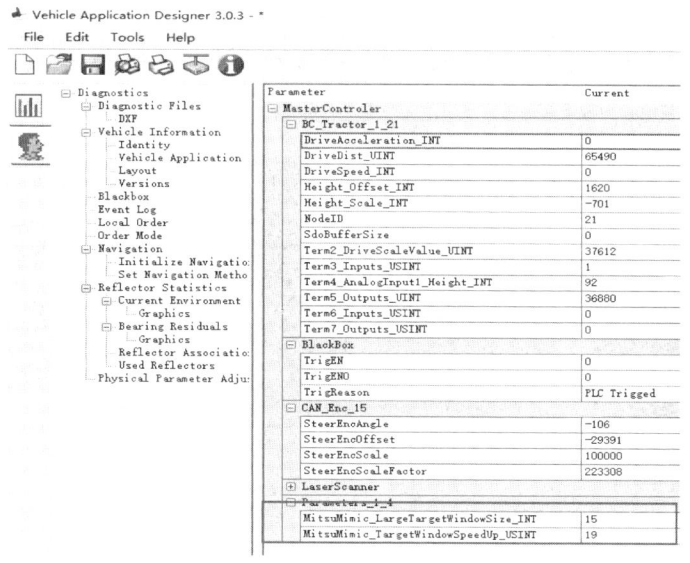

图7.4.20　液压泵执行参数

表7.4.1　更改后的液压泵执行参数

参数	含义	原值	目前设置值
MitsuMinmic_LargeTargetwindowSize_INT	允许动作窗口	10	15
MitsuMinmic_LargeTargetwindowSpeedup_INT	提升速率	14	

现象：AGV在重载取货后，液压油泵工作油压故障，造成货叉瞬间降低，导致报错停机。

维修过程：

①拆解AGV液压油泵（见图7.4.21）；

②发现齿轮固定块两端磨损，造成运行时密封不好（见图7.4.22）；

③对磨损面用锉刀进行打磨、修整（见图7.4.23）；

④安装并测试，正常运行（见图7.4.24）

图7.4.21　液压泵　　　图7.4.22　齿轮固定块磨损

图7.4.23　修正此面　　　图7.4.24　安装完毕

（2）现象：AGV取货后状态一直未能变更为"载货"状态，导致AGV频繁取货动作。

维修过程：

①AGV取货动作的完成与反馈是以货叉上的货物到位行程开关来决定的（见图7.4.25）；

②检查货物到位的行程开关是否起作用；

③调整行程开关的力臂角度即可解决（见图7.4.26）。

图7.4.25 货叉行程开关　　　图7.4.26 调整行程开关

（三）安全机构

安全机构主要是AGV在日常执行动作时的安全检测机构，主要包括前部的广域SICK3000红外障碍扫描仪，一体式橡胶防撞条和金属保险杠，尾部的弹性急停板和红外障碍探测光电，这些部件都接入了车体的倍福安全控制器。

（1）现象：AGV一直报急停。

处理过程：查看VMC500上CAN总线红灯报警，掉电重启和电源拔下重新启动，都还是不运行，查看AGV上有E图标，仍然显示急停，查看AGV防撞条上的终端电阻，接触不良，重新插结实后，用胶布粘牢，问题彻底解决。见图7.4.27。

图7.4.27 AGV终端电阻

现象：AGV被外物碰撞，造成金属保险杠变形，SICK3000因此无法正常工作（见图7.4.28）。

维修过程：

①拆下金属保险杠；

②拆下SICK3000；

③用液压千斤顶修整变形的保险杠；

④安装保险杠；

⑤安装SICK3000，因为SICK3000正常探测时，不能被保险杠及车辆本体遮挡，因此要对SICK3000的水平探测位置进行微调，必要时要用到水平尺。见图7.4.29。

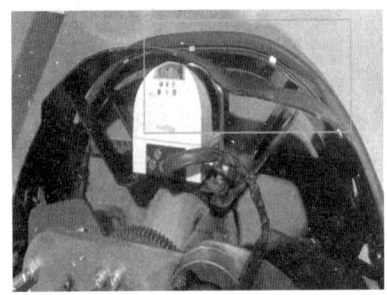 

图7.4.28 碰撞变形的位置　　　　图7.4.29 矫正过程

（2）现象：AGV在取货倒车时停止不动，正常行走无问题。

维修过程：

①AGV倒车时涉及到的条件一般为尾部两对向上和向后照射的红外安全检测，一旦倒车时这些信号才有效，因此首先查看尾部光电信号是否正常（见图7.4.30）；

②用手遮挡光电，看信号是否变化，必要时用万用表测量光电信号；

③找出损坏的光电，更换损坏的光电（见图7.4.31）。

图7.4.30 尾部光电　　　　图7.4.31 测量并更换尾部光电

（3）现象：个别AGV在经过颠簸的路段时容易报急停。

维修过程：

①检查防撞条及终端电阻接触良好；

②检查SICK3000，发现无异物触发；

③检查该AGV尾部急停弹性板,发现内部弹簧变形,变形后再颠簸时因受力不均触发该部件的急停(见图7.4.32);

④更换该弹簧,恢复正常(见图7.4.33);

 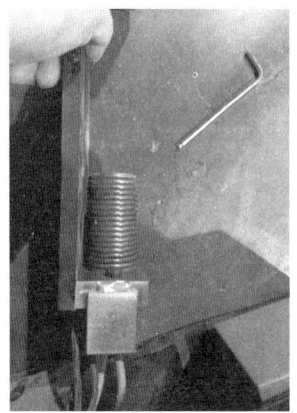

图7.4.32 损坏变形的弹簧　　图7.4.33 安装新的弹簧

注意:①以上涉及更换和维修的部件个别需要用到车辆的吊装,因此要保证安全的情况下进行;②车辆的维修要明确断电和上电程序,不能带电作业,以免造成人身损伤和设备损坏。

(四)电源机构

电源机构包括充电机和电池,主要提供AGV日常的充电和动力,充电机可以反复使用,但AGV电池一般为铅酸电池,寿命根据使用条件略有不同,因此电池部分的日常保养和更换放到AGV维保部分进行讲解,这里主要针对充电机故障进行讲解。

现象:AGV在充电位置报错,显示信息为充电桩故障。

维修过程:

(1)经现场查看发现,充电桩电能监控系统没有显示(见图7.4.34),有源滤波装置都没有电,经进一步检查,发现充电机侧边有一个250V、10A保险的标识,初步怀疑保险烧断(7.4.35)。

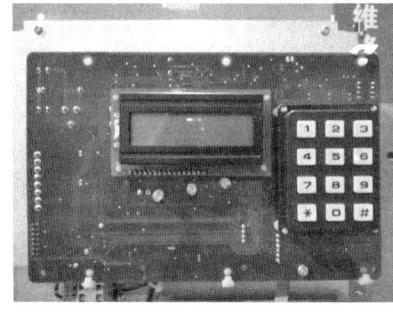 

图7.4.34 充电机板卡　　图7.4.35 保险组件

（2）经过层层拆卸电路板，找到保险所在电路板，用万用表测量后，判断为其中一个保险烧毁。

（3）用相同的保险替换焊接后，问题解决。

三、AGV控制系统常见故障处理

AGV控制系统任务为：在上位计算机的调度和管理下，指挥AGV车辆完成一系列的作业如托盘运输等，解决一系列的问题如计算机与计算机之间的通信和调度、上位计算机和下位AGV控制器之间的通信、命令的管理与分配、AGV与AGV之间的交通管理等。

（一）系统架构及运行原理

（1）AGV控制系统主要包括NT8000和Cway，它们分别作为与WCS控制主机下达任务和AGV的交通调度系统来使用，见图7.4.36。

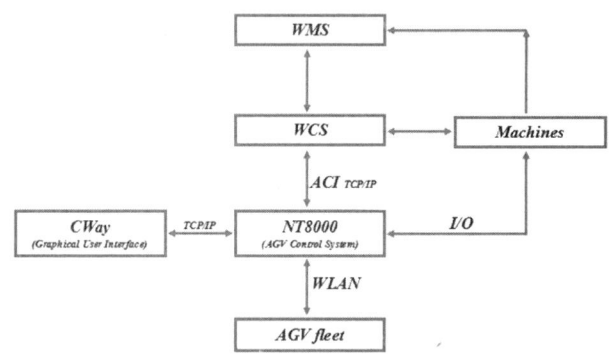

图7.4.36 AGV系统架构图

（2）系统作业时，计算机通过无线电通信系统自动将任务分配给离任务作业点最近的（由路径规划中段上AGV行走时间确定）AGV。AGV根据作业指令按预先制定的路径自动驶向作业点进行作业，在行驶过程中AGV利用激光头对周围反射板的扫描和计算来导航并修正自身的偏差，从而保证行走和定位的精度。

AGV与上位计算机通过无线局域网进行联系，AGV随时将自身的状态和任务的完成情况上报并显示在图形监控系统上。

管理和控制系统会自动对AGV的运行进行交通管理，如果在某些路段由于车辆过于集中而形成交通堵塞，管理和控制系统也能够自行处理。

当AGV电池的电量不足时会自动请求充电，由管理和控制系统发出充电指令，AGV自动行驶至充电站进行充电。充电的开始和结束信号由信号采集系统采集后上报WCS系统进行控制。

（二）系统应用及部分故障处理

1. 如何处理退空托盘出错（情况1）

假如站台1011是实托盘，站台1012是空托盘，如果机台人员误操作，退料时导致AGV把1011站台的实托盘拖走，采取以下的操作步骤：

（1）在CWay里手动发送运输指令，发送104到1011的装卸货任务。或者手动驾驶AGV送到指定站台，见图7.4.37。

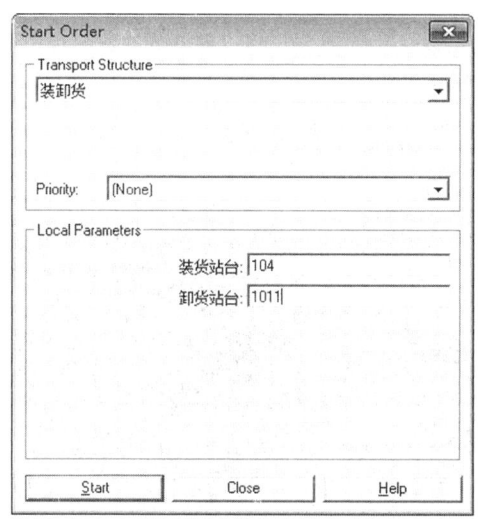

图7.4.37　开始订单

（2）在CWay任务列表中，删除外部触发.ACI的任务指令，即WCS发送过来的任务命令。

（3）告知中控室WCS把该任务强制未执行，同时删除该任务，还有在WMS中，采取强制未执行，同时回收该任务。

2. 如何处理退空托盘出错（情况2）

AGV退空托盘时，空托盘上有一点点余料，要及时处理。如果AGV载着托盘正在执行装卸货任务，托盘脱离了货物检测开关，那么AGV的任务可能会丢失，这时手动驾驶AGV完成该任务。并告知WCS，完成此任务，同时在CWay里删掉该任务。

3. 如何处理AGV与WCS信息是否准确

AGV在正常运行时，由于未知的故障，导致AGV停止不动的状况，遇到此类问题，采取以下的操作步骤：

（1）首先在CWay里观察AGV的状态、任务的运输结构和参数、事件日志是否正常。例如AGV的编号、执行情况、取货地址、卸货地址、参数2（WCS给AGV系统AGV的装卸货层数"1"代表一层,"2"代表二层,不适用辅料库,只适用于烟丝库)、参数9(WCS给AGV系统的响应值)等,见图7.4.38。

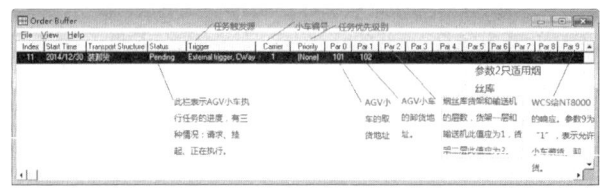

图7.4.38 命令窗口

例如AGV有一个运输任务,正要后退,执行装卸货任务时,但AGV停止不动,不执行此任务,这时就要观察参数2和参数9是否准确。如果是空白或者不准确,要告知WCS修改。在NT8000里面,键盘上输入O、U,见图7.4.39。

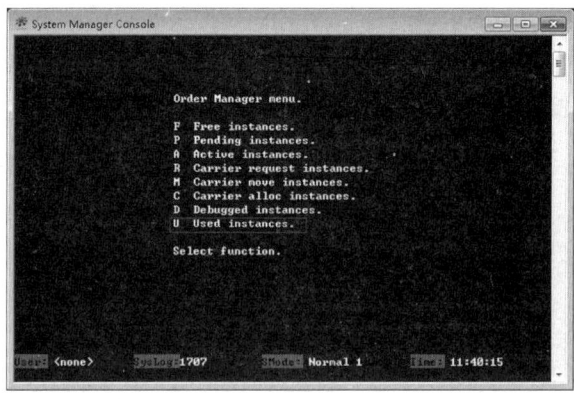

(a)

(b)

图7.4.39 运输任务程序

如果里面TS显示有110（110表示向WCS申请）就需要告知WCS。还有其他参数，例如250表示AGV程序报错，210表示AGV系统启动，200表示AGV正在CarWash，120表示AGV移动出错，11表示AGV正在执行装货，21表示AGV正在执行卸货。见图7.4.40。

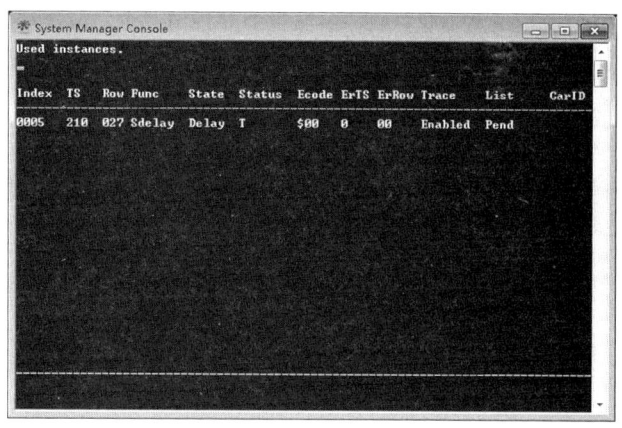

图7.4.40 装卸货程序

（2）如果CWay里AGV的状态、参数一切正常，然后，去观察AGV的面板状态。一般会出现以下图标，例如AGV不在系统内，AGV丢失导航，AGV丢失通信，AGV报错，AGV急停等。

出现这些状况，解决办法是：牵引AGV，半自动插入系统。如果AGV发生了AGV不在系统内，AGV丢失导航，AGV丢失通信此3种情况，那么要在记录本上注明，发生该状况的时间、AGV编号、地点，如果发现有人为因素，不需要在记录本上注明。

4. 如何解决 AGV 大规模拥堵

在辅料出库口，如果发生大规模的拥堵，解决办法是：在离辅料出库口较远的地方，手动拍下AGV的黑色按钮，优先处理出库口的AGV，然后陆续放行后面的AGV。在机组区域发生拥堵，在记录本上注明，发生该状况的时间、AGV编号、地点。

5. 如何删掉任务指令

在CWay任务列表里，禁止删掉CarWash任务指令。在CWay任务列表中，如果存在开始充电任务指令，按F5刷新，等待20秒钟，再按F5刷新，如果该任务指令还存在，需要及时删除。如果要删除任务，鼠标左键选中该任务，右键单击"Cancel Order"，按F5刷新，确认删除了。

6. 如何截取 AGV 的"黑匣子"文件

"黑匣子"文件是AGV在出现异常情况下，产生的一种记录AGV当时状态的文件，借助"黑匣子"文件，技术人员可以回溯AGV当时的各方面状态和信息，查找出问题的原因。例如在AGV丢失导航、AGV程序未响应、CAN总线报故障等情况下，AGV都会自动生成"黑匣子"文件。下面介绍如何截取"黑匣子"文件。

（1）打开IE浏览器，输入对应AGV的IP地址。见图7.4.41。

图7.4.41　IP地址

（2）成功访问AGV控制器CVC600，单击Black Box。见图7.4.42。

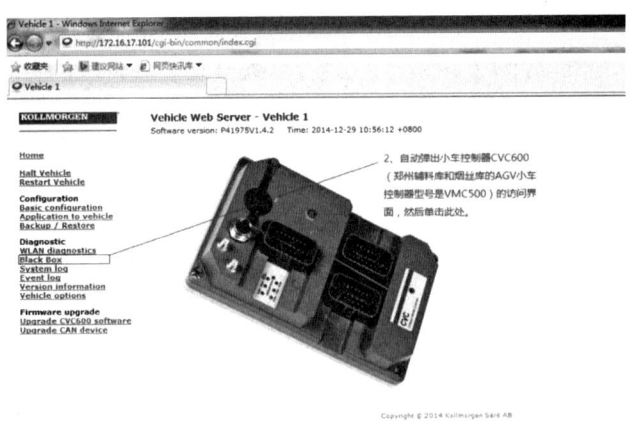

图7.4.42　CVC600

（3）单击想要下载的"黑匣子"文件，选择"保存"。见图7.4.43。

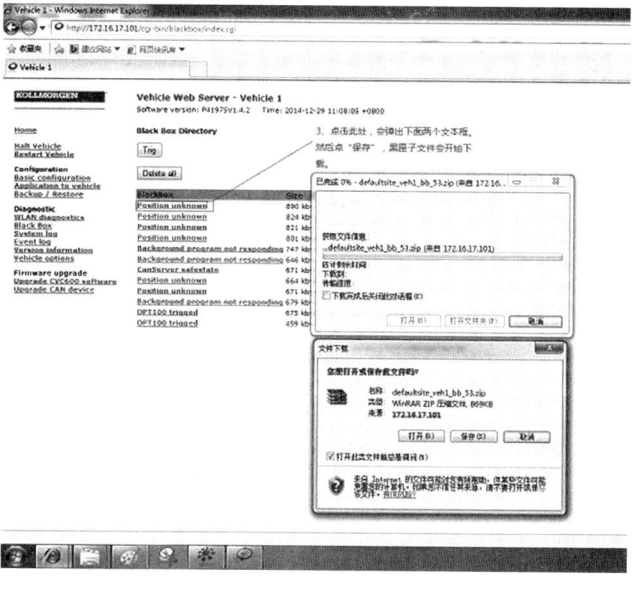

图7.4.43 黑匣子文件

（4）当AGV出现丢失导航、通信中断、无故死机等情况的时候，如果AGV没有生成黑匣子文件，这时需要第一时间采取手动触发一个"黑匣子"。方法是：单击Trig，AGV控制器会产生一个新的"黑匣子"文件，选中该"黑匣子"文件并保存，见图7.4.44。

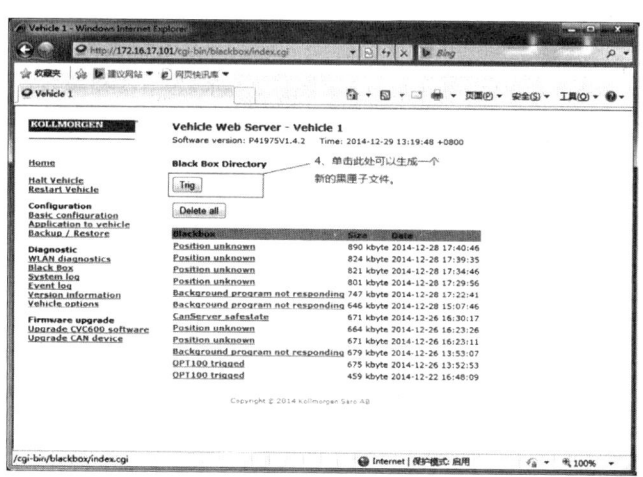

图7.4.44 保存文件

7. 如何查看电脑与无线通信AP之间的通信状态

（1）在键盘上，按组合键：微软键+R，会出现图7.4.45中的界面，然后在搜索栏中输入字母：cmd。

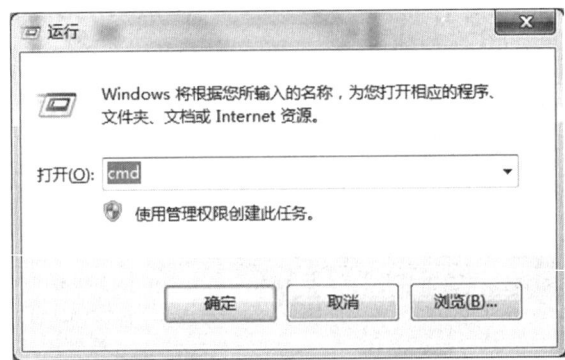

图7.4.45　输入cmd

（2）在出现的界面中输入：ping+空格+AP的IP地址，见图7.4.46。（电脑会发送4个数据包，接受回来的数据包，也必须是4个，不能有丢失数据包的情况。同时延时不能超过7ms）

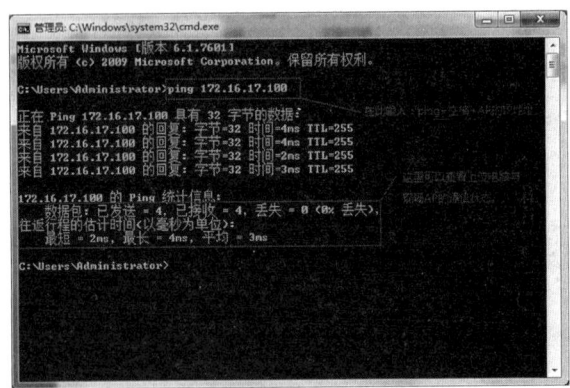

图7.4.46　数据包

8. 如何查看电脑上AGV的通信状态

（1）打开IE浏览器，在搜索栏中输入AGV的IP地址。见图7.4.47。

图7.4.47　输入IP地址

（2）连接成功后，会弹出如下界面，未弹出如图7.4.52界面，表示电脑与AGV未连接上。

图7.4.48　弹出界面

9. 如何打开AGV系统管理控制软件NT8000

（1）启动电脑，插上授权的USB"KEY"，双击打开电脑桌面上的agv文件夹。见图7.4.49。

图7.4.49　agv文件夹

（2）双击System Manager Start图标，按下空格键，见图7.4.50。

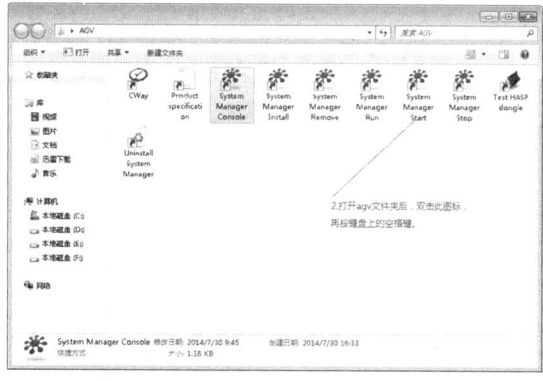

图7.4.50　System Manager Strart

（3）双击System Manager Console图标。见图7.4.51。

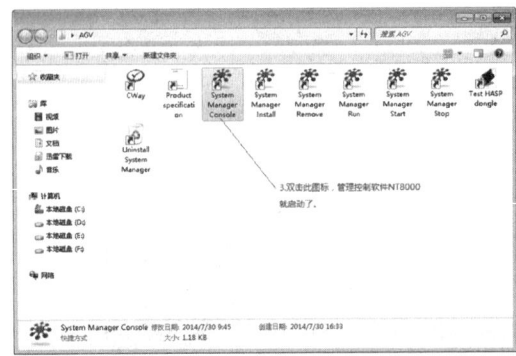

图7.4.51　System Manager Console.

10. 如何查看AGV系统中管理控制软件NT8000与AGV、WCS物流管理软件、外部I/O信号的通信状态

（1）管理控制软件NT8000的主界面，见图7.4.52。如果找不到此界面，可以多按几次键盘上，最左上角的"ESC"键。

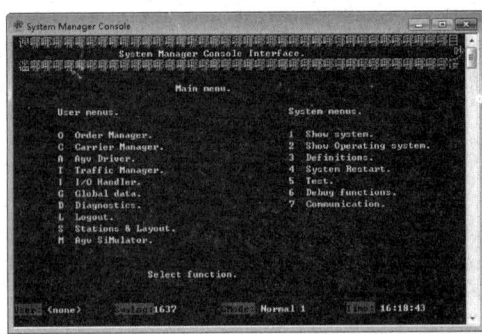

图7.4.52　打开NT8000主界面

（2）在键盘上，输入数字"7"，查看NT8000的通信状态，见图7.4.53。

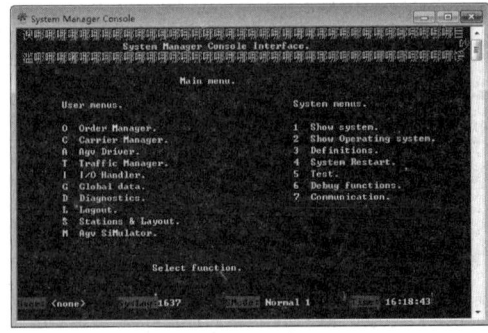

图7.4.53　输入数字

(3)在键盘上,输入字母"O",查看NT8000的通信状态。见图7.4.54。

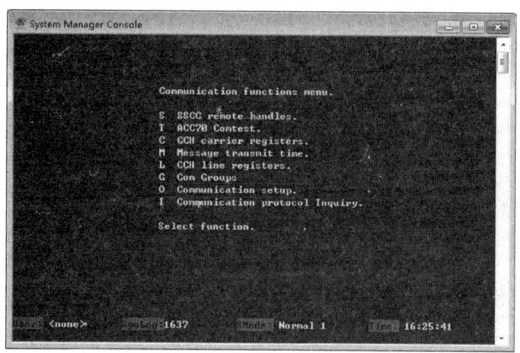

图7.4.54 输入字母

(4)查看NT8000是否连上AGV、WCS、充电机信号。调节键盘上方向键,如果ACI栏显示"Connected",才表示NT8000与WCS连上。如果显示为"Listen"表示未连上。此四项必须全显示"Connected",才表示正常。见图7.4.55。

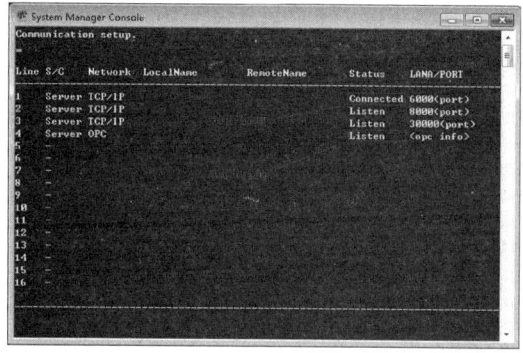

(a)

(b)

图7.4.55 检查连接情况

11. 如何查看充电机的信号采集

（1）打开管理控制软件NT8000的主界面，见图7.4.56。如果找不到此界面，可以多按几次键盘上，最左上角的"ESC"键。

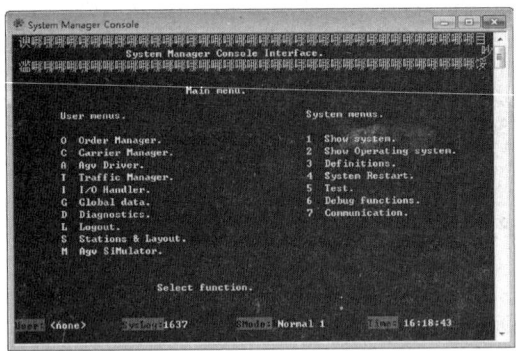

图7.4.56　打开NT8000主界面

（2）在键盘上，输入字母"I"，查看充电机I/O信号的采集。见图7.4.57。

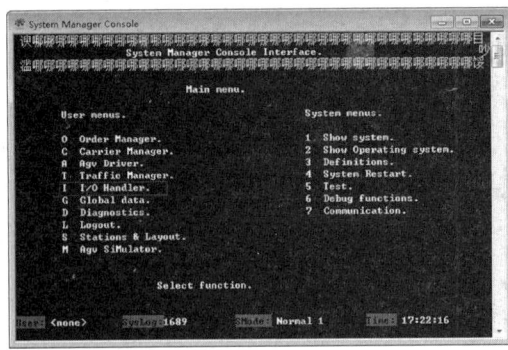

图7.4.57　输入字母I

（3）在键盘上，输入字母"D"，查看充电机数字量I/O信号。见图7.4.58。

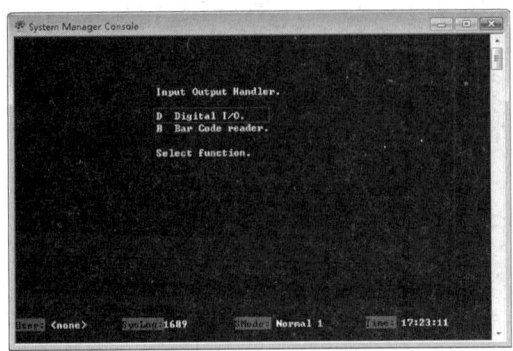

图7.4.58　输入字母D

（4）充电机的I/O信号采集情况。见图7.4.59。

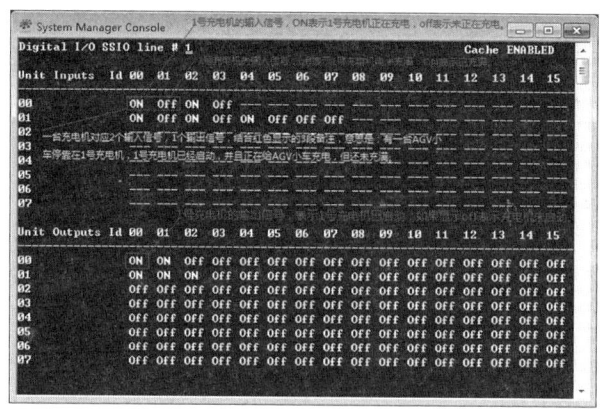

图7.4.59　信号采集

12. 如何在图形监控界面CWay里诊断AGV的事件情况

（1）打开电脑桌面的agv文件夹，双击"CWay"图标。

（2）CWay启动，鼠标单击打开Event/Event Log。见图7.4.60。

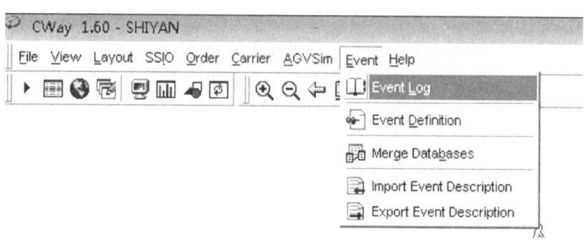

图7.4.60　打开Event/ Event Log

（3）Event Log记录了整个AGV系统出现的任何事件，比如AGV正常执行的装卸货，AGV出现的急停、通信、导航、充电等状态。每条被记录的事件会显示该事件类型、事件代码、事件发生时间、关于事件的描述等。通过查看Event Log，技术人员可以查看AGV系统发生过的各方面状态和信息，查找出问题的原因。见图7.4.61。

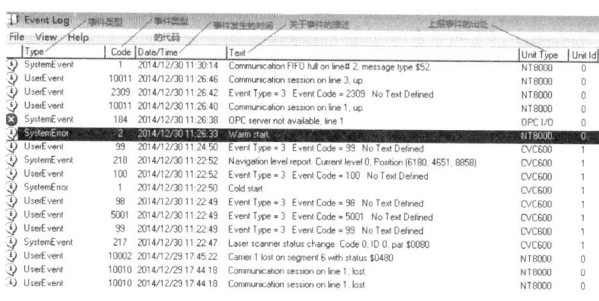

图7.4.61　Event Log记录事件

（4）同理，通过IE浏览器也可以查看AGV的系统事件和日志事件。见图7.4.62。

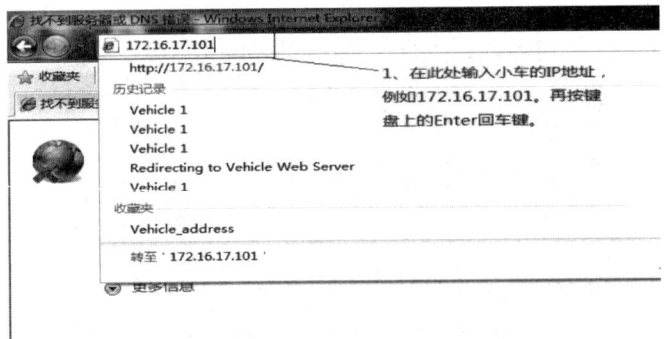

图7.4.62　系统事件和日志事件

（5）成功登录AGV主控制器，单击"System log"和"Event log"，查看日志事件和系统事件。

图7.4.63　查看系统事件

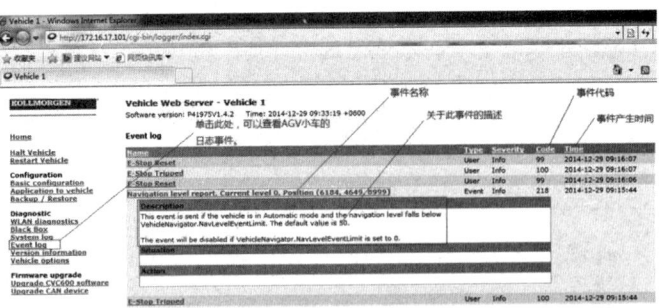

图7.4.64　查看用户和日志事件

13. 如何在图形监控界面CWay里诊断AGV的状态

（1）在CWay界面里，移动鼠标的光标到AGV图标上，右键单击，出现一组下拉菜单，选择"Carrier Details"。见图7.4.65。

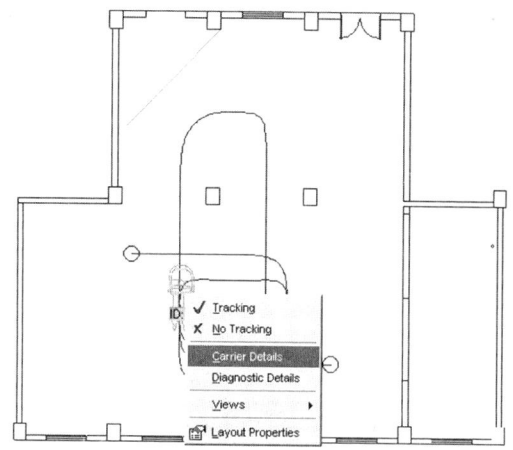

图7.4.65　Carrier Details

（2）单击"Carrier Details"后，自动弹出"Carrier Details"标题框，里面详细记录的该AGV的各种信息，例如该AGV的哪个路径段上，AGV在布局中的坐标，是否在AGV系统中等。在程序中，预定义了几种PLC状态，默认是0，当用户拍下黑色用户停止按钮，那么PLC第7位的值，会从0变为1。AGV处于手动模式时PLC第10位的值，会从0变为1，等等。见图7.4.66。

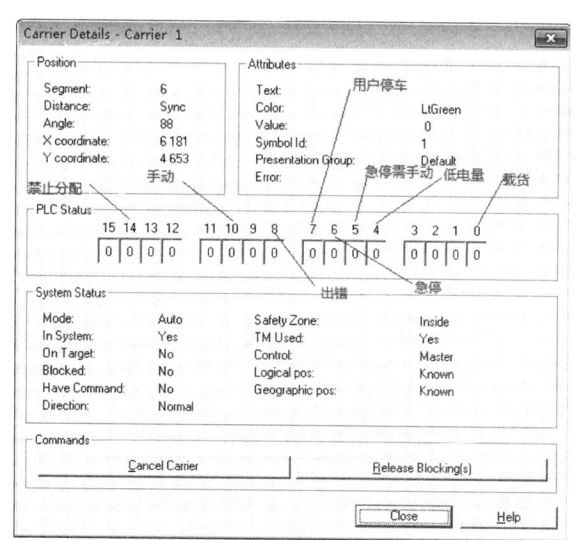

图7.4.66　PLC状态

14. 如何查看AGV程序文件的版本信息

（1）打开IE浏览器，输入IP地址，登录AGV的主控制器。

图7.4.67　IE登陆主控制器

（2）成功登录AGV主控制器，单击"Version information"，查看AGV控制程序和路径程序的版本信息。见图7.4.68。

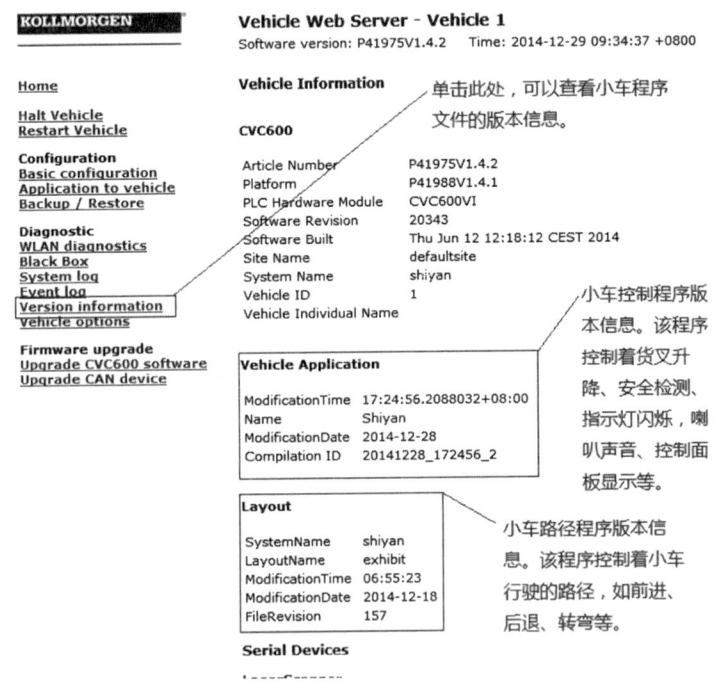

图7.4.68　控制程序和路径程序的版本信息

总结：以上从AGV的日常操作故障处理、AGV本体故障处理、系统应用及故障处理几个方面大致说明了AGV整体遇到的生产问题，从中可以得出一个道理：AGV是一种集合信息、机械和电气的有机整体，这就使用者要求多观察、多思考、多总结，通过观察AGV故障表象，结合故障信息，这样才能从中找到AGV维修的秘诀。

第五节 维保标准及流程

河南中烟黄金叶生产制造中心采用瑞典Rcola公司制造的NDC8系列AGV进行辅料配送，目前共配置14台。该公司的AGV采用激光导航、液压传动、CAN总线控制系统、Backoff输入/输出模块、pliz安全模块、无线通信等技术，能够根据系统要求自动配送辅料。由于各子系统都配有相应的检测装置，对运行参数进行实时监控，控制精度的要求较高，因此对系统单元的运行状态也有很高的要求，需要定期对AGV的子系统进行深度保养，更换磨损的元器件，修正参数误差，使AGV始终处于最佳状态。

一、AGV维保标准及流程的建立

（一）AGV建立维保标准的目的

1. 减少费用

以制造中心成立之初为例，制造中心物流分中心尚未掌握AGV深度保养的相关流程和技术之前，只能委托设备厂家进行深度保养。按照委托保养的模式，AGV每台每年保养一次，单台维保费用为3.8万元（不包括新更换零件的费用）。2017年AGV维保费用共计82万元，占物流分中心全年设备维保总费用的48.81%，这样就能够省去高昂的委外保养费用。

2. 提高AGV保供能力

自制造中心2014年AGV系统运行以来，各个子系统逐渐出现报警的现象，甚至出现部分AGV长时间停机的问题，导致AGV设备利用率下降，进而降低辅料的保供能力，增加了卷包生产断料的风险。据统计，制造中心AGV平均设备利用率仅为62.73%，与烟草行业82%的平均水平有较大差距。如果AGV的停机率会降低，就会减少由于设备空置造成的资源浪费，维保及时到位后，AGV故障次数会减少，从而减少跟班维修工处理故障的劳动量。

（一）AGV维保内容涵盖

1. AGV维保内容

根据厂家交付的AGV设备说明书，同时结合我单位自身情况，明确了AGV维保的具体内容。该项目涵盖了AGV各个子系统的维保，具体如图7.5.1所示。

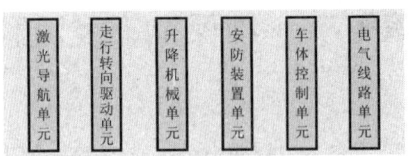

图7.5.1 AGV深度维保的各子系统

2. AGV 维保流程概述

（1）AGV一级维保流程（即班组级流程），见图7.5.2。

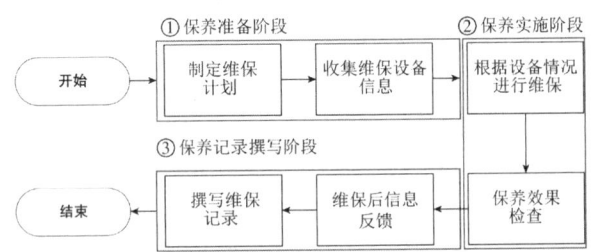

图7.5.2 AGV的一级维保流程

其中，制定维保计划、收集维保设备信息、根据设备情况进行维保和撰写维保记录由维保组负责，保养效果检查和维保后信息反馈由现场操作工和跟班设备维修人员负责。

（2）AGV的二级维保流程（即岗位级流程），见图7.5.3。

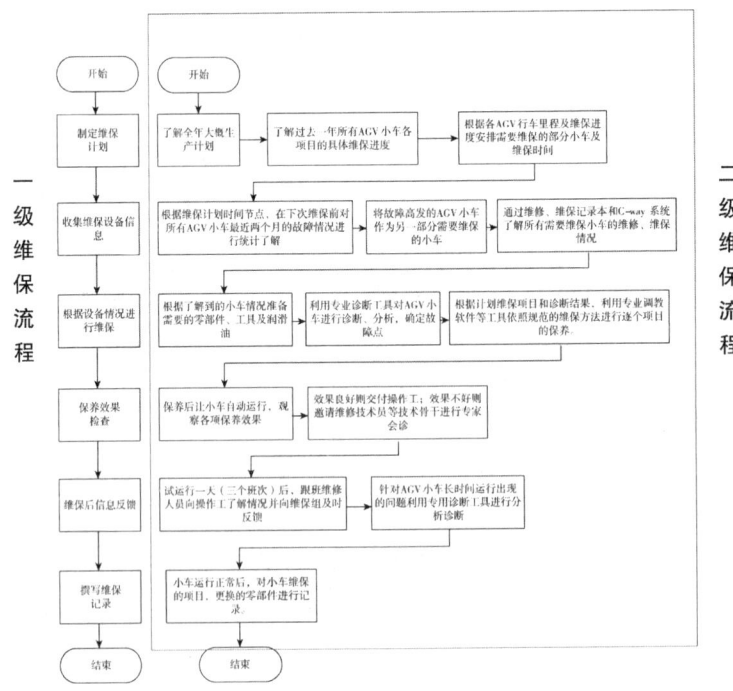

图7.5.3 AGV二级维保流程图

（3）AGV维保流程注意的要点

由二级维保流程 总结出AGV维保需要注意五点事项：

① AGV的实时故障详情；

② AGV的历次维保情况；

③ AGV的疑难故障诊断方法；

④ AGV针对具体项目的规范维保流程及方法；

⑤ AGV维保效果的信息反馈。

（二）AGV维保人员设置

管理架构采用维修组长、轮保组长和AGV设备机型负责人三级管理模式。AGV设备机型负责人负责AGV的电气及机械方面的维保实施工作；轮保组长负责对AGV维保的效果进行检验，并参与疑难故障分析和诊断；维修组长负责对维保的总体情况进行考核，确保AGV总体运行稳定。见表7.5.1。

表7.5.1 物流分中心AGV维保管理架构及人员职责

管理架构	各自职责
物流分中心维修组长	负责对维保人员的总体情况进行考核，确保 AGV 总体运行稳定。
轮保组长	负责对 AGV 维保的效果进行检验，并参与疑难故障的分析和诊断。
AGV 设备机型负责人	负责 AGV 的电气及机械方面的维保实施工作。

（三）维保金额管理

项目团队设计基于AGV维保人员、物流分中心设备管理员、物流分中心主管设备的主任、设备管理部零配件采购负责人的多级AGV零配件、润滑油以及易损耗物品采购审批机制。见图7.5.4、图7.5.5。

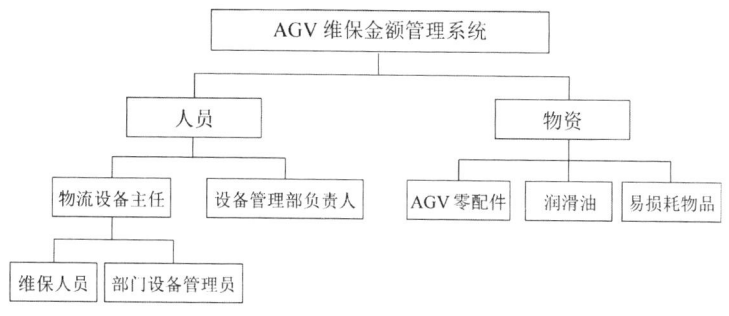

图7.5.4 AGV维保金额管理系统

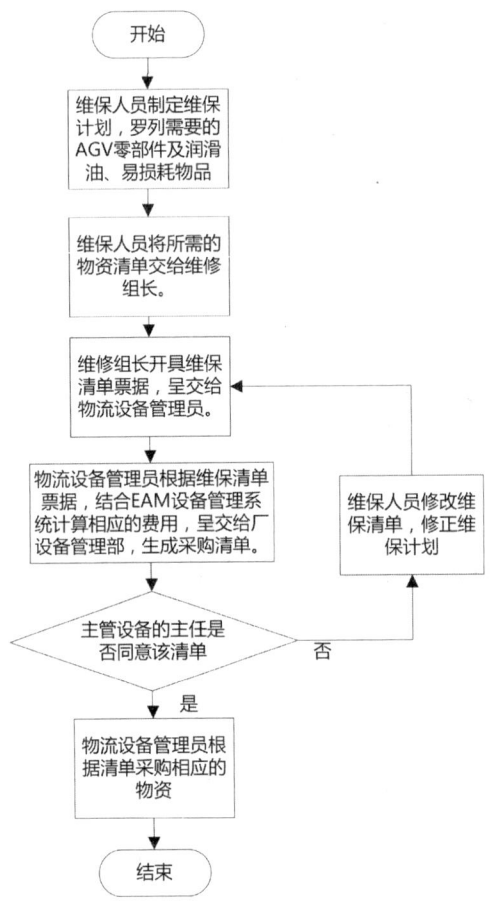

图7.5.5　AGV维保金额申请流程

（五）故障信息反馈

项目团队设计基于人员（操作人员、维修人员、维保人员）、系统（故障信息采集系统SCADA、C-way系统、EAM系统）的可靠实时的AGV故障及维保信息反馈系统，如图7.5.6、图7.5.7所示。

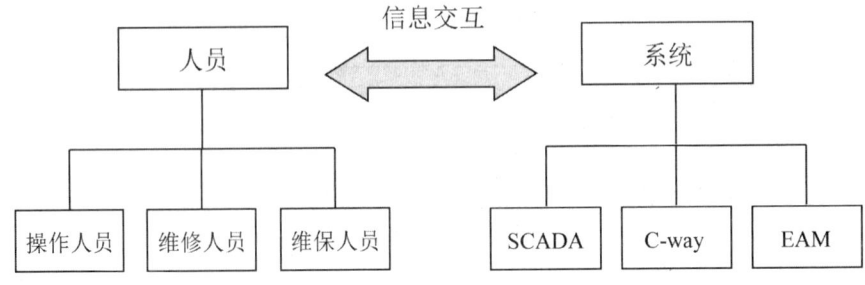

图7.5.6　AGV故障及维保信息反馈系统

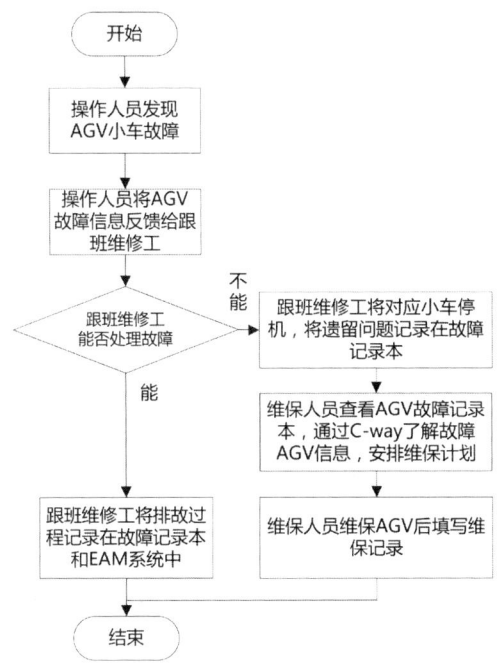

图7.5.7 AGV故障及维保信息反馈流程

二、AGV维保关键内容

维保关键技术流程包括：关键参数的调校和AGV故障诊断软件的操作流程。其中关键参数的调校包括：

（1）货叉高度编码器物理调校；

（2）转向编码器参数调校；

（3）行走编码器参数调校。

调校AGV系统参数时，需要用到"Vehicle Application Designer（VAD车辆应用设计）"专用软件，该软件需购买授权。软件界面如图7.5.8。

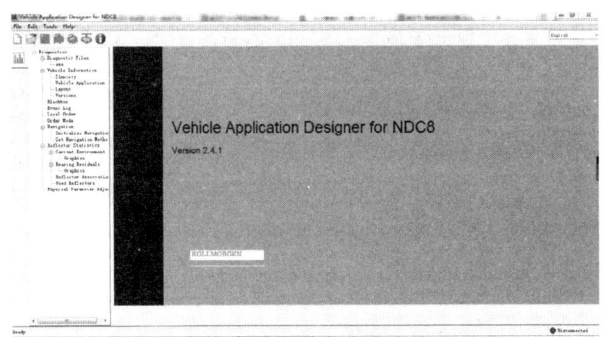

图7.5.8 VDA软件界面

AGV的故障诊断工具是Vehicle Diagnositic Tool for NDC8。

(一) AGV关键参数调整

AGV根据自身动作运行原理,关键参数可以分为三个方面:提升、行走和转向,具体见表7.5.2和表7.5.3。

表7.5.2 AGV维保关键技术参数调校公式

序号	参数名	调校公式
X1	货叉高度编码器调整精度	公式如下:Height_Scale=(Height_INT2-Height_INT1)*Height_Scale/(A2-A1) ……公式3 其中: Height_Scale ……驱动编码器比例值 Height_INT1 ……货叉零位时数值 Height_INT2 ……货叉抬起设定时数值 A1 ……货叉零位时实测数值 A2 ……货叉抬起时实测数值
X2	转向编码器调整精度	转向编码器的调整精度为:直向行走10m左右偏斜不超过10mm 公式如下: SteerEncScale=(SteerEncAngle1-SteerEncAngle2)*SteerEncScale/180 ……公式1 其中: Steer EncScale ……旋转编码器(引导)Enc比例值 SteerEncAngle1 ……旋转编码器左向极限值 SteerEncAngle2 ……旋转编码器左向极限值
X3	行走编码器调整精度	驱动编码器的调整精度距离10m,前后误差不超过10mm 公式如下: DriveScale_INT=(dist2-dist1)*DriveScale_INT/dist x……公式2 其中: DriveScale_INT ……驱动编码器比例值 Dist1 ……驱动编码器起始点数值 Dist2 ……驱动编码器终点数值

表7.5.3　AGV维保关键技术参数调校流程

序号	维保关键技术	关键技术流程设计
X1	货叉高度编码器物理调校	开始 → 编码器调试或更换 → 查看并记录升降前编码器的参数值 → 使用MCD8将AGV货插升到一定高度，查看并且记录升降后的参数值 → 测量并记录准确的高度值 → 使用公式计算出需要修改的数值 → 把计算出的NEW OFFSET值写入编码器 → 结束
X2	转向编码器参数调校	开始 → 编码器调试或更换 → 使用MCD8将AGV拖到空地，为AGV放置或画上一条参照直线 → 查看并记录行走前编码器参数值 → 将MCD8调到自动状态，行驶一段距离后根据AGV行驶的偏移方向来修改编码器的参数值 → 反复修改测试观察效果，直到AGV正常行进运行精度无误差为止 → 结束
X3	行走编码器参数调校	开始 → 编码器硬件更换或者检查 → 使用MCD8将AGV拖到空地，在AGV后方放置距离检查参照物 → 查看并记录行走前编码器参数值 → 将MCD8调置全自动，行驶一段距离，测量并且记录AGV和参照物之间的准确距离 → 查看并记录行走后编码器参数值 → 使用公式计算出需要修改的数值 → 把计算出来的NEW SCALEVALUE值写入AGV编码器参数 → 修改测试观察效果，直到AGV正常行进运行精度无误差为止 → 结束

以上描述的是利用该软件进行AGV故障诊断的方法。下面介绍它的故障诊断流程，具体见图7.5.9、图7.5.10、图7.5.11。

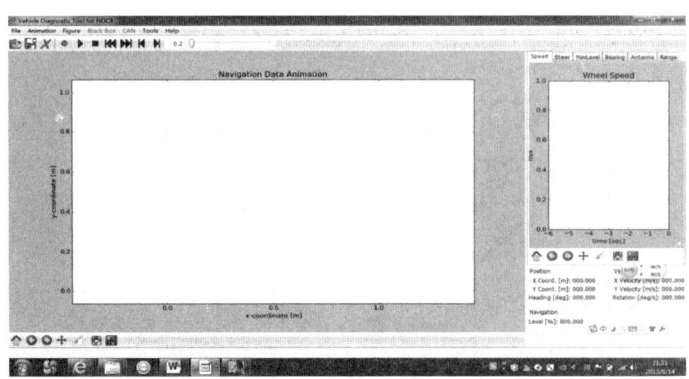

图7.5.9　Vehicle Diagnositic Tool for NDC8（AGV故障诊断软件）

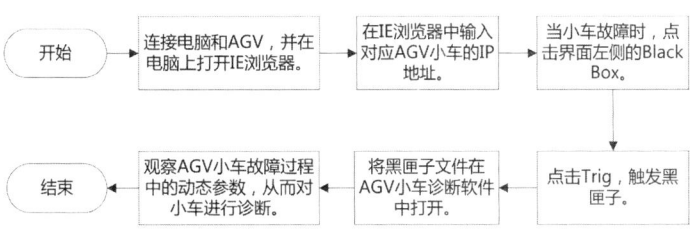

图7.5.10　AGV在线故障诊断流程

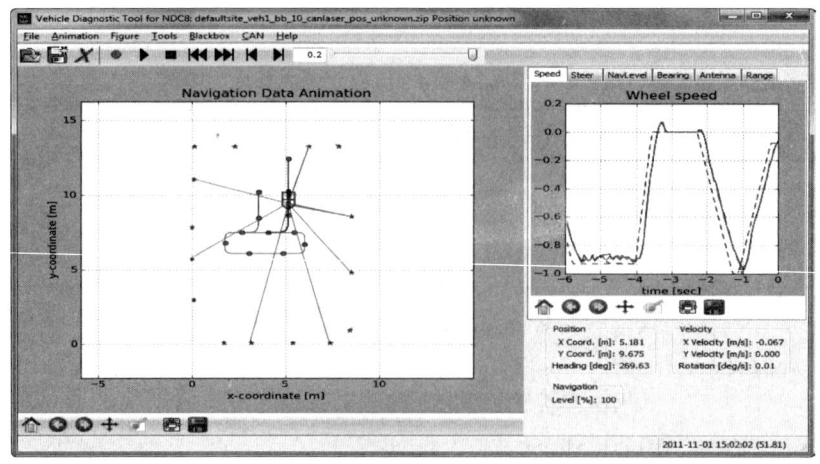

图7.5.11　利用故障诊断软件对AGV进行动态参数监控

(二) AGV六个子系统常规保养关键节点保养方法

经过物流分中心结合培训内容和技术资料，对设备进行了拆解。在拆解AGV过程中通过对照AGV说明书等技术资料，详细了解每个部件的名称、功能及调整使用要求，推理出每一个子系统的维保内容并全部总结下来，并利用试验的方法找到调整的步骤和标准。

通过参考技术资料和试验摸索的方法，对六个子系统（①：走行驱动单元；②：车体控制单元；③：升降机械单元；④：安防装置单元；⑤：激光导航单元；⑥：电气线路单元）常规保养关键节点进行了总结，并对各子系统维保项目、要点和参数设置等。见图7.5.12。

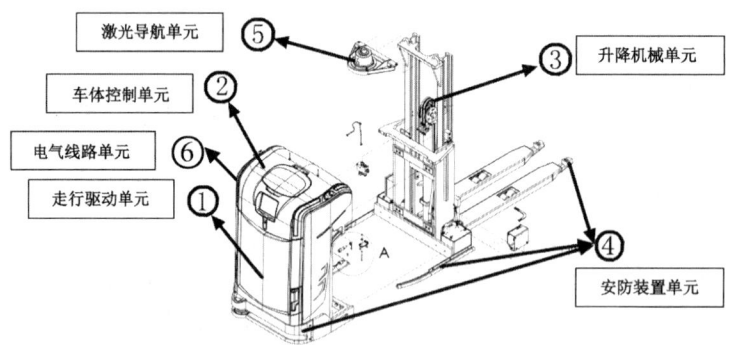

图7.5.12　AGV维保的各个单元

从维保单元的模块、图示、调整（更换）时间、维护方法、判定标准和操作流程六个方面来制定各个系统的关键节点的保养流程，下面就以走行驱动单元为例，具体见表7.5.4。

表7.5.4 走行驱动单元各维保节点及维保方法

序号	维保单元	维护单元项目	图示	检查、调试时间	维护方法	判定标准	备注
1	走行编码器	编码器电气检查		12个月	用万用表检测。	电源电压为24V输出信号为4~20mA	
		连线完好检查		12个月	目测，用螺丝刀紧固。	信号线接头接线牢靠，无松动	
		端子检查		12个月	目测，用螺丝刀紧固。	端子接线螺丝无松动	
		编码器参数调整	 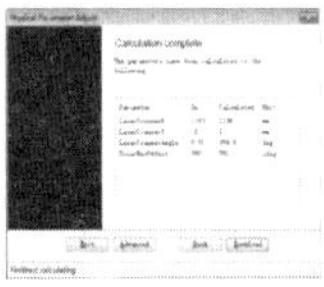	6个月	参数调试	1.现场观察AGV运行效果；2.现场检查编码器值参数误差	1.编码器硬件更换或者检查；2.使用MCD8将AGV拖到空地，在AGV后方放置距离检查参照物；3.查看并记录走前编码器参数值；4.将MCD8调至全自动状态，行驶一段距离，测量并且记录AGV和参照物之间的准确距离；5.查看并记录走后编码器参数值；6.使用公式计算出需要修改的数值；7.把计算出来的NEW SCALEVALUE值写入AGV编码器参数；8.反复修改测试观察效果，直到AGV正常行进运行精度无误差为止 备注：编码器参数调校后至少观察一天
2	走行驱动电机	有无异音确认			听测是否有杂音。	电机及刹车工作时判断	
		电机发热确认		12个月	红外测温仪测量电机发热情况。	检查供电连接线和电路断路器（或者保险丝）温度是否一致	
		换向器磨损确认			目视，并用压缩空气清洁。	保证压缩空气洁净干燥	

续表

序号	维保单元	维护单元项目	图示	检查、调试时间	维护方法	判定标准	备注
2	走行驱动电机	接线松动确认	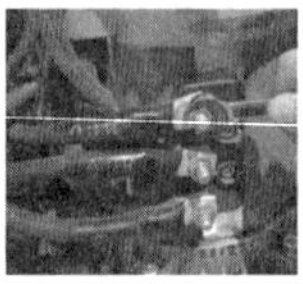	12个月	用扳手紧固	接线牢靠，无松动	
3	车轮	驱动轮外先检查，紧固检查		12个月	目视，用扳手紧固	轮子老化、磨损、安装固定	
		驱动轮磨损度测量	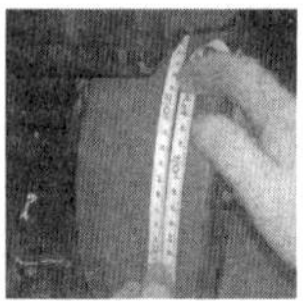		用卷尺测量驱动轮周长	1.驱动轮直径小于245mm需更换；2.驱动轮表面光滑无异常凹陷	1.目测行走轮是否有损伤，行走是否颠簸，测量其周长是否符合使用；2.如果主轮磨损，周长变小，行走路径与编码器参数有差异，将会导致AGV行走精度不准
		支撑轮磨损检查			用游标卡尺测量支撑轮直径	1.轮毂磨损变形需立即更换；2.支撑轮直径小于245mm需立即更换	1.目测其表面是否有损伤，测量其周长有没有达到最大磨损量；2.行走轮过度磨损会导致AGV行进状态颠簸
		货叉辅助轮磨损检查			用游标卡尺测量辅助轮直径	1.轮毂磨损变形需立即更换；2.辅助轮直径小于130mm需更换	1.目测其表面是否有损伤，测量其周长有没有达到最大磨损量；2.货叉轮过度磨损会导致AGV行进状态颠簸，有异音

续表

序号	维保单元	维护单元项目	图示	检查、调试时间	维护方法	判定标准	备注
4	走行减速机	无异音确认			听测是否有噪音	电机及刹车工作时判断有误噪音	
		电机发热确认			红外测温仪测量电机发热情况	检查供电连接线和电路断路器（或者保险丝）温度是否一致	
		刹车动作、破碎、间隙确认		12个月	目视，用塞尺测量刹车片间隙	刹车片松开时间隙在0.1~0.2mm	
		减速机润滑			使用油枪润滑	450cm³ ESSO UNIREX N2	
		密封状态			目视，用手触摸	润滑脂是否渗漏	
		安装螺栓确认			使用扭矩扳手	25.5~30 Nm	
5	机械护罩	护罩外形是否变形		12个月	目视	机械矫正	行走机构机械是否变形，如果变形可能会产生精度误差或者线路磨损

（三）根据故障情况进行关键参数的推算

在实际维保过程中，有一些易损的零件，虽然维保手册上有更换的周期，但是因为这些零部件在更换之前已经频频造成故障，因此延误了AGV的物料配送，这些损失相比于更换零配件的损失更大，因而需要根据现场生产情况进行了一些关键零配件的容差和老化系数模型的设计。见表7.5.5。

表7.5.5 关键易损部件的容差

测量参数	计算方法及公式	计算结果
AGV主行走轮直径公差	主行走轮直径公差的计算方法：主行走轮的原直径为253mm，当行走轮直径减少Δ_0=28mm时，AGV行走轮编码器与主行走轮的偏差过大会导致设备停机，更换时间需要20分钟，等到人工配送会延误卷包生产10分钟，造成$A_0 = \frac{10}{60} \times \frac{300}{8} \times 10000 \times \frac{1}{3} = 20833$元损失，直接报废行走轮的损失A=1500元，则该行走轮的安全系数为：$\Phi = \sqrt{\frac{A_0}{A}} = 3.73$ 容差 $\Delta_0 = \frac{\Delta_0}{\Phi} = 7.5$mm	AGV主行走轮的直径公差Δ=7.5mm（即当AGV主行走轮直径小于245.5mm时，建议更换）
AGV主行走轮圆柱平行度公差	主行走轮圆柱平行度公差的计算方法：主行走轮的原圆柱平行度为0.1mm，当行走轮圆柱平行度增大为Δ_0=5mm时，AGV转向编码器与主行走轮偏差过大而无法匹配校准，因而会造成送料停机，更换时间需要20分钟，影响卷包生产10分钟，造成A_0=20833元损失，直接报废行走轮的损失A=1500元，则该行走轮的安全系数为：$\Phi = \sqrt{\frac{A_0}{A}} = 3.73$ 容差 $\Delta_0 = \frac{\Delta_0}{\Phi} = 1.34$mm	AGV主行走轮的圆柱平行度公差Δ=1.34mm（即当AGV主行走轮圆柱平行度大于1.34mm时，建议更换）

根据计算结果就可以对电池部件寿命有一个比较精确的模型，从而指导进行电池的提前更换和日常保养。见表7.5.6。

表7.5.6 AGV电池的老化系数计算

测量参数	计算方法及公式	计算结果
AGV电池老化系数	AGV电池设计初始充满电时电压为25.4V，设计寿命T=4年，当电池充满电后电压衰减量达到2.4V时不能正常使用，即产品的功能界限是Δ_0=2.4V，此时的损失$A_0 = \frac{30}{60} \times \frac{300}{8} \times 10000 \times \frac{1}{3} = 62499$。若每年平均磨损量$\beta$不合格，产品降级使用的损失$A^*$=15000元，求$\beta$的容差（老化系数）$\Delta^*$：$\Delta^* = \sqrt{\frac{3A^*}{A_0}} \times \frac{\Delta_0}{T} = \sqrt{\frac{3 \times 15000}{62499}} \times \frac{2.4}{4} = 0.51$（V/年）	AGV电池的平均损耗的容差（即老化系数）Δ^*=0.51 V/年（每年可对该参数进行检测，电池电压损耗过大就需要检查更换部分电池组）

（四）专业维保工具

结合日常工作和AGV维保关键技术方法，已经获取了AGV调校和故障诊断的专用工具。但是在尝试维保过程中，发现开展某些维保项目非常费时费力，需要制作一些专用工具。如表7.5.7所示，具体包括：

（1）AGV龙门吊的制作。

（2）加注主动轮齿轮箱润滑油工具的制作。

（3）弹刷弹簧拉开工具的制作。

（4）AGV电池安装工具。

表7.5.7 AGV维保专用工具

改造项目	改造原因	改造后
AGV龙门吊的制作	由于AGV为落地式叉式车型，采用前轮驱动、前轮导向的运行方式，因此更换前后辅助轮都需要将AGV抬起。但是整车含电池重1320 kg，更换辅助轮时需要利用千斤顶将AGV抬起，耗时近一个小时，还需要多人配合	为方便抬起AGV，项目团队设计了龙门吊。龙门吊采用钢管和工字钢作为支柱和框架，底座安装有尼龙辊轮方便搬运，横梁正中悬挂起吊AGV的倒链起重设备，可以起吊AGV，为深度维保做准备。使用龙门吊后，抬起AGV的时间缩短到20分钟 设计制作的龙门吊
加注主动轮齿轮箱润滑油工具的制作	在排放主动轮齿轮箱润滑油时，由于排放油孔离地面很低，排放油时，只能将AGV吊起，存在安全隐患，需要20分钟以上的时间。在排放过程中，油品很容易洒出，污染地面环境	维修技术人员利用废旧纯净水瓶，制作专用接油工具，不起吊AGV即可排油，短短5分钟就可以方便快捷地排放废油，还保持了现场整洁 采用废旧纯净水瓶排放废油的过程
弹刷弹簧拉开专用工具的制作	在保养液压油泵电机碳刷时，由于碳刷压紧弹簧弹性大，很难拉开取出碳刷，维保人员往往要花费十几分钟的时间才能将其取出	维修人员制作了可以拉开弹簧的专用工具，取出碳刷的时间缩短到了5分钟以内 利用专用工具拉开碳刷弹簧
AGV电池安装工具的制作	AGV在电池维保或更换过程中需要将电池拉出来，电池重达200多公斤，搬运时往往需要四五名维修工半个小时才能将其搬出	设计出的电池更换AGV维保团队设计制作了AGV电池拉出工具，大大便利了AGV电池的维保、更换过程，更换时间缩短为5分钟以内 设计出制作的电池安装工具及使用方法

通过以上AGV维保标准和流程的建立，就初步建立起来了AGV的日常维保流程，但实际工作中由于AGV的现场生产环境、任务多少、工作时长等因素的影响，造成AGV实际维保

的频次和内容略有不同，因此在实际工作中要多总结，做好一二级维保流程，这样才能保证AGV维保得顺利，才能保证设备发挥最大效能。

附：AGV日常维护内容

（一）打开盖板

（1）取下侧面及前部螺钉。

（2）取下上盖板。

（3）取下侧面螺钉。

（4）取下前盖板。

如图7.5.13所示。

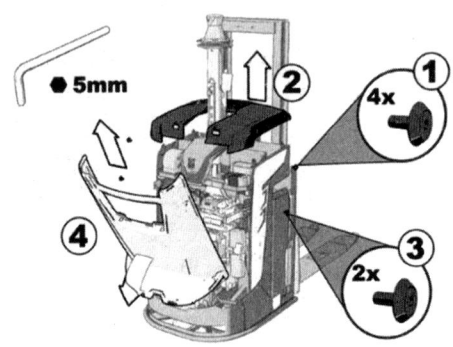

图7.5.13　AGV盖板拆卸

（二）检查及保养内容

1. 每季度（或每500小时）

检查，如有必要，调整或修复：

- 继电器，开关，线圈，电缆
- 液压阀的工作情况
- 货叉的工作情况
- 清洁并润滑提升链条，检查张紧程度
- 液压油缸及其附件，有无漏油
- 驱动，转向，油泵电机，清除灰尘
- 液压机构及限压阀
- 驱动轮磨损情况，磨损超过10mm就必须更换驱动轮（最小直径230mm）

- 提升链条齿轮及导向
- 电池及接头（挡块）
- 减速箱
- 刹车片间隙，约0.7mm。
- 清洁AGV内外的灰尘和垃圾

2. 每半年（每1000小时）

更换：

- 液压油滤清器及排气孔

3. 每年（或每2000小时）

更换：

- 液压油
- 机油

4. 电池

正常使用时，电池不需要维护，但必须定期做均衡充电，建议每周一次。

5. 每月润滑

AGV的润滑点需每月润滑：

- 传动装置，齿轮

润滑油推荐：

普通工况：NLGI 2，含二硫化钼（molybdenum disulphide）

低温：NLGI 1 or 0.

6. 液压油推荐

普通工况：ISO VG32

低温： ISO VG15

高温： ISO VG46

加注到最高限位，如图7.5.14，图中①为液压油加注口。

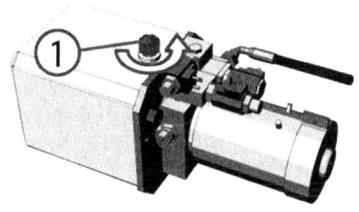

图7.5.14 液压泵

7.行走齿轮箱

润滑油推荐：

普通工况：SAE 80/W90，API GL-4或GL-5；

低温：SAE 70/W90，API GL-4或GL-5。

请使用全合成机油，约1.5升（见图7.5.15）。

图7.5.15　行走电机齿轮箱加、放油口

（三）AGV的吊装

吊装位置（见图7.5.16）：

- ATX12：门架上①
- ATX16：盖板下②

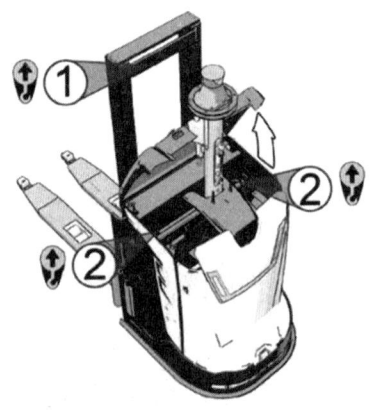

图7.5.16　AGV吊装位置

注意：仅车身上有吊装标识的地方才能使用，请确保吊装工具有足够的吊装能力。

（四）AGV无动力的拖动

只有当AGV的驱动轮升高并离开地面的时候，才可以拖动AGV。可以通过顺时针旋转支撑螺杆来使其升高。见图7.5.17

图7.5.17　AGV主动轮顶升螺杆

注意：完成拖动后，须确保支撑螺杆恢复至最高位。

（五）AGV电池的更换

（1）拔下插头。

（2）取下挡块，拉出电池（见图7.5.18）。

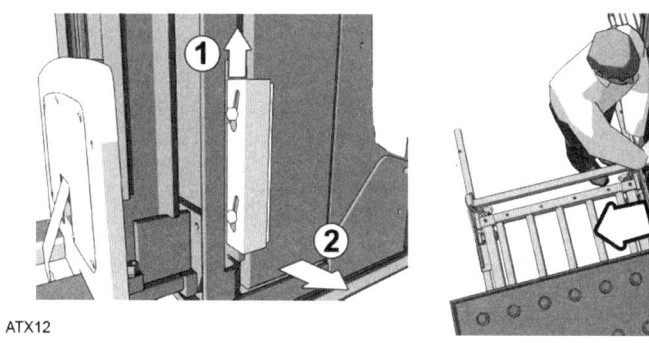

图7.5.18　更换电池

注意：

①请使用合适的工具更换电池，以确保安全。不要把任何工具和其他金属物体放在打开的电池上，防止短路。

②请更换与原有电池同样参数的电池，电池参数在电池箱侧面。

③使用滚轮更换电池时，千万不要把身体任何部位置于滚轮与电池之间，不要朝自身的方向拉动电池！

第八章 AGV安全技术管理

> **学习要点**
> 1. SICK S3000安全激光扫描仪产品描述
> 2. S3000安全激光扫描仪结构及工作原理
> 3. S3000参数设置
> 4. SICK-CDS 软件的使用及设置
> 5. AGV安装调试
> 6. AGV运行安全操作

第一节 S3000安全模块

一、SICK 概览

SICK 是工业用智能传感器和传感技术解决方案的主要制造商之一。独特的产品和服务范围为安全有效地控制流程创造最优的基础,防止发生人身事故并且避免环境污染。在诸多领域拥有丰富的经验,熟知其流程和要求。这样就可以用智能传感器为客户提供其所需。在欧洲、亚洲和北美洲的应用中心,会根据客户的需求测试并优化系统解决方案。SICK 是值得信赖的供应商和研发合作伙伴。

全面的服务更加完善的订单:SICK 全方位服务在机器整个寿命周期中提供帮助并保证安全性和生产率。这就是"传感智能"。

(一)产品描述

S3000 Expert 是 S3000 的扩展系列。S3000产品的可靠性长期适用于各种严苛环境。通过可保证的三区域模式和多达四个保护区域的同步监控功能——在于 SICK 安全控制器连接时——还可以高效地实现固定式和移动式应用。64 个能够分别调整的区域可实现几乎无穷大的效率。通过扩展的协同工作能力，带有另一种 SICK 安全激光扫描器和安全控制器的 S3000 Expert 能够完美地进行扩展。因此自动导航车能够全面地得到保护并且启用取决于速度的合适保护区域.集成的 CMS 功能将人员保护和环境轮廓检测功能相结合。因此在物流和生产领域提出开拓性的解决方法。

1. 概览

- 4 m、5.5 m 或 7 m 保护区域有效距离
- 32 个可切换区域组
- 集成到系统插头的配置存储器
- 用于 SICK 设备安全通信的接口（EFI）
- 用于与速度相关的区域切换的增量型编码器输入端
- 带有地面标志识别功能的 RS-422 的扩展测量数据输出
- 多达 4 个保护区域的同步监控

2. 优点

- 7 m 的大保护区域范围宽度可保证应用的多功能
- 在对车辆或运动的机器零件进行安全保护时，众多的区域组可确保安全性和生产率
- 模块化的扩展单元、简易的布线方案及额外的功能，如通过 EFI 借助 SICK 安全控制设备同步监控多达 4 个保护区域
- 通过配置存储器实现快速重新调试
- 在所有速度下的正确保护区域可避免没有必要的停止
- 导航支持和人员功能保护集成在一台装置之中
- 针对静态和动态应用的简捷安装、调试和保养
- 历经数十年考验的安全技术可最大限度确保可靠性和可用性，即使在困难条件下亦可

3. 应用范围

- 可在方向和速度保护区域模式间切换的自动导航车保护（见图8.1.1）
- 自动导航车的保护和导航支持
- 窄巷道叉车保护
- 货架操作车保护
- 移动车保护

- 电动悬挂输送机保护

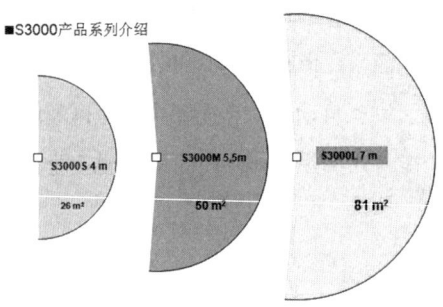

图8.1.1　SICK3000探测范围

(二) S3000工作原理

如图8.1.2所示，内部的电动机带动激光投光器旋转，当发射的光线遇到人体后返回，并被受光器接收，内部的计时回路，计算光线发射到接收的时间，以此来判断人体和扫描仪之间距离的远近。同时又由角度编码器计算光线返回的角度，以此来判断人体存在的方式。

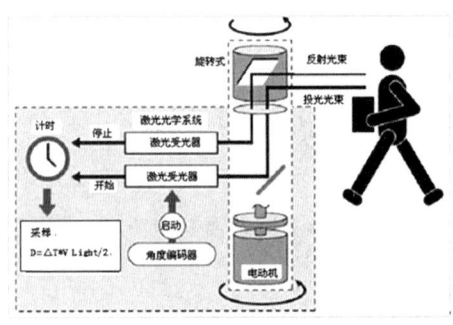

(a) S3000工作原理

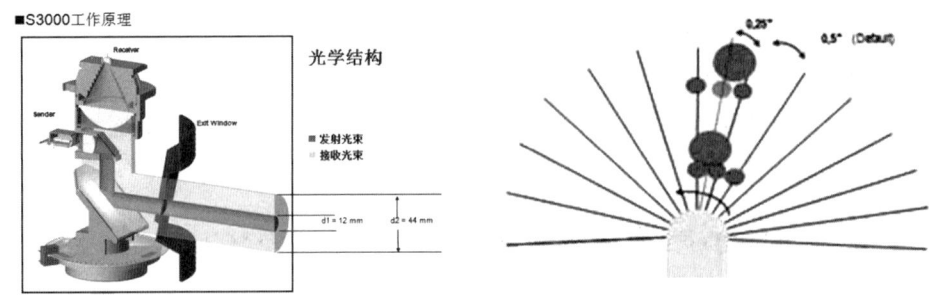

(b) S3000工作原理角度分辨率与物体大小　　(c) 激光扫描仪扇形扫描区

图8.1.2　SICK3000

角度分辨率最高为0.25°，其中蓝色为被检测物体，红色为光点。保证了稳定可靠的检测率，最大安全距离取决于扫描仪的分辨率。

1. SICK3000 安全扫描仪。

AGV前端有一个安全激光扫描仪。扫描仪如此放置，是为了能检测地面的障碍物（例如，人或杂物），扫描仪中有两个区域：①安全区域：如果安全区域内检测到了障碍物，将会生成安全停止指令。安全区域的大小随AGV速度的变化而变化。②警示区域：如果警示区域内检测到了障碍物，AGV将会减速，并发出可听见的警报声音。警示区域大于安全区域，其大小也随AGV速度的变化而变化。

（1）激光安全。

符合激光安全分类IEC-60825-1 2.0版（2007-03）。

1类激光在正常使用的所有条件下都安全，但不能超过允许的最大激光照射量。

（2）安全触板。

AGV两侧都安装有由黑色导电橡胶制成的安全触板。如发生撞击，橡胶模板将会发生变形，从而激活安全停止。

要将AGV恢复操作，请移开障碍物，并使用控制面板上的开始按钮将紧急停止条件复位。

二、SICK3000参数设置及SICK-DCS软件的应用

（一）S3000-CDS技术参数

见图8.1.3。

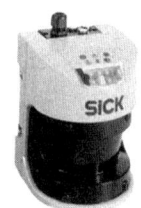

应用领域	application domain
保护区域范围	4m/5.5m/7m（取决于型号）
报警区域有效距离	49m
扫描角度	190°
可保存区域数量	64
监控情况数量	32
响应时间	≤ 60ms[1]
输出信号切换装置对	1
集成在控制系统中	本地输入端和输出端(IO),EFI
安全等级	类型 3,PLd, SIL2

图8.1.3　SICK3000技术参数

SICK-CDS软件介绍见图8.1.4：

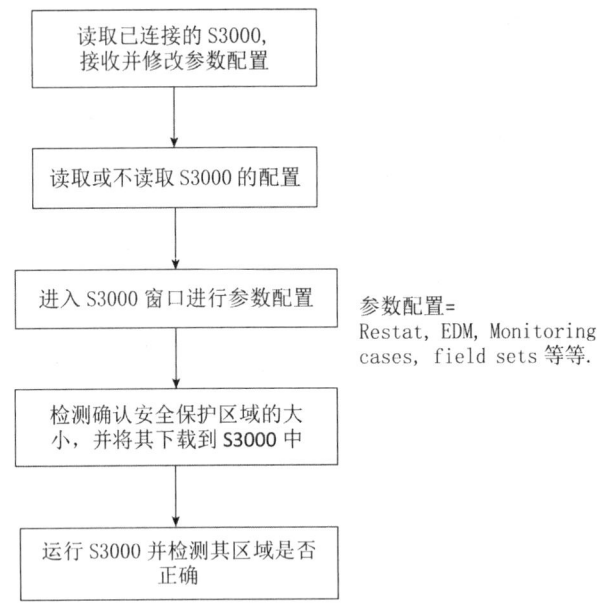

图8.1.4 SICK-CDS软件介绍

（二）S3000-CDS软件的使用及操作

现在以常用版本 CDS 3.51 版本为例来说明软件的功能及其使用方法。

打开 CDS 3.51 版本软件，其界面如图8.1.5所示。

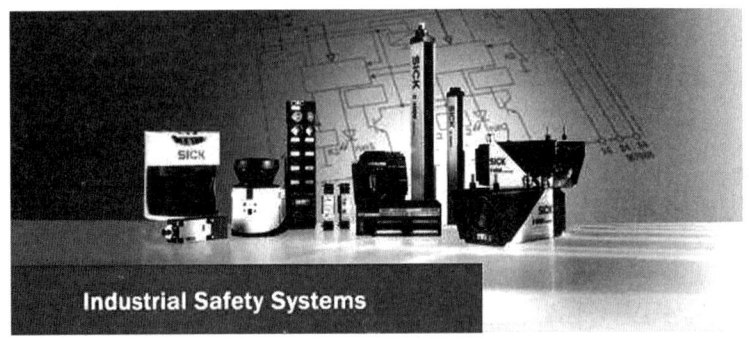

图8.1.5 CDS 3.51 版本软件打开界面

打开软件如图8.1.6所示。

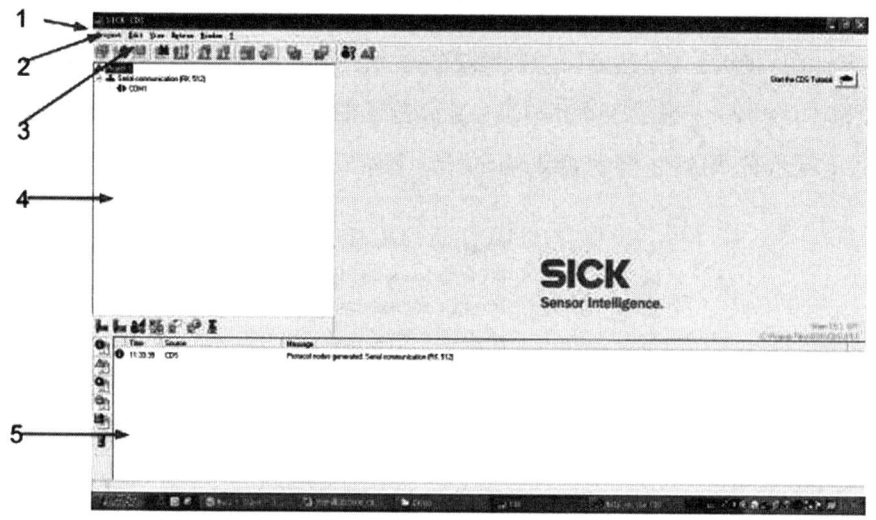

（1. 标题栏 2. 菜单栏 3. 工具栏 4. 导航栏 5. 日志窗口）

图8.1.6 CDS 3.51软件

当有些符号为灰色时，表示此功能当前不能使用，不能使用的原因可能是没有连接到传感器或者是没有足够的权限使用此功能（见图8.1.7）。

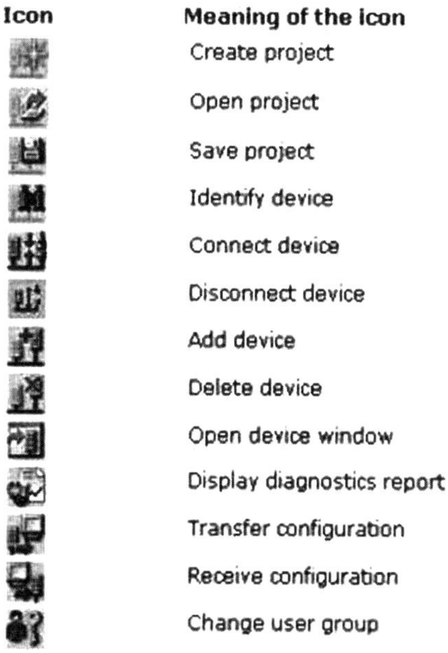

Icon	Meaning of the icon
	Create project
	Open project
	Save project
	Identify device
	Connect device
	Disconnect device
	Add device
	Delete device
	Open device window
	Display diagnostics report
	Transfer configuration
	Receive configuration
	Change user group

图8.1.7 CDS 3.51 软件工具栏

在相对应的COM口里，可以识别到已连接的传感器。

图8.1.8所示的符号，其意思由上到下分别是：项目通信的协议；当前的连接状态（未连接）；当前的连接状态（已连接）；传感器符号（如S3000）；显示/隐藏传感器的型号；显示/隐藏循环冗余校验；显示/隐藏用户组；显示/隐藏在线状态；显示/隐藏信息；显示/隐藏警告信息；显示/隐藏错误；显示/隐藏调试信息；显示/隐藏时间；保存日志；删除日志。

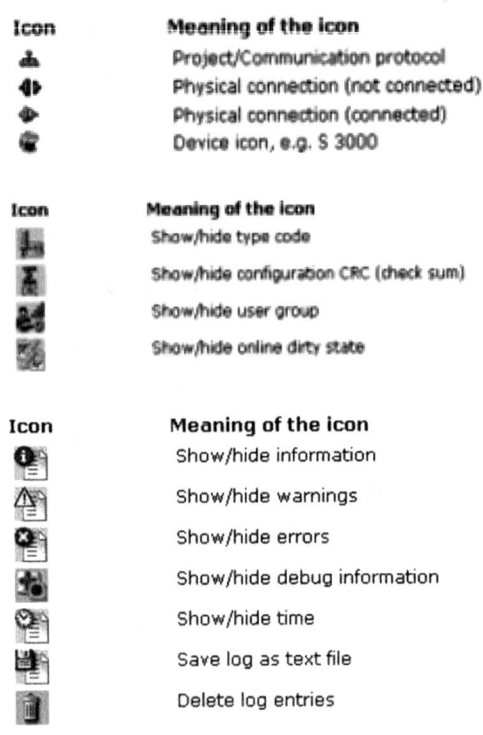

图8.1.8　图标名词解释

用SICK编程电缆(6021195)把电脑与S3000连接后，点击望远镜符号(识别传感器)后，在相应的COM口里面就会找到连接的传感器，如图8.1.9所示。

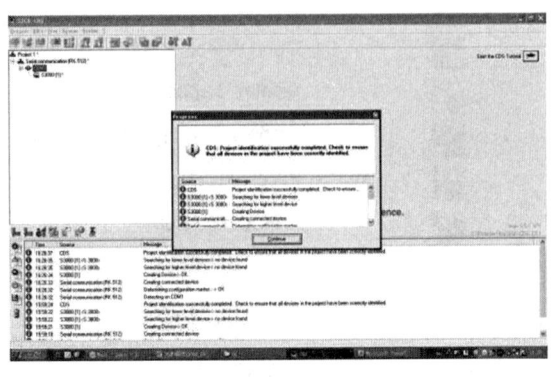

图8.1.9　连接SICK3000步骤（1）

用SICK编程电缆(6021195)把电脑与S3000连接后，点击望远镜符号(识别传感器)后，在相应的COM口里面就会找到连接的传感器，如图8.1.9所示。

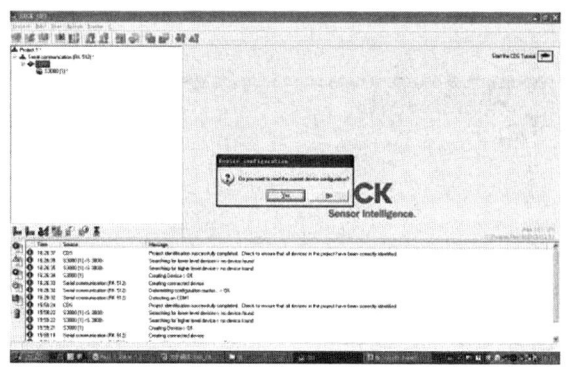

图8.1.10　连接SICK3000步骤（2）

保存方法：如图8.1.11，点击"Yes"，再点击"project"下面的"Save as"。可以建一个新的文件夹，并将其保存，例如：可命名为"SICK_S3000.SKP"，见图8.1.12。

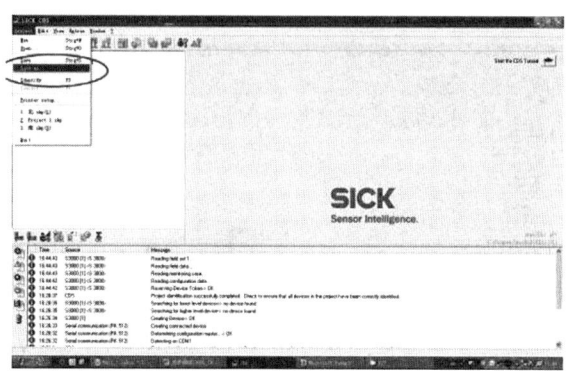

图8.1.11　连接SICK3000步骤（3）

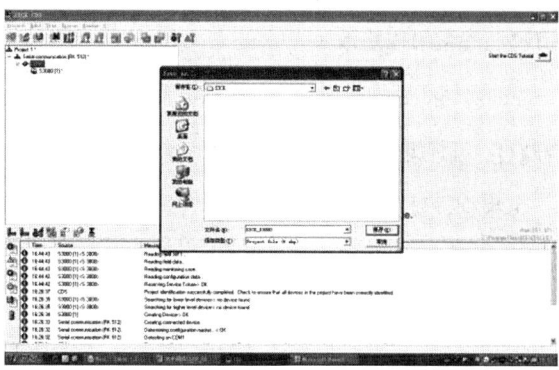

图8.1.12　连接SICK3000步骤（4）

如果S3000的各方面参数没有错误,那么此时的S3000为蓝色。如果有参数不正确,那么S3000将显示红色。要对S3000进行参数编辑,则双击蓝色图标的S3000,点击"下一步",此时弹出一个新的窗口,见图8.1.13。

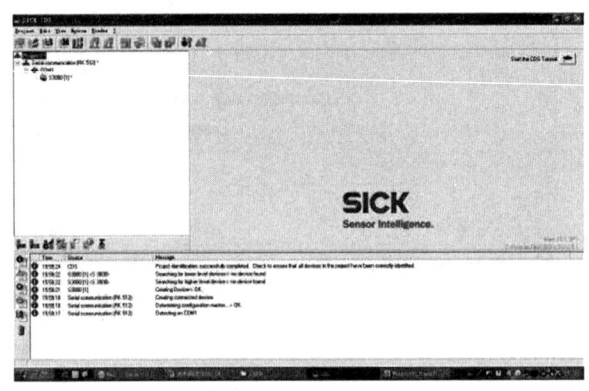

图8.1.13 连接SICK3000步骤(5)

如图8.1.14红色圈所示,可以看到S3000的型号。

图8.1.14 连接SICK3000步骤(6)

下面看下S3000有哪些参数可以更改:

(1) System parameters Application name:可根据方便记忆的原则更改名字。

Device name S3000[1]:可根据方便记忆的原则更改名字

Name of the user:可根据设计人员命名。

见图8.1.15。

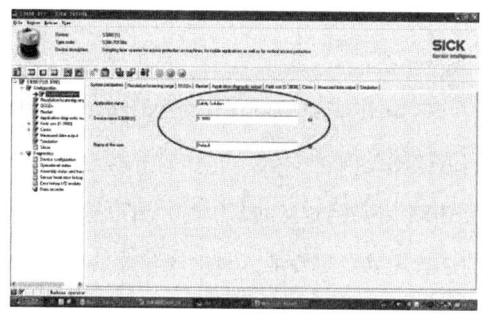

图8.1.15　设置SICK3000参数（1）

（2）Resolution/scanning Range Application variant：如果S3000是固定安装，则选stationary；如果S3000是应用在AGV上，则选mobile。

Resolution：可根据现场的需要来选择分辨率的大小。

Maximum protective field Range：这里每一个不同的分辨率都有两个不同的保护距离可选，这是因为S3000的角度分辨率不同决定的。可以参考S3000 operation instruction。

见图8.1.16。

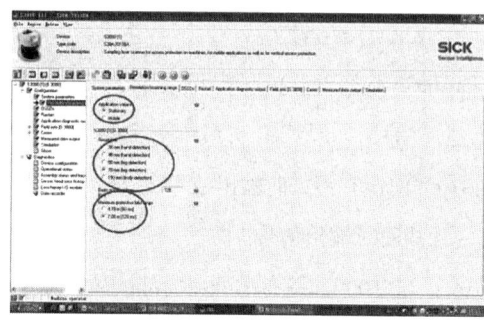

图8.1.16　设置SICK3000参数（2）

（3）OSSDs External device montorng active：此选项为外部触点监控选项，要根据实际的电路需要选择或不选择，见图8.1.17。

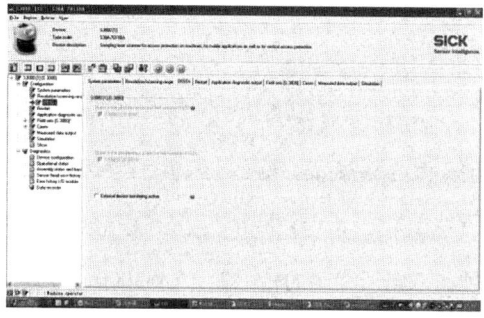

图8.1.17　设置SICK3000参数（3）

（4）Restart Without restart interlock：当S3000为自动复位时(也就是物体退出保护区时，S3000自动变为绿灯)，请选择此项。

With restart interlock：当S3000为手动复位时(也就是物体退出保护区时，S3000需要人工按下复位按钮才能复位)，请选择此项。

Time delayed by S：当S3000需要延时自动复位时，可以选择此项。

注：手动/自动复位的选择需要经过专业人员的风险评估后才能做出选择！

见图8.1.18。

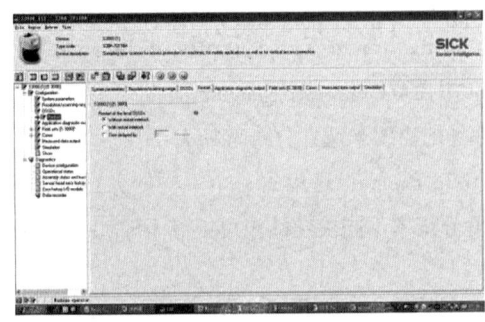

图8.1.18　设置SICK3000参数（4）

（5）Application dlagnostic output：此选项的功能是针对S3000第7脚的功能来描述的。

Inactive：此脚不输出任何信号。

On contamination：当S3000前镜有污染时输出信号。

On error：当S3000有内部故障时输出信号。

On contamination or error：当S3000前镜有污染或内部故障时输出信号。

见图8.1.19。

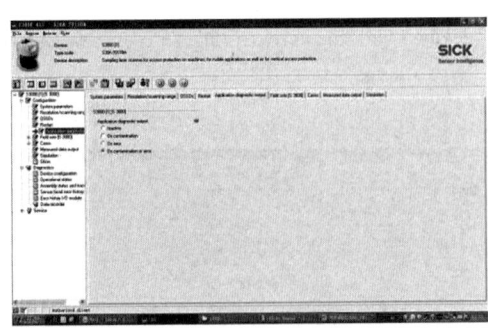

图8.1.19　设置SICK3000参数（5）

（6）在Field sets选项，双击所命名的传感器，如S3000，进入下页区域编辑页面（见图8.1.20）。

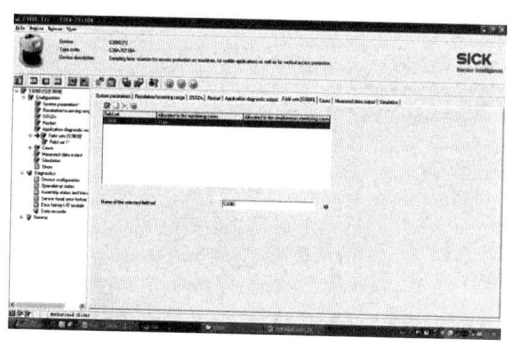

图8.1.20　设置SICK3000参数（6）

（7）Field set 1。图8.1.21所示的为其常用工具栏，其中："1"为保护区域，"2"为报警区域，"3"为显示传感器周围轮廓，"4"为笔画线形的选择。

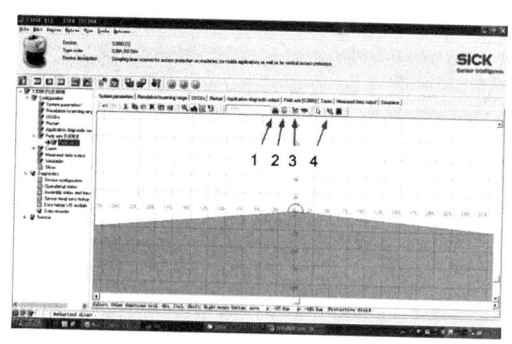

图8.1.21　设置SICK3000参数（7）

（8）画一个保护区域。先点击图8.1.20中的"1"所示的图标，再点击"4"所示的图标，选择直线，画出图8.1.22所示的保护区域。

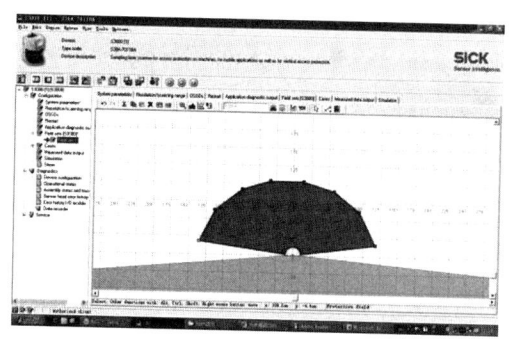

图8.1.22　设置SICK3000参数（8）

（9）画一个报警区。先点击图8.1.20中的"2"所示的图标，选择"报警区域"；再点击"4"所示的图标，选择直线，画出如图8.1.23所示的报警区。

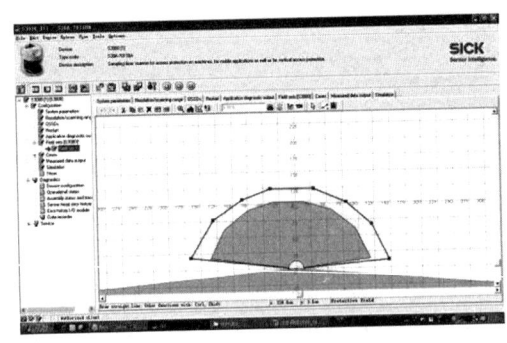

图8.1.23 设置SICK3000参数(9)

至此,基本的参数已经修改完成,可将参数下载到S3000中。此时点击图标。

(10)弹出一个对话框,如图8.1.24所示。此时点击Yes。

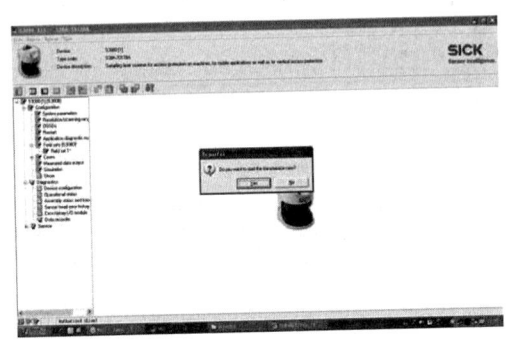

图8.1.24 设置SICK3000参数(10)

(11)弹出一个登录对话框,如图8.1.25所示。

此时可登录为"Authorized client",密码为(全大写):SICKSAFES。

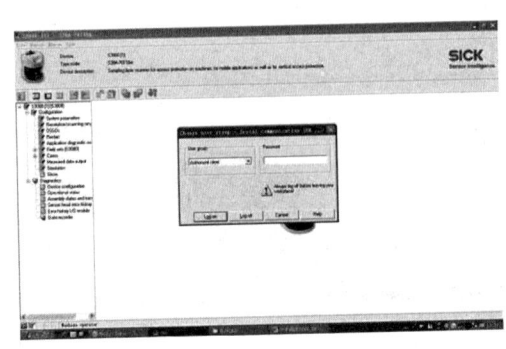

图8.1.25 设置SICK3000参数(11)

(12)此时软件又会弹出另外一个对话框,提示需要谨慎核对所设置的参数及保护区域,如图8.1.26所示。

继续点"Continue"。

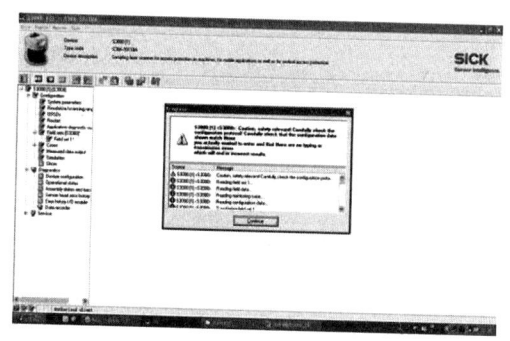

图8.1.26 设置SICK3000参数（12）

（13）此时弹出一个参数配置的窗口，如图8.1.27所示。
请仔细核对所配置的参数，然后点击"release"。

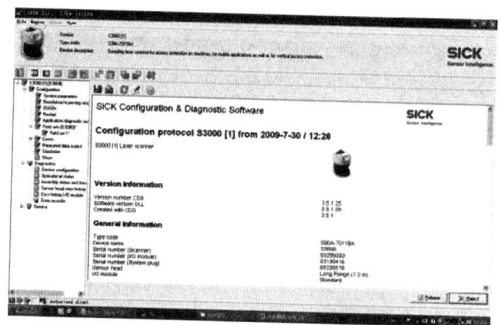

图8.1.27 设置SICK3000参数（13）

（14）参数下载完成后，会弹出一个窗口，如图8.1.28所示。
点击"Continue"。

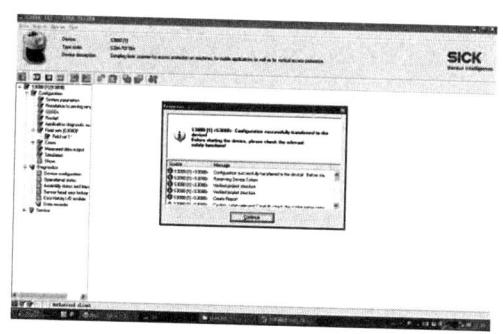

图8.1.28 设置SICK3000参数（14）

（15）观察激光扫描仪所视区域，点击"data recoder"，如图8.1.29所示。
周围蓝色的轮廓线为S3000所探测到的物体，若在扫描仪保护区内没有物体侵入，则此时S3000显示绿灯。

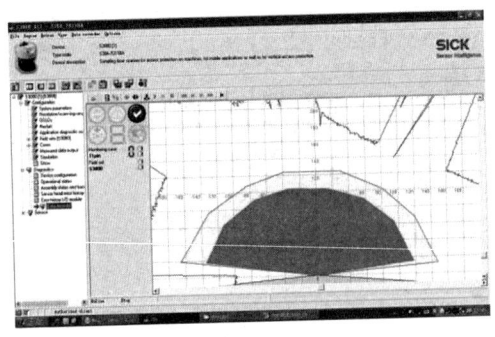

图8.1.29　设置SICK3000参数（15）

（16）如果S3000出现故障，可以点击"Sensor head error history"或"error history I/O module"，将其下载到电脑中，并发送到施工技术人员邮箱。见图8.1.30。

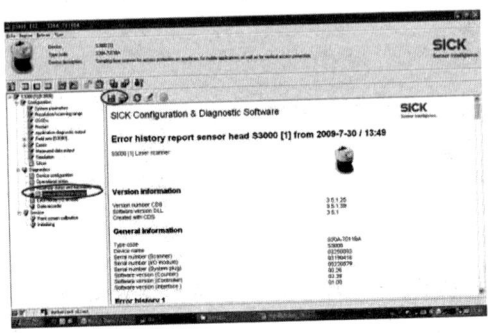

第二节　AGV安全操作规程

一、AGV安装调试安全操作规程

（一）准备工作

AGV安装调试前应做相应的准备和检查工作。

（1）确认调试场地条件具备好；

（2）确认调试工具已准备好；

（3）确认调试设备已准备好；

（4）检查AGV各机械单元、电器单元安装完整到位，安装无异常、无卡滞、无隐患；

（5）AGV上电调试前已架离地面确保无危险；

（6）确认已做好调试场内的安全防护工作；

（二）机械检查

（1）检查AGV各机械单元及电器元件装配牢固。

（2）检查调整整车水平度，要求车体和地面接触面各点处于同一水平面上，保证车轮不出现悬空打滑情况；不论什么驱动方式的AGV都要保证车轮着地时车身保持水平。

（3）检查调整编码器安装轴和连接轴，要求同轴，螺丝固紧。

（4）检查调整激光导航器水平安装，使用水平尺检查，水平度使用固定座螺杆调整。为了搜寻反射面以及减少测量误差，激光扫描器必须水平安置。

（5）检查调整直流电机碳刷，要求与电机转子接触可靠，碳刷长度在正常范围内。

（6）检查调整齿轮箱润滑液加注至规定位置范围内。

（7）检查调整齿轮等传动部件已润滑。

（8）检查调整液压执行机构的，油管、电磁阀各单元要求密封性能良好无渗漏。

（9）检查调整液执行机构液压油箱内液压油加注至规定位置范围内。

（10）检查调整装配的各运动部分应运转灵活、轻便，转位机构应变位平稳、定位准确，各运动部位应能到达极限位置；调整应按要求到位，活动、运动件应灵活无卡阻，转动件平稳自如，机构动作柔和。

（11）检查调整各安全防护单元功能正常、动作到位。

（12）用塞尺检查调整走行制动器间隙。

（14）充足电池容量，检查电解液液面，不足的添加蒸馏水到高和低刻度线的中间位置。

（三）电器检查

（1）检查全车电器器件，安装到位完好；

（2）检查全车电器连接，防止漏接、短路、断路；

（3）全车接插件、端子等所有接线牢固，焊接件焊接牢固，不能有虚焊等现象；

（4）检查要求屏蔽等防护安全措施的线缆安全防护到位；

（5）按电路图用万用表检查主电路及主要元器件电源极性；

（6）检查充电靴极性，充电极和接线和车体绝缘有效隔离；

（7）检查接触器、继电器、抱闸线圈上所接二极管极性；

（8）依次检查各组电源正负之间的电阻值，防止短路；

（9）依次检查各组电源（+48V、+24V、+12V、0V）与车体的绝缘，测量电阻值应大10K；

（10）依次检查各电压等级电路（+48V、+24V、+12V、0V、滤波），防止短路；

（11）检查电池电压，电池连接片必须安装牢固；

（12）拔下滤波器一侧插头测得滤波前和滤波后两级电路有效隔离无连通（或有阻值）；

（13）测试上电钥匙开关回路的连通性和断电按钮的阻隔性；

（14）动力电缆与控制电缆尽量分开走线；

（15）检查CAN总线的连接。

（四）上电调试

清理AGV，移走AGV上所有可能导致短路的工具，将AGV垫起轮子离开地面，以便主动轮悬空并能很好地驱动和旋转；

插上电池插头，测量各回路上端电压，各主接线柱、触点电压正常；

合上上电控制回路断路器，测量电压，并检查电压稳定性及与电池电压之间的压降；

合上继电器控制回路断路器，测量电压，并检查电压稳定性及与电池电压之间的压降；

合上滤波器控制回路断路器，测量滤波后电源电压，并检查电压稳定性及与压降；

合上电源转换器控制回路断路器，测量转换后电源电压，并检查电压稳定性；

合上主控制器控制回路断路器，先在插头上测量电压，然后关电插上插头重新上电观察主控制器上电显示，并检查电压稳定性及与压降；

拔下激光导航电源插头，合上相应断路器开关，在插头上测得供电正常，然后断电重新插好插头，再上电观察激光导航器上电旋转情况，并检查电压稳定性及与压降；

拔下控制面板电源插头，合上相应器断路器开关，在插头上测得供电正常，然后断电重新插好插头，再上电观察控制面板上电情况，并检查电压稳定性及与压降。

（五）功能测试

以上调试过程完成后，AGV具备了手动及自动情况下的行走、转向、执行机构动作等主要功能，下一步需对AGV的指示灯、按钮、安全防护、电池电压、充电、导航、通信、装卸货功能及AGV运行稳定性等进行综合性功能调试，测试验证AGV各设计单元功能实现。

（六）指示灯功能检测

主要检测AGV各指示灯的功能正常与否，在AGV调试及运行过程中可以观察得知，通过output控制的指示灯调试时可以强制输出模拟检查。

1. 总电源指示灯

AGV上电，总电源指示灯点亮。

2. 充电需求灯

AGV电压低于设定充电电压或电池容量低于安时计设置容量时，充电需求灯亮。

3. 左转向指示灯

AGV在路径左转弯（段上设置左转弯PLC属性）时，左转向指示灯亮。

4. 右转向指示灯

AGV在路径右转弯（段上设置右转弯PLC属性）时，右转向指示灯亮。

5. 其他指示灯

请按该指示灯设计功能进行测试。

（七）按钮功能检测

主要检测AGV各按钮的功能正常与否，在AGV调试及运行过程中可以测试。

1. 释放抱闸按钮

在关机状态下，按下"释放抱闸"按钮，驱动电机把闸打开，人员可以推动AGV；

2. 软件复位按钮

AGV有组合按钮时，同时按下"+"，"−"按钮AGV软停止，再按"−"按钮软停止复位。

3. 其他按钮

请按该按钮设计功能进行测试。

（八）安全防护类功能检测

主要检测AGV前后防护、侧防护、声光报警灯等安全类设备的功能正常与否。

1. 急停按钮

按下急停按钮，急停回路断开，驱动、转向、执行机构电机断电。

2. 防护挡板

多个角度测试防护挡板，检查调整行程开关动作行程和灵敏度，工作时急停回路断开。

3. 后防护光电开关

调整好后防护光电管探测距离（通常距离为距车尾200mm），AGV在路径上后退时（通常后退速度为0.3m/s）检测到障碍物，AGV停车。

4. 激光障碍物探测器

设定激光障碍物探测器探测距离（通常，减速区域设为2000mm，正常停止区域设为800mm，切换区域设为400mm）；减速区内检测到障碍物AGV减速慢行，停止区域及内检测到障碍物AGV停止，在切换区域（需在路径上设置区域切换PLC属性值）正常切换。

5. 报警灯

AGV行进时，报警灯闪烁。

二、AGV运行安全操作规程

AGV的型号板标记有：

- 厂商
- AGV类型
- 生产年份
- 序列号
- AGV在操作条件下的重量（不含电池）
- 电池最小重量
- 电池终端电压
- AGV的标称提升量
- 标称功率（单位：kW）

图8.2.1中各标号解释如下：

① 用户停止按钮（黑色按钮）。

② 控制面板。

③ 开始按钮。

④ 手动控制器（可选）。

⑤ 操作模式键开关。

⑥ 安全停止恢复键开关。

⑦ 附属设备的安装孔。

⑧ 带有传感器的电池锁（位置根据型号而定）。

⑨ 电池连接器（主开关）。

⑩ 激光扫描仪。

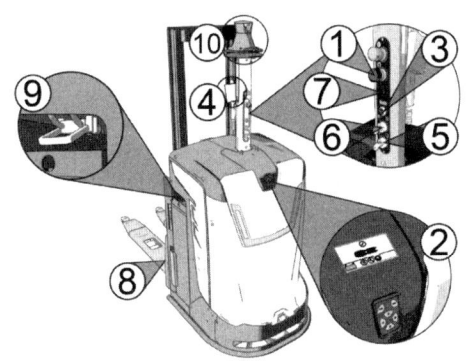

图8.2.1　AGV各部分

（一）用户停止按钮（黑色按钮）

1. 用户停止功能（仅自动模式）

用户停止功能用于在自动模式下缓慢停止AGV。按下该按钮以停止AGV和叉杆的移动，并可消除警告声。再次按下该按钮，以继续正常执行自动操作。

2. 关机功能（仅限手动模式）

关机功能用于中断AGV的电源。按下用户停止按钮（1），即可停止AGV的移动。

将AGV设置为手动模式，方法是将操作模式键开关（5）转为手动（MAN）。

按下用户停止按钮（1）并保持4秒钟左右，直到警示灯开始快速闪烁再释放该按钮，此时，AGV的电源中断。

（二）控制面板（用户界面）

AGV具有的显示器可提供有关以下内容的信息：

- AGV状态
- 安全装置中的可能警报
- AGV使用数据。

（三）开始按钮

按下闪烁按钮（3）

- 通电后启动AGV。
- 紧急停止或安全停止后重新启动AGV（请注意，AGV前端的安全扫描仪生成的安全停止可能会在障碍解除后自动复位）。

- 在操作模式更改后启动AGV。

(四)手动控制器(可选)

手动控制器.AGV配备了手动控制器(MCD),允许手动驾驶AGV。

(五)操作模式键开关

该开关允许操作员按如下方式选择AGV的操作模式:

- AUTO – AGV处于自动模式。

在自动模式下,AGV执行AGV系统中预定义的指令。

- MAN – AGV处于手动模式。

在手动模式下,AGV执行手动控制器中的指令。

(六)安全停止恢复键开关

该开关允许操作员按如下方式选择AGV的操作模式:

- AUTO – AGV处于自动模式。
- MAN/SSO – AGV处于手动模式,并且启用了安全停止恢复(SSO)功能。

两个键开关必须都处于"AUTO"位置,才可在自动模式下运行AGV。

请勿更改货载操作区中操作模式键开关的状态,因为这将启动自动插入功能,而此项功能通常在货载操作区中禁止使用。

(七)附属设备的安装孔.

为其他功能预留的位置。

(八)带有传感器的电池锁.

电池锁定到位,它安装有锁定装置,使用传感器进行监视,但并非所有AGV都提供电池锁的锁定杆。

1. 若要手动更换电池

(1) ATX12:

①执行关机功能。

②拔下电池连接器。

③打开电池锁。

④拉出耗光的电池。

⑤推入充电后的电池。

⑥关闭电池锁。

⑦插上电池连接器。

⑧按下开始按钮进行通电。

（2）ATX16：

①执行关机功能。

②打开电池锁，然后提起电池盖。

③拔下电池连接器。

④拉出耗光的电池。

⑤ 推入充电后的电池。

⑥插上电池连接器。

⑦关闭电池盖。

⑧确保锁定按钮完全返回到锁定位置。

⑨按下开始按钮进行通电。

电池连接器为AGV的主电源开关，要断开所有电子设备的电源，并拔下连接器。

重新接上连接器后，按下开始按钮进行通电。

⑩激光扫描仪.

激光扫描仪为AGV导航系统的一部分，扫描仪位于AGV的顶端，AGV移动时，扫描仪会一直旋转。它检测反光板、测量承重并将数据传送到计算工厂布局中AGV位置的AGV控制器中。

三、安全装置

图8.2.2中各标号解释如下：

①紧急停止按钮（红色按钮）。

②安全扫描仪。

③安全触板。

④后置障碍检测器（根据型号而定）。

⑤ 警示灯。

⑥信号喇叭。

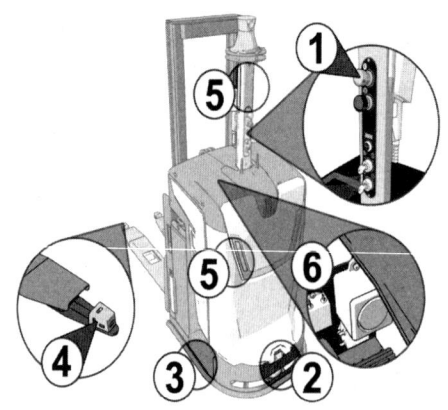

图8.2.2　安全装置图

弃用或改造硬件配置的安全装置或任何其他部件可能会导致危险，因此严禁执行此类操作。

AGV控制器、输入/输出装置、控制面板、逻辑装置、牵引/泵控制器、转向控制器、安全激光扫描仪以及可配置的安全继电器装置都包括特别针对客户项目或AGV类型的程序。如果要更换要特别注意备份。

（一）紧急停止按钮（红色按钮）

AGV装有一个紧急停止按钮，为背景中有黄带的红色按钮。

如果按下了该按钮，系统会对AGV生成紧急停止信号，AGV会立即停止。

仅在紧急情况下按紧急停止按钮停止AGV。请注意，该按钮将保持在按下的位置处要释放该按钮，请将其顺时针旋转。

要将AGV恢复操作，请释放紧急停止按钮，并使用控制面板上的开始按钮将紧急停止条件复位。请注意，在能够复位紧急停止条件前，必须释放所有的紧急停止按钮！

（二）安全扫描仪

AGV前端有一个安全激光扫描仪。扫描仪如此放置，是为了能检测地面的障碍物（如人或杂物）。

扫描仪中有两个安全区域：

（1）安全区域：如果安全区域内检测到了障碍物，将会生成安全停止指令。安全区域的大小随AGV速度的变化而变化。

（2）警示区域：如果警示区域内检测到了障碍物，AGV将会减速，并发出可听见的警报声音。警示区域大于安全区域，其大小也随AGV速度的变化而变化。

（三）安全触板

AGV两侧都安装有由黑色导电橡胶制成的安全触板。如发生撞击，橡胶模板将会发生变形，从而激活安全停止。

要将AGV恢复操作，请移开障碍物，并使用控制面板上的开始按钮将紧急停止条件复位。

（四）后置障碍检测器.

根据AGV型号，将障碍检测器安装在各叉杆上。如发生撞击，即会激活安全停止。

要将AGV恢复操作，请移开障碍物，并使用控制面板上的开始按钮将紧急停止条件复位。

（五）警示灯

警示灯会提供有关AGV移动或转动方向的信息。

发生以下情况时，仅黄色灯闪烁：

- AGV开始移动（较快闪烁）
- AGV向前或向后移动（较慢闪烁）
- 安全扫描仪的警示区域被激活（较快闪烁）
- 安全停止功能被激活（非常慢地闪烁）。
- AGV安全性降低（较快闪烁）。
- AGV向左或向右拐弯（较慢闪烁）
- 安全扫描仪的警示区域被激活（较快闪烁）
- 正在关闭AGV（非常快地闪烁）。

（六）信号喇叭

以下情况中发出警告声：

- AGV向后移动（较慢的嘟嘟声）
- AGV向左或向右拐弯（较慢的嘟嘟声）
- 安全扫描仪的警示区域被激活（较快的嘟嘟声）
- AGV安全性降低（较快的嘟嘟声）。

可通过按下用户停止按钮（黑色按钮）禁用警告声。